中国中青年社会责任专家优秀文库

◎ 广东省自然基金项目"基于ISO 26000的中国社会责任评价体系研究"（S2013010011518）的阶段性成果
◎ 广东省社会责任研究会年度重大项目

Zhongguo Qiye Shehui Zeren Yanjiu

中国企业社会责任研究

黎友焕　著

中山大學出版社
SUN YAT-SEN UNIVERSITY PRESS
· 广州 ·

版权所有　翻印必究

图书在版编目（CIP）数据

中国企业社会责任研究/黎友焕著. —广州：中山大学出版社，2015.1
（中国中青年社会责任专家优秀文库）
ISBN 978-7-306-05109-7

Ⅰ. ①中… Ⅱ. ①黎… Ⅲ. ①企业责任—社会责任—研究—中国
Ⅳ. ①F279.2

中国版本图书馆 CIP 数据核字（2014）第 298502 号

出 版 人：徐　劲
策划编辑：李　文　曹丽云
责任编辑：曹丽云
封面设计：林绵华
责任校对：周　玢
责任技编：何雅涛
出版发行：中山大学出版社
电　　话：编辑部 020-84111996，84113349，84111997，84110779
　　　　　发行部 020-84111998，84111981，84111160
地　　址：广州市新港西路 135 号
邮　　编：510275　　　　传　真：020-84036565
网　　址：http://www.zsup.com.cn　E-mail：zdcbs@mail.sysu.edu.cn
印 刷 者：虎彩印艺股份有限公司
规　　格：787mm×960mm　1/16　16.75 印张　340 千字
版次印次：2015 年 1 月第 1 版　2015 年 11 月第 2 次印刷
定　　价：40.00 元

如发现本书因印装质量影响阅读，请与出版社发行部联系调换

《中国中青年社会责任专家优秀文库》
编辑委员会

主　任： 刘延平　黎友焕

委　员： （以姓氏笔画为序）

丁慧平　北京交通大学经济管理学院教授、博士生导师

万　峰　深圳华测检测技术股份有限公司（股票代码：300012）董事长

万俊毅　华南农业大学经济管理学院院长、教授、博士

马少华　《企业社会责任》杂志社总编辑、博士

王　浩　华南农业大学副校长、教授、博士生导师

王再文　中央财经大学企业公民研究中心主任、教授、博士

邓江年　广东省社会科学院人力资源与劳动经济研究中心副主任、副研究员、博士

卢坤建　五邑大学副校长、教授、博士

叶　龙　北京交通大学经济管理学院教授、博士生导师

叶祥松　广州大学商学院院长、教授、博士生导师

朱文忠　广东外语外贸大学研究生处副处长、教授、博士生导师

刘华强　珠海城市职业技术学院校长

刘纪显　华南师范大学经济管理学院教授、博士生导师

刘延平　西安电子科技大学总会计师、教授、博士生导师

刘明贵　嘉应学院副校长、教授、博士

汤耀平　广东工业大学党委副书记、教授

许泽群　广东省铁路建设投资集团公司副总经理、高级经济师

孙红梅　上海大学商学院教授、博士

孙明泉　光明网总编辑、博士

李丽辉　西安财经学院学科建设办公室主任、教授、博士

李树民　西北大学经济管理学院教授、博士生导师

杜承铭　广东财经大学副校长、教授、博士生导师

吴成娟（韩）　美国加州大学伯克利分校（University of California, Berkeley）政治学系伯克利亚太经济合作组织研究中心博士

何　伟	广东农工商职业技术学院副校长、教授
何　斌	仲恺农业工程学院副书记、研究员、博士
余浩然	广州市交通站场建设管理中心主任
余鸿华（美）	美国凤凰城大学（University of Phoenix）博士
宋献中	暨南大学副校长、教授、博士生导师
沈洪涛	暨南大学管理学院教授、博士生导师
陈宏辉	中山大学岭南学院教授、博士生导师
陈德萍	广东外语外贸大学副校长、教授、博士
张　群	北京科技大学经济管理学院院长、教授、博士生导师
张　蕾	北京师范大学珠海分校副校长、教授
张长龙	广东金融学院金融法研究中心主任、教授、博士
张幼铎	广东药学院副院长
张明玉	北京交通大学经济管理学院教授、博士生导师
林　军	广东恒健投资控股有限公司总经理、高级经济师、博士
林　勇	华南师范大学经济管理学院教授、博士生导师
林义鸿	汕尾市美顿食品有限公司董事长、教授
易　江	南华工商学院院长、教授、博士
罗维羽	广东物资集团公司总经理、高级经济师
罗雅霞	广州中医药大学第一附属医院业务拓展处处长、教授
赵景峰	西北大学经济管理学院教授、博士生导师
晁　罡	华南理工大学工商管理学院教授、博士生导师
高　闯	首都经贸大学校长助理、教授、博士生导师
郭文美	美国新墨西哥大学（University of New Mexico）博士
容景春	广东海洋大学党委原副书记、研究员
黄少瑜	广州中医药大学第一附属医院财务处处长、教授级高级会计师
曹明福	天津工业大学经济学院教授、博士
彭新一	华南理工大学常务副校长、教授、博士
喻卫斌	广东财经大学财务处处长、教授、博士
喻世友	中山大学南方学院院长、教授
黎友隆	广东康然医药有限公司董事长、高级经济师、经济学研究员
黎友焕	广东省社会责任研究会会长、广东省社会科学院社会责任评估与研究中心主任、研究员、博士生导师

《中国中青年社会责任专家优秀文库》编辑部

主　编：黎友焕　刘延平
主　任：马少华
副主任：刘永子　敖　青　郑　茜
成　员：周述章　杨登霞　李缘增　陈飞延　林淑惠　谢燕佳
地　址：广州市天河北路369号广东省社会科学院2号楼402房
邮　编：510610
电　话：020-38814403　传真：020-38814403
邮　箱：chinacsr@126.com
广东省社会责任研究会网址：http://www.gdcsr.org.cn/
广东省社会科学院社会责任评估与研究中心网址：http://www.iso26000.org.cn/
《企业社会责任》杂志社网址：http://www.gdcsr.net.cn/

《中国中青年社会责任专家优秀文库》
序

黎友焕

企业社会责任（corporate social responsibility，CSR）的概念自19世纪初开始出现于西方主要发达国家，至今已有近百年的历史。但是，早期的企业社会责任概念仅仅是在学者相关的研究中泛泛而提，并没有引起学者们足够的重视。直到博文（Howard R. Bowen，1953）《企业家的社会责任》一书的出版，才推动了有关社会责任的探讨。最初，西方大部分企业对社会责任并不是很关心，认为企业只是为自己和股东创造利润。1953年，美国最高法院维持"新西泽州法院支持A. P. 史密斯铁路公司慈善活动"的判例才使企业慈善捐赠的合法性得以承认。企业社会责任是由被誉为"企业社会责任之父"的博文（Howard R. Bowen）提出的，也由此开创了现代企业社会责任的研究领域。博文于1953年在其著作《企业家的社会责任》一书中提出，企业追求自身权利的同时必须尽到社会责任和义务，企业应该在保护社会大众利益和改善社会的活动中发挥积极作用。这一概念的提出，从根本上改变了公司将"股东利益最大化"作为唯一目标的经营理念，提出公司不仅要实现自身利润的最大化，而且应对自然资源、生态环境、企业员工、消费者等其他利益相关者负有责任。

经过一个多世纪的探索，人们对此概念的认知仍停留在是否需要履行的层面，对于"什么是社会责任？如何履行社会责任？社会责任能够给人类社会带来怎样的变革？"这一系列的问题，仍然没有形成明晰深刻的统一思维构架。2010年11月1日，瑞士日内瓦国际会议中心为全世界人民带来福音，主题为"共担责任，实现可持续发展"的ISO 26000（《社会责任指南标准》）的正式发布解除了学术界、企业界、政界乃至全球各个领域在社会责任方面的困惑。ISO 26000深化了全球化浪潮对组织、社会、环境、经济等方面日益深刻的影响，明确了组织对于利益相关方的责任，增加了组织对于社会责任领域的认知，从而促进组织积极融入社会责任实践，进一步推动了世界范围内的企业社会责任建设与发展。

企业承担一定的社会责任不仅有利于企业自身的发展，而且对整个社会的可持续发展都会产生深远的影响。站在社会的角度来看,企业承担社会责任可以促进全社会的可持续发展。在环境保护方面,企业依照相关法律法规以及政策,积极进行技术改造和革新,把企业生产过程中产生的废弃物尽可能地进行回收和再利用;在员工利益方面,企业依照相关法律法规以及结合自身的管理实践,切实保障企业员工的经济、文化和政治利益,促进企业与员工的和谐共处,从而对整个社会和谐稳定作出贡献;在企业相关利益者方面,企业秉承诚信至上的经营理念,公平参与行业竞争,切实保护消费者的合法权益,积极关注社区、环境状况,从而有利于形成良好的市场竞争环境;在公共事业方面,企业积极投身教育、文化、慈善事业等活动,不仅可提高国家的教育、文化等方面的发展水平,而且在帮助残障人士、孤儿、孤寡老人、贫困者等方面,发挥着不可替代的作用。

从企业自身的角度出发,企业承担社会责任,有利于树立良好的企业形象,进而给企业带来长远的利益;可以使企业减少来自政府方面的束缚,降低企业运营风险,扩大市场影响力,从而提高企业的盈利能力;可以使企业吸引更多的优秀人才并且使员工对企业产生强烈的认同感、荣誉感和归属感;可以提升产品的品质和地位,用优质的产品开拓更为广阔的市场。

目前,我国企业普遍存在着社会责任意识淡薄、法律监管不力、社会责任监督和审核体系不完善等一系列问题。我国大部分企业还没有设立专门的企业社会责任管理机构,将社会责任作为企业一项专门工作对待,甚至部分企业仅把社会责任作为宣传的手段而没有真正承担社会责任。部分企业在履行社会责任时,带有很大的随意性,企业伤害职工权益,生产过程忽视对环境的保护,缺少责任安全意识,向消费者提供不合格的产品和服务,缺乏诚信和公平竞争意识等情况仍然时有发生。在这种情况下,外部的法律和政府监管不力,也导致更多的企业忽视社会责任,给我国企业社会责任的发展带来重重困难,使我国经济社会无法获得平衡发展。

企业履行社会责任是社会文明发展到一定的历史阶段,社会各界对企业提出的更高要求与期望,企业承担社会责任不仅有利于自身的可持续发展,而且对于整个经济社会的发展而言也有很重要的推动意义。所以,在目前我国构建社会主义和谐社会、贯彻落实科学发展观的大环境下,我国企业必须抓住国内机遇、适应国际标准,将社会责任建设融入企业的日常运营和管理之中,制定长远的企业社会责任建设战略规划,为我国企业的发展壮大提供一条新的发展思路。

从2003年起,笔者开始把大部分时间和精力用在企业社会责任的研究工作上。早在2004年初,中国经济出版社的同志向笔者约稿出版企业社会责任研究专著时,笔者就提出我国要加快企业社会责任学科体系的建设。在过去历年的广东省企业社会责任研究会年会上,笔者总是不断呼吁要加快企业社会责任学科体系的建设步伐。在广东省社会科学院社会责任与评估研究中心、北京交通大学经济管理学院、广东省社会科学综合研究开发中心、广东省企业社会责任研究会、《企业社会责任》杂志社等单位的大力支持下,笔者的企业社会责任研究团队从2004年起在广东人民出版社出版《广东企业社会责任建设蓝皮书》,2010年起改在人民出版社出版《中国企业社会责任建设蓝皮书》。为响应越来越多的高等院校开设企业社会责任课程的需要,2010年开始,我们陆续出版了《企业社会责任研究系列丛书》(华南理工大学出版社出版),2011年开始分别公开出版发行《中国企业社会责任研究专家文库》(华南理工大学出版社出版)和《ISO 26000研究系列》(多家出版社出版)两套大型系列丛书。这些大型丛书的出版发行推动了我国企业社会责任理论研究的新进展,越来越多的专家、学者和企业家加入到企业社会责任的研究队伍中来。

在上述背景的推动下,包括本书著者在内的许多青年学者也加入到研究队伍中来,不遗余力地为我国企业社会责任的研究贡献自己的力量。为此,我们特推出《中国中青年社会责任专家优秀文库》系列丛书。笔者相信,本套系列丛书的出版将会进一步推动我国企业社会责任的建设步伐,为形成具有中国特色的社会责任研究体系,丰富和完善我国企业社会责任研究内容增添一份力量。期望更多的企业社会责任专家、学者和所有关注企业社会责任建设和发展的社会各界人士加入到企业社会责任的研究和建设中来,在社会上掀起一股持久的企业社会责任研究浪潮。

2014年9月

(作者系经济学博士,广东省社会责任研究会会长,广东省社会科学院社会责任评估与研究中心主任、教授、博士生导师)

前　言

企业社会责任（corporate social responsibility）指的是企业对社会合乎道德的行为，即企业或组织在赚取利润的同时，应该主动承担的对环境、社会和利益相关者（stakeholder）的责任。企业社会责任运动的蓬勃发展要追溯到20世纪60年代的西方社会，当时大部分的企业主都专注于追求企业利润的最大化，还没有意识到自己必须承担更多社会责任。但"伦敦烟雾事件"等一系列有损劳动者和大众健康的事件引发了社会学者的普遍关注和劳动者对企业不负责任的态度的强烈不满。到了20世纪80年代，经济全球化进程的开启，使企业社会责任逐渐演化成了一场浩浩荡荡的全球性社会运动，这场运动不仅深刻地影响了西方国家的企业行为，而且还追随着跨国公司征战全球的脚步，对发展中国家产生了重大而深远的影响。

随着经济全球化的不断加深，企业社会责任理念涉及范围更广，影响力更大，成为世界各国普遍公认的时代现象。自20世纪90年代企业社会责任由跨国公司产业链管理环节传递引入中国以来，在党和政府的重视下，在企业和社会公众共同努力下，我国企业社会责任建设获得了很大的发展，作为"世界工厂"的中国已成为公司行为守则的"世界实验室。

2006年1月1日，我国实施新修改后的《公司法》，其中明确将公司社会责任写入该法第5条，"公司从事经营活动，必须遵守法律、行政法规，遵守社会公德、商业道德，诚实守信，接受政府和社会公众的监督，承担社会责任"。2006年《合伙企业法》修改，也在总则中增加了合伙企业应该承担社会责任的类似规定。这在世界公司法历史上是一个创举，标志着在中国，企业社会责任已被纳入法制化轨道，这一立法进程推动了我国企业社会责任的发展。2014年10月26日，"2014年广东省社会责任研究会年会暨第七届中国·南方企业社会责任论坛"成功召开，发布了由广东省社会责任研究会、广东省社会科学院社会责任评估与研究中心、《企业社会责任》杂志社共同评选的"2013年中国上市公司社会责任建设100强"和"2013年广东省上市公司社会责任建设20强"名单，在上市公司、非上市公司和社会公众三方范围内，推动中国社会责任建设。

在构建和谐社会目标的推动下，党的十六届六中全会明确提出："广泛开展和谐活动,促进社会和谐,增强公司、企业、各种组织的社会责任。"为了进一步推进和谐社会的建设,党的十八大报告提出"把生态文明建设放在突出地位,融入经济建设、政治建设、文化建设、社会建设各方面和全过程,努力建设美丽中国,实现中华民族永续发展"的目标。为了达到这一目标,企业作为社会的一分子,要积极履行社会责任,不但要遵守法律法规,还要践行基本的社会道德规范。党的十八届三中全会通过的《中共中央关于全面深化改革若干重大问题的决定》指出,国有企业需要进一步深化改革,"承担社会责任"与规范经营决策、资产保值增值、公平参与竞争、提高企业效率、增强企业活力成为六大重点改革。这更是"社会责任"首次出现在中央全会文件中,而且将其提到深化国有企业改革、完善国有企业现代企业制度的战略高度和深度,对于国有企业社会责任工作将有一个极大的推动并带来极大的发展。

改革开放三十几年来,我国经济发展取得了举世瞩目的成就。随着市场经济体制改革的深入和国企改制的逐步推进,我国企业由原来计划经济时期完全受政府支配的附属物逐渐转变为独立的市场经济主体,同时也成为社会经济发展的重要成员和主要载体。但处在转轨时期的中国企业因利润驱使而出现了一些与经济社会良性发展不和谐的情况,中国企业的发展正处在一个急功近利的历史阶段,主要体现在以下几个方面:一是无视自己在社会保障方面应起的作用,尽量逃避缴纳税收以及社保;二是较少考虑环境保护,将利润建立在破坏和污染环境的基础之上;三是一些企业唯利是图,自私自利,提供不合格的服务产品或虚假信息,与消费者争利或欺骗消费者,为富不仁;四是依靠压榨企业职工的收入和福利为所有者谋利润,企业主堕落成资本的奴隶、赚钱的机器;五是缺乏提供公共产品的意识,对公益事业不管不问;六是普遍缺少诚信,假冒伪劣,包装圈钱。比如,山西"黑砖窑"事件、"三鹿奶粉"事件、富士康员工"连跳门"事件、"毒馒头"事件、"毒豆芽"事件、双汇"瘦肉精"事件等。以上问题的存在说明,我国很多企业还存在着片面追求企业高额利润,而忽视社会责任承担的现象;同时一些知名企业往往因发生产品安全、环境污染和劳工保护等问题而陷入困境,甚至倒闭。中国企业社会责任问题引起了国人越来越多的关注,也让我们这些理论工作者陷入了深深的思考。如何端正企业与社会的关系,如何认识企业自身经济利益和社会利益的矛盾,如何实现企业和社会和谐发展等一系列涉及企业社会责任理论和实践的问题都摆在我们面前,亟待解决。可见,只有对当代中国企业社会责任进行深入研究,才能改善我国企业社会责任履行的现状,促进我国企业社会责任更好地实现。

《中国企业社会责任研究》一书正是在这一背景下出炉的。该书系统地介绍了企业社会责任的相关理论,详细阐述了企业社会责任的含义和内容、兴起的原因、发展轨迹以及对发展中国家的影响，并从企业社会责任视角对环境保护、构建和谐社会、劳工保护、可持续发展等热点问题进行了有益的探讨。当然，对此观点上的差异以及由此引发的争论，只会帮助我们澄清当前对企业社会责任的种种误解，更有利于推进中国企业社会责任建设。在经济全球化进程不断加快的今天，尤其是在中国加入 WTO 后外贸依存度逐年提高的宏观背景下，探讨广为跨国公司和西方社会所关注的企业社会责任问题，更具有重大的现实意义。

作者

2014 年 9 月

目　　录

第一章　企业社会责任导论 … 1
第一节　企业社会责任的内涵及其扩展 … 1
一、企业社会责任的定义及内涵 … 1
二、企业社会责任内涵的扩展 … 3
第二节　企业社会责任的作用和功能 … 5
一、企业承担社会责任的正向作用和功能 … 5
二、企业承担社会责任的负向作用 … 10

第二章　企业社会责任理论综述 … 13
第一节　企业社会责任运动兴起的历史渊源及发展沿革 … 13
一、企业社会责任运动兴起的历史渊源 … 13
二、企业社会责任运动的发展沿革 … 15
第二节　企业社会责任理论演进 … 18
一、西方企业社会责任理论起源 … 18
二、早期企业社会责任观 … 19
三、近现代企业社会责任观 … 20
四、各国企业承担社会责任的差异 … 21
第三节　当代企业社会责任运动的发展与中国企业社会责任的变迁 … 22
一、企业社会责任运动在当代的发展 … 22
二、我国企业社会责任的演变 … 25
三、当代世界企业社会责任运动对中国的影响 … 27
第四节　国内外学术界研究动向 … 28
一、国外学术界对企业社会责任的研究进展 … 28
二、国内学术界对企业社会责任的研究进展 … 32

第三章　企业社会责任与和谐社会建设 ········· 45
第一节　社会主义和谐社会的理论概述 ········· 45
一、社会主义和谐社会理论的提出 ········· 46
二、社会主义和谐社会的目标和内容 ········· 47
三、社会主义和谐社会的基本特征 ········· 48
四、构建社会主义和谐社会的原则 ········· 51
第二节　企业社会责任与和谐社会 ········· 52
一、承担社会责任是企业的应尽职责 ········· 52
二、和谐的发展观是社会主义市场经济对企业的客观要求 ········· 54
三、企业承担社会责任是企业参与和谐社会的根本途径 ········· 56
第三节　构建和谐社会对企业社会责任的要求 ········· 57
一、树立科学发展观，用和谐理念统领企业发展 ········· 57
二、完善企业治理结构，提高企业运营透明度和社会信任度 ········· 58
三、建立和谐的劳动关系，让员工和企业共同受益 ········· 59
四、牢固树立诚信理念，建立健全企业诚信体系 ········· 62
五、发展循环经济，创建和谐的绿色企业 ········· 62

第四章　企业社会责任与企业文化 ········· 64
第一节　企业文化的基本理论 ········· 64
一、企业文化的内涵和层次 ········· 64
二、企业文化的特征 ········· 67
三、企业文化的作用 ········· 68
第二节　企业伦理文化：企业文化建设的新内涵 ········· 70
一、企业伦理文化的内涵 ········· 70
二、企业伦理文化的主要特征 ········· 73
三、企业伦理文化的建立 ········· 75
第三节　企业社会责任：一种新型的企业文化 ········· 77
一、企业社会责任的文化实质 ········· 77
二、企业社会责任对企业价值观念的重塑和创新 ········· 78
三、企业社会责任对企业文化的作用 ········· 83
第四节　我国企业文化中社会责任的缺失及对策 ········· 85
一、我国企业文化中社会责任的缺失 ········· 85
二、完善企业文化中社会责任建设的对策 ········· 87

第五章　企业社会责任建设与企业的可持续发展 …… 92
第一节　企业可持续发展的伦理要素：企业社会责任 …… 92
一、企业可持续发展的内涵 …… 92
二、企业可持续发展的影响因素 …… 93
三、企业社会责任与企业可持续发展的关系 …… 95
四、承担社会责任对企业可持续发展的实践意义 …… 97
第二节　新发展观：基于社会责任的企业发展方式的变革 …… 98
第三节　竞争优势再造：企业社会责任建设的成本效益分析 …… 101
一、企业社会责任增加企业的经营成本 …… 102
二、企业社会责任塑造企业新的竞争优势 …… 105
第四节　社会责任问题：我国企业可持续发展中的一道坎 …… 112
一、我国企业可持续发展中的社会责任误区 …… 112
二、我国企业可持续发展中存在的社会责任问题 …… 114
三、基于可持续发展的我国企业的社会责任建设 …… 115

第六章　企业社会责任与劳工保护 …… 118
第一节　经济全球化条件下劳工保护与企业社会责任 …… 118
一、经济全球化条件下的劳工问题 …… 118
二、我国劳资关系现状 …… 122
三、我国企业社会责任与劳工保护 …… 124
第二节　"民工荒"与企业社会责任 …… 128
一、"民工荒"产生的原因分析 …… 129
二、"民工荒"与企业社会责任缺失 …… 135
三、当前我国企业社会责任建设的创新 …… 136
第三节　企业社会责任与工会维权 …… 141
一、我国企业工会的法定权利 …… 141
二、工会维权面临的新问题 …… 142
三、工会与企业社会责任 …… 143
四、工会构建和谐劳动关系的制度创新 …… 144
第四节　国际劳工组织与国际劳工标准 …… 147
一、国际劳工组织 …… 147
二、国际劳工标准 …… 149
三、国际劳工标准在中国的实践 …… 151

第七章　企业社会责任与产品质量管理 ... 153
第一节　企业社会责任与产品质量管理的关系 ... 153
一、质量管理思想与企业社会责任 ... 153
二、产品质量保证是企业应该承担的重要社会责任 ... 155
三、产品质量管理有助于企业承担社会责任 ... 157
第二节　企业应当承担的产品质量保证的社会责任 ... 160
一、企业应承担的质量责任 ... 160
二、销售者应承担的质量责任 ... 161
三、产品的赔偿责任 ... 162
第三节　企业社会责任对产品质量管理的要求 ... 163
一、积极推行质量认证工作 ... 163
二、企业进行全面质量管理 ... 167
三、加大产品质量的监管力度，尤其要强化产品质量的行政监督 ... 170

第八章　企业社会责任与环境保护 ... 173
第一节　企业社会责任与环境保护的关系 ... 173
一、环境保护问题的产生与企业社会责任 ... 173
二、企业社会责任是环境保护的推动力 ... 183
第二节　企业应当承担的环境保护责任 ... 185
一、企业在环境保护方面应承担的责任 ... 185
二、企业违反相关的环境保护法应承担的法律责任 ... 187
第三节　企业社会责任对环境保护的要求 ... 188
一、积极推广和实施 ISO 14000 系列标准 ... 188
二、建立保护环境的经济技术体系 ... 195
三、完善环境保护法律法规，加大环境执法力度 ... 204

第九章　跨国公司与企业社会责任 ... 207
第一节　跨国公司的产生和发展 ... 207
一、跨国公司的产生和发展概述 ... 207
二、战后跨国公司迅猛发展的原因 ... 209
第二节　跨国公司的发展与发展中国家的利益关系分析 ... 210
一、跨国公司的发展对发展中国家的积极影响 ... 210

二、跨国公司的发展对发展中国家的消极影响……………………212
　　三、跨国公司的发展对中国的影响………………………………215
第三节　跨国公司应当承担社会责任…………………………………216
　　一、跨国公司承担社会责任的原因分析…………………………216
　　二、跨国公司承担社会责任的具体内容…………………………221
　　三、跨国公司社会责任标准………………………………………223
　　四、跨国公司社会责任的发展前景………………………………227
第四节　跨国公司承担社会责任过程中存在的主要问题及对策……229
　　一、跨国公司承担社会责任过程中存在的问题…………………229
　　二、跨国公司承担企业社会责任的对策…………………………231

英文参考文献………………………………………………………234

中文参考文献………………………………………………………239

后记…………………………………………………………………247

第一章　企业社会责任导论

第一节　企业社会责任的内涵及其扩展

一、企业社会责任的定义及内涵

1895 年，全球第一本社会学杂志——《美国社会学杂志》（AJS）的创刊号上刊登了美国社会学界的著名学者阿尔比恩·斯莫尔（Albion W. Small）关于"不仅仅是公共办事处，私人企业也应该为公众所信任"的呼吁，标志着企业社会责任观念的萌芽。从 20 世纪 50 年代起，企业社会责任（corporate social responsibility，CSR）概念就陆续出现了多种定义。直到目前，理论界对企业社会责任仍没有达成统一定义，至少有超过 250 种由国际组织制定的定义流行于社会。

从不同的角度，对企业社会责任有不同的理解，比较有代表性的有以下几种：世界银行（World Bank）把企业社会责任定义为"企业与关键利益相关者的关系、价值观、遵纪守法以及尊重人、社区和环境有关的政策和实践的集合，它是企业为改善利益相关者的生活质量而贡献于可持续发展的一种承诺"。[①] 欧盟（European Union）把社会责任定义为"企业在现有资源的基础上把社会和环境关系整合到它们的经营运作以及它们与其利益相关者的互动中"。[②] 世界可持续发展企业委员会（WBCSD）提出："企业社会责任是企业针对社会（包括股

[①] Fox T, Ward H, Howard B. Public sector roles in strengthening corporate social responsibility：a baseline study. The World Bank，2002.

[②] European Commission. Promoting a European framework for corporate social responsibility Green Paper. Luxembourg：Office for Official Publications of the European Communities，2001.

东和其他利益相关者）的合乎道德的行为。"① 国际标准化组织（ISO）指出，社会责任是"组织通过透明和道德行为，为其决策和活动对社会和环境的影响而承担的责任"。②

此外，不同的学者对企业社会责任理解也不尽相同：诺贝尔经济学奖获得者、经济学家米尔顿·弗里德曼（Milton Friedman）于1970年在纽约《时代》（Times）上提出了著名的"企业社会责任"的定义。按照弗里德曼的观点，一个企业的社会责任是指"依照所有者或股东的期望管理企业事务，在遵守社会基本规则，即法律和道德规范的前提下创造尽可能多的利润"。博文（H. R. Bowen, 1953）将企业的社会责任定义为"企业家按社会的目标和价值向相关政策靠拢，做出相应的决策，采取合理的具体行动的义务"。③ 麦克格尔（Joseph W. McGuire, 1963）认为，"企业社会责任的宗旨意味着企业不仅仅要有经济和法律义务，而且还对社会负有超过这些义务以外的某些责任"。④ 戴维斯等（K. Davis et al., 1975）认为："企业社会责任是指企业在谋求利益的同时，对维护和增加整个社会福利方面所承担的义务。"⑤ 鲍尔（Raymond Bauer, 1976）提出："企业社会责任是认真思考公司行为对社会的影响。"⑥ 爱普斯坦（Edwin M. Epstein, 1987）认为："企业社会责任就是要使企业决策的结果对利益相关者有利而不是有害的影响，企业行为的结果是否正当是企业社会责任关注的焦点。"⑦ 罗宾斯（S. P. Robbins, 1991）认为："企业社会责任是指企业超过法律和经济要求的、为谋求对社会有利的长远目标所承担的责任。"⑧ 哈罗德·孔茨（K. Harold, 1982）和海因茨·韦里克（W. Heinz, 1982）认为："企业的社会责任就是认真地考虑企业的一举一动对社会的影响。"⑨ 美国佐治亚大学教授卡罗尔等（A. B. Carroll et al., 2000）认为，"企业社会责任是社会在一定时期对企

---

① World Business Council for Sustainable Development. Meeting changing expectations: corporate social responsibility. WBCSD, Geneva, Switzeriand, 1998.
② ISO. ISO 26000: Guidance on social responsibility. Geneva: ISO, 2010.
③ Bowen H R. Social responsibilities of the businessman. New York: Harper, 1953: 31.
④ McGuire Joseph W. Business and society. New York: McGraw-Hill, 1963: 144.
⑤ Davis Keith, Blomstrom Robert L. Business and society: Environment and responsibility. New York: McGraw-Hill, 1975: 39.
⑥ Bauer Raymond. Business and socitty. New York: AMACOM, 1976.
⑦ Epstein Edwin M. The corporate social policy process: Beyond business ethics. Corporate social responsibility and corporate social responsiveness. California Management Review, 1987 (3): 104.
⑧ Robbins Stephen P. Management englewood cliffs. NJ: Prentice-Hall, 1991: 124.
⑨ （美）哈罗德·孔茨，海因茨·韦里克：《管理学》，郝国华等译，经济科学出版社1993年版，第689页。

业提出的经济、法律、道德和慈善期望"①，他把企业社会责任分成四个纬度：经济责任（economical responsibility）、法律责任（legal responsibility）、伦理责任（ethical responsibility）和慈善责任（philanthropic responsibility）。

1999年，在瑞士达沃斯世界经济论坛（World Economic Forum）上，时任联合国秘书长安南提出了《全球协议》（*Global Compact*），并于2000年7月正式启动。根据《全球协议》，企业社会责任包括经济责任、文化责任、教育责任、环境责任等方面。企业的经济责任，主要是为社会创造财富，提供产品，改善生活条件；企业的文化、教育和环境责任，是为员工提供遵从人权的劳动环境，教育职工在行为上符合社会公德，符合环保要求的生产方式。

在社会大众眼里，企业社会责任是指企业除了最大限度地为股东盈利或挣钱之外，还应当最大限度地增进其他利益相关者的利益，包括员工、消费者、商务伙伴、社区、环境及社会整体等。在笔者看来，随着资本不断扩张，社会矛盾日益激烈，如社会动荡、两极分化、产品质量问题、劳资冲突等，企业社会责任的出现可有效地缓解这一系列矛盾。

随着人们价值观念、消费观念的改变，以及对可持续发展观的认同，西方社会掀起了一系列深入、广泛、持久的社会责任运动，包括消费者运动、劳工运动、环保运动、女权运动、社会责任投资运动和可持续发展运动等。如消费者运动方面，西方消费者普遍关心他们所购买的商品是否"清洁或干净"，他们以"拒绝购买"的方法来抵制生产企业；并关注他们购买的这些商品的制造过程和企业是否承担了社会责任。

二、企业社会责任内涵的扩展

经历一个多世纪的发展，企业社会责任的内涵从一元到多元逐步扩大。在自由资本主义时期，制度的宗旨就是促进经济增长，政府对企业行为不加干预，企业利润增长带来国家经济增长。一元论的代表人物弗里德曼（Friedman，1986）就提出："企业仅具有一种而且只有一种社会责任——在法律和规章制度许可的范围之内，利用它的资源和从事旨在增加它的利润的活动。这就是说，从事公开和自由的竞争，而没有欺骗或虚假。"② 著名的管理学者德鲁克（P. F. Drucker，

---

① Carroll Archie B, Buchholtz Ann K. Business and society：Ethics and stakeholder management. 4th ed. Cincinnati, Ohio：South-Western Publishing Co, 2000：35.

② （美）米尔顿·弗里德曼：《资本主义与自由》（中译本），张端玉译，商务印书馆1986年版，第128页。

1988）也认为，"牟取利润是企业的社会责任，这个责任是绝对的，是不可放弃的"。① 多元的企业社会责任观点则强调，企业承担的社会责任还应包括：①企业决心自愿捐助教育事业和其他慈善事业，尽管这会减少其利润；②企业选择一个属于自己的经营道德标准，这个标准要高于法律和习俗所要求的最低水平；③在具有各种机会的业务中，企业根据内涵的社会价值进行选择；④为了经济报酬以外的理由（很显然仍与经济报酬有关）投资于企业内部员工生活质量的改善。②

  在19世纪末期至20世纪中期，企业社会责任的内涵从内部利益的增进扩展到外部利益的维护。尤其是全球化的加速推进，对企业社会责任的内涵变化产生了巨大的影响。到19世纪后30年代，以美国为代表的资本主义发达国家的大企业的兴起，导致垄断日益加剧，给资本主义世界的经济结构、社会结构带来深刻的影响。垄断的危害性、企业活动的外部性所造成的社会问题不断暴露，引起了社会各界的不满。大企业垄断不断加剧的趋势促使了反托拉斯法律体系的建立和政府加强对竞争秩序的规范，社会各界也对经济和社会发展方式予以反思。在法律的、行政的、经济的以及社会的多种约束和影响下，企业的社会责任理念得到推广，其具体内容也不断得到扩展。首先，全球化的不断加深，导致了经济社会发展的各种资源和信息在全球范围内更快地流动，各地区的经济发展方式、法规约束规则、伦理道德、社会文化等方面在碰撞和摩擦中逐步走向趋同化，法规等经济发展硬约束手段的功能逐步退化，伦理道德等经济发展的软约束手段功能得到不断地加强，企业承担社会责任显得越来越重要。"澳大利亚普林斯顿大学的辛格教授（Singer, 2004）在第三届'国际企业、经济学和伦理学学会'世界大会上发表了题为'一个世界'的开题演讲。他指出，随着世界变得愈益密切相关，伦理就愈益需要超越国界。伦理学并不要求我们服从绝对规则，而是要求我们考虑所有那些受到我们行为影响的人的利益。这里涉及许多与全球化有关的伦理问题，如环境问题、WTO问题、富国对消除全球贫困的义务问题等。他的基本观点是，我们能否顺利地通过全球化时代，取决于我们如何伦理地考虑我们生活在'一个世界'这一观点。"③ 其次，"在经济全球化快速发展的前景下，竞争优势的资源也不断地发生着变化，企业生产经营中的成本、质量、供货期等要

---

  ① Drucker P F. The practice of management (1955). 转引自（日）金泽良雄：《当代经济法》，刘瑞复译，辽宁人民出版社1988年版。
  ② 参见K. P. 安德鲁斯：《可以使优秀的公司有道德吗?》，载《哈佛管理文集》，孟光裕译，中国社会科学出版社1995年版，第413－414页。
  ③ 陆晓禾：《承认自由空间，承担道德责任——第三届"国际企业、经济学和伦理学学会"世界大会述评》，载《毛泽东邓小平理论研究》，2004年第10期。

求已经成为企业生产经营中最基本的要求,而企业要在竞争中获得优势,必须在诸如速度、一致性、可靠性、敏捷性、创造性、多样性、安全性和商业道德等方面创新优势"①,而且这些方面越优越就越有竞争力,企业社会责任作为管理创新的重要内容,在企业追求竞争优势的过程中被不断挖掘和扩大。最后,"全球化促进了跨国公司的快速发展,跨国公司走向全球,通过创造价值、培育并增加市场、缩减成本而提升利润。成本缩减通过在原材料、有技术的劳动力、土地和税收成本更低的地方选址设厂来实现。与拥有市场、全球化技能、经验和资源的其他国家和地区的合作伙伴联合投资也能增加价值"。② 在经营业务走向全球化的同时,跨国公司也对全球各种生产要素进行高效整合,而在更有效利用这些资源的同时必然影响了这些资源的利益相关者的利益,承担起对这些利益相关者的社会责任是其不可推卸的义务,因此,企业社会责任运动在跨国公司整合世界资源的同时,对资源的利益相关者的利益保障起到了一定的作用。

刘继峰和吕家毅(2004)认为,"企业的经济责任,既是企业本性的外在反映,也是企业生存和发展的内在动力,它贯穿于企业存续的始终。不能将企业的经济责任无限放大,也不能以其他责任覆盖企业的经济责任,束缚住企业的手脚。这对经济体制转型中的企业尤其是国有企业具有重要意义。企业社会责任的四项内容(经济责任、法律责任、道德责任和自愿性慈善责任),是从四个角度认识企业行为的特质,其本质是平衡国家利益、社会利益和企业利益"。③ 对于每一个特定利益相关方,企业相应承担着不同层次的责任,既要承担遵守法律义务和道德底线等责任,也应承担共赢责任(李伟阳,2010)。

第二节　企业社会责任的作用和功能

一、企业承担社会责任的正向作用和功能

积极倡导企业承担社会责任,要求满足各利益相关者的多重诉求,以便在企业内部和外部构建和谐的关系网络。这种难以复制的"软环境"对于企业的生

---

① 骆建艳:《企业社会责任的费用效益研究》,浙江大学 2005 年硕士学位论文。
② (美)约瑟夫·W.韦斯:《商业伦理——利益相关分析与问题管理方法》,符彩霞译,中国人民大学出版社 2005 年版,第 236 页。
③ 刘继峰、吕家毅:《企业社会责任内涵的扩展与协调》,载《法学评论》,2004 年第 5 期。

存和持续稳定发展具有积极的作用。这种积极的作用可以从宏观方面和微观方面来考察。

（一）宏观方面

1. 企业承担社会责任有利于实现社会的可持续发展，促进社会进步

在古典经济学理论中，利润最大化或股东利益最大化被视为企业的唯一目标。随着实践的深入和认识的深化，越来越多的企业认识到，企业应该努力使利润最大化服从于社会福利最大化，与利益相关者形成共生共赢关系，积极履行社会责任。比如，改善产品和服务品质，提高资源利用效率，注意保护生态环境，为员工提供更好的工作环境和福利，关注社会公益事业。通过企业重视和加强社会责任工作，最终实现企业和社会的可持续发展，促进社会进步。

2. 企业承担社会责任有利于赢得更多政府支持

公众对政府在承担社会责任方面的角色期待有时会使政府陷入一种角色冲突之中，而企业的社会参与将会帮助政府摆脱困境，减轻政府来自社会公众方面的压力，如减少失业、缓解通胀压力、治理污染及投资于公益事业等。[①] 例如，众多企业积极履行社会责任，努力获得 SA 8000 国际认证，不仅可以吸引劳动力资源，而且可以激励他们创造更多的价值。从这个意义上说，企业履行社会责任有助于解决就业问题。作为奖励，政府在制定和实施政策上向企业倾斜，政府和企业之间形成良性互动，使企业的经济决策活动更具自由性和灵活性。

3. 企业承担社会责任能够更好地保护劳工利益

社会责任运动无疑会有助于促进和保护劳工的基本权利。从整个世界的发展来看，企业的经济力量只会越来越强，社会财富越来越向企业集中，单一或少数劳动者根本无法与之对抗。因此，企业往往会为了自身的利益而损害劳动者的利益，向残酷资本家倾斜。强调企业承担社会责任，完善公司立法，规制公司行为，从外部性压力和内部性动力双向保护劳工权益，便显得特别重要。

4. 企业承担社会责任有利于环境和资源的保护

企业与自然的关系，本质上是人与自然的关系。作为对环境的直接影响者，企业在从投入到产出的整个生产经营过程中，有责任使任何形式的污染减少到最低限度，直到消除污染。作为改造者，企业有责任治理、消除自身造成的污染，有责任美化生产经营环境，有责任结合自身生产经营特点就环保问题开发新产品，如资源节约型产品、稀有资源替代型产品、污染治理型产品等。企业有责任

---

① 参见周勇：《市场经济条件下企业社会责任的概念及价值》，载《湖北大学学报：哲学社会科学版》，2004 年第 5 期。

结合自身经营活动参与社会环保公益事业。由于企业生产污染所造成的生态环境恶化已经严重威胁人类生存与发展，保护生态环境、处理好人与自然的关系是人类面临的难题，更是企业义不容辞的责任。

（二）微观方面

1. 提高企业声誉，增强企业的核心竞争力

根据学者福伯恩和闰多瓦（Fombrun & Rindova，1996）所下的定义，"企业声誉是企业过去一切行为及结果的综合体现，这些行为及结果反映了企业向各类利益相关者提供有价值的产出的能力。企业声誉可用来衡量一个企业在与内部员工及外部利益相关者的关系中所处的相对地位，以及企业的竞争环境和制度环境"。企业承担社会责任，履行包括经济、法律、道德、环境和社会等方面的责任，首先可以为企业所在地区增加福利；反过来，社区发展进一步提高企业的运作能力和企业声誉。企业通过与其他群体和组织、地方团体、社会和政府部门进行密切合作来提高诚信水平，这样才能提升企业的业绩，形成企业的核心竞争力（朱瑞雪和郭京福，2004）。市场经济之下，企业之间的竞争除了客户、产品、人才外，更要注意信誉的竞争。企业的道德责任是企业的无形资产，关系着企业价值的有效提升。现代社会舆论发挥的监督作用很大，企业一旦做出违背诚信原则的行为，就会陷入信誉危机，导致市场萎缩。

有远见的企业必定会非常注重企业信誉，恪守诚信，积极履行社会责任。相反，一些惟利是图的企业有可能不惜牺牲长远利益，逃避社会责任。在图1-1中，S_0是社会期望企业达到的承担社会责任的水平。没有远见的企业关注于社会责任的S_2到S_1区域。在这个区域内，如果积极承担社会责任，成本大于收益；而逃避社会责任则收益大于成本，企业最终选择逃避社会责任。但是有远见

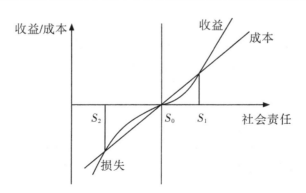

图1-1 企业履行社会责任收益-成本分析

的企业会关注整个区域，它们会注意到在 S_1 右方，承担社会责任造福社会的同时，收益不断地大于成本。

2. 降低监管力度和市场壁垒，提升企业形象

在美国，国家和州级环境监管部门都有正式的规划，对积极采取措施，减少对环境、健康和安全影响的企业给予认可和奖励，这些企业面临的检查和程序性工作都会减少，在向政府提出申请检查时甚至能获得一些优惠。美国联邦判决指导方针规定，如果能证明企业将社会责任落到实处并且实行了有效的道德规范计划，针对它的处罚和罚款就会减少甚至完全取消。[①] 重视履行企业社会责任的企业能够在与同类别企业的竞争中占据优势，更容易进入跨国公司的供应链中。

假设两个企业竞投一个项目，该项目只能为其中一个企业获得。由于项目超出两个企业的自身投资能力，所以企业必须通过向银行借款进行投资。两个企业里面，企业 1 积极地承担了社会责任 c，企业 2 则没有积极承担社会责任。假设积极承担了社会责任的企业能够在贷款利率方面获得优惠。企业 1 得到的贷款利率为 r_1，企业 2 得到的贷款利率为 r_2，$r_1 < r_2$。项目的回报率对于两个企业都相同，记作 r。项目的投资资本为 I。假设两个企业此前积累下来的可动用资本为 π，$\pi < I$。所以，企业 1 的投资回报 R_1 为：

$$R_1 = (1+r)I - (1+r_1)[I-(\pi-c)] - c \quad (1-1)$$

当投资回报大于 0 时，企业 1 参加竞投。企业 2 的投资回报 R_2 为：

$$R_2 = (1+r)I - (1+r_2)(I-\pi) \quad (1-2)$$

当投资回报大于 0 时，企业 2 参加竞投。当

$$(1+r)I - (1+r_1)[I-(\pi-c)] - c > (1+r)I - (1+r_2)(I-\pi) \quad (1-3)$$

企业 1 赢得竞投，获得正的回报，而企业 2 则没有收益也没有损失。要满足上述条件，必须

$$(r_2 - r_1)(I-\pi) > c(2+r_1) \quad (1-4)$$

可以看出，当银行因为企业 1 承担了社会责任而给予的贷款优惠额度越大，并且投资项目规模越大时，企业 1 越有可能赢得竞投。因为在出现投资项目前，项目规模以及银行给予的优惠额度都不能确切知道，所以企业是否积极参与社会责任还取决于道德等因素。

3. 提高企业经营绩效

企业承担社会责任尽管对短期经营绩效产生了一定的负面影响，但从长期看可能会产生正面效应。企业承担员工责任，提高员工待遇，改善工作环境，员工

---

① 参见王飞鹏、曹秀华：《谈企业社会责任运动》，载《山东工商学院学报》，2014 年第 6 期。

流失率降低，培训投入大大减少，最终可以为公司节省开支，降低长期成本。明确的社会责任政策，如行为守则可以提高企业对企业责任的认识，对于员工、投资者和消费者都有重要的指示作用。有工作热情的员工会使产品的质量提高，次品数量减少，从而提高了生产效率，提升了产品质量。

假设一个无限期模型，企业决定在当期是否为承担社会责任支付一定的成本。企业本期的净利润为 π，企业承担社会责任程度与投入 c 成正比。承担社会责任会导致本期利润下降，但会带来其他正面效应。企业每期都只有概率 p 存活到下一期，当企业承担社会责任后，此概率上升；同时企业从下一期开始能够获得更多的利润，下一期获得的新增利润最大，然后按照一个小于 1 的比例 t 递减，即如果下一期获得新增利润 tm，则下下期获得的新增利润减少为 t^2m，并且一直持续下去。假设如果企业不承担社会责任的话，每期都获得利润 π。假设贴现率为 $\delta < 1$。$p'(c) > 0$，$p''(c) < 0$，$p(0) = p_0 > 0$，$m'(c) > 0$，$m''(c) < 0$，$m(0) = 0$。当企业不承担社会责任时，总利润 P_0 为：

$$P_0 = \pi + \delta p_0 \pi + \delta^2 p_0^2 \pi + \cdots = \frac{\pi}{1 - \delta p_0} \qquad (1-5)$$

如果企业承担社会责任，则总利润 P_1 为：

$$P_1 = \pi - c + \delta p(c)[\pi + tm(c)] + \delta^2 p^2(c)[\pi + t^2 m(c)] + \delta^3 p^3(c)[\pi + t^3 m(c)] + \cdots$$
$$= \frac{\pi}{1 - \delta p(c)} + \frac{m(c)\delta t p(c)}{1 - \delta t p(c)} - c \qquad (1-6)$$

注意：这里的新增利润第一次出现就在 $m(c)$ 前面乘以 t 是为了化简方便，具体含义不受影响。只要 $P_1 > P_0$，企业就有动机积极承担社会责任，即：

$$\frac{\pi}{1 - \delta p(c)} + \frac{m(c)\delta t p(c)}{1 - \delta t p(c)} - c \geq \frac{\pi}{1 - \delta p_0} \qquad (1-7)$$

因为 $p(c) \geq p_0$，所以：

$$\frac{\pi}{1 - \delta p(c)} \geq \frac{\pi}{1 - \delta p_0} \qquad (1-8)$$

所以我们可以考虑一个严格不等式的情况：

$$\frac{m(c)\delta t p(c)}{1 - \delta t p(c)} \geq c \qquad (1-9)$$

此式成立时，$P_1 > P_0$ 必定成立。当企业承担社会责任带来的新增利润越大 [以 $m(c)$ 表示]，并且新增利润递减越慢（以 t 表示），企业存活概率上升越大 [以 $p(c)$ 表示] 时，该等式越容易成立。最优的 c 由一阶条件确定：

$$\frac{\pi \delta p'(c)}{[1 - \delta p(c)]^2} + \frac{[m'(c)\delta p(c)t + m(c)\delta p'(c)t][1 - \delta p(c)t] + m(c)\delta^2 t^2 p(c) p'(c)}{[1 - \delta p(c)t]^2}$$
$$= 1 \qquad (1-10)$$

如果最优条件无解，则是边际收益（等式左边）恒大于边际成本（等式右边）的情况，企业会把所有剩余利润用于社会责任活动。但一般情况是一阶条件有解。

企业承担社会责任和企业的经济效益成正相关关系，即企业承担社会责任会促进企业经济效益的提升。对此，斯蒂芬·P.罗宾斯（Stephen P. Robbins, 2004）研究的结论是："承担社会责任的企业趋向于取得更稳固的长期利润"，"多数研究表明社会参与和经济绩效之间是正相关的。"克雷默和波特认为竞争力的微观因素（企业的竞争战略和能力与企业运营于其中的微观环境）及其相互作用能解释国家间人均国内生产总值增长的80%的变异（Kramer & Porter, 2007）。

福特汽车公司（Ford）的理想是："让更多的人买得起车，能够享受用车的乐趣；让更多的人就业，得到不错的工资。"正是在这样的社会责任理念指导之下，福特公司雇员的工资曾经高出同行两倍；在市场供不应求的情况下，福特公司竟然削价出售 T 型汽车。最终，福特公司的目标被员工所认同，品牌被社会所信赖，产品被顾客所喜爱，利益得到实现。相反，单纯追求经济利润的企业家只会产生投机心理，注意短期行为，企业不可能持续地得到发展。企业承担社会责任的支出虽然会增加企业的经营成本，但是经过一定阶段的发展，企业会因为之前的责任投资而获得丰硕的利润回报。

二、企业承担社会责任的负向作用

诚然，从长远来看，企业承担一定的社会责任能够给企业带来丰厚的有形和无形的回报。但是，物极必反，倘若企业承担过多的社会责任，必然会加大企业的营运成本，增加企业的经营风险。对我国企业而言，由于市场经济取向改革的历程只有短短的数十载，无论是国有企业还是民营企业都处于构建现代企业制度转轨的阵痛中。同时，随着我国外贸依存度的逐年提高，在国际贸易规则向企业社会责任延伸的情况下，对企业社会责任负向作用的研究不容忽视。

（一）社会责任审核或标准认证成为发达国家的市场准入条件

联合国贸易和发展会议在《世界投资报告》中写道："在全球企业中遵守公认的企业社会责任原则已经如此普遍，以至于为了（在国际上）竞争成功，来自发展中经济体或转型经济体的跨国公司可能也需要采取类似的惯例（发达国家所实践的企业社会责任标准）。"[①] 企业社会责任是企业进入国际市场的通行

---

① 吴芳芳：《中国对外投资合作中的企业社会责任问题研究》，载《产业与科技论坛》，2013年第4期，第11-12页。

证，是参与国际竞争的筹码。社会责任审核或标准认证成为发达国家的市场准入条件，贸易的"门槛"抬高了。发展中国家在国际贸易中取得的成绩，使发达国家归咎于发展中国家的低劳工标准。虽然目前还没有强制执行企业社会责任的标准认证，但是不少国家从自身利益出发，将企业社会责任全面贯穿于国际贸易中，不再局限于生产过程中的环境保护、劳工权益保护等，更是延伸到采购、供应等环节上。

于是，发达国家利用社会责任审核或标准认证来遏制发展中国家的经济发展，从而保持自身竞争优势。由于社会责任规则和标准的制定是在西方价值观和话语权下进行的，因此一旦通过供应链自上而下的方式加以推行，把企业社会责任规则及标准国际化、普遍化，将会损害发展中国家供应商的竞争优势，给发展中国家的某些中小型劳动密集型出口企业带来巨大的生存压力。①

（二）高额的审核和认证（验厂）费用使企业难以承受

企业通过社会责任审核和认证的具体收费标准因各种认证机构而异，一般在接受订单前，企业自行根据生产守则或标准进行整改，迎接客户验厂。往往第一次验厂不收费，如果不合格，就会被责令限期整改。第二次验厂每位验厂人员会收取500～1 000美元不等，如果第二次验厂又没有通过，也可能会再给一次机会，但这次仍要收费。一般来说，第三次再通不过就会被取消订单。审核人员费用的多少往往还取决于工厂的大小和工人数量的多少等因素。另外，验厂员的自由裁量权过大，在标准的细节上随意性很大。同时，社会或相关部门对中介机构和跨国公司的验厂行为缺乏有效的监督和管理，审核形式的不断翻新和认证过程的行为失控，导致企业压力太大，不堪重负。在我们的调查视野中，几乎没有哪家企业能一次性通过审核。各个企业对验厂都十分重视，投入了大量的人力、物力和财力，许多企业成立了人权验厂部、验厂事务部等，专门负责验厂的工作。调查发现，SA 8000的认证费用与企业人数有关，500人左右的企业收费大约在20万元人民币，每半年复审一次，每次复审都需要另缴费用，认证有效期3年，3年后要重新申请。

（三）社会责任审核或标准认证提高了企业运营成本，削弱了企业产品在国际市场的竞争力

受到我国经济发展阶段以及国际产业分工的影响，我国外贸加工型企业最先

---

① 参见顾祝：《辩论企业社会责任》，载《中国石油企业》，2004年第12期。

受到国际企业社会责任标准的挑战。2013年,我国加工贸易出口8 608.2亿美元,占出口总额的39.0%。① 意大利、美国、法国等中国轻工业产品的传统出口对象国也拟要求中国所有生产纺织品、成衣、玩具、鞋类等产品的企业必须事先经过SA S000标准的认证,否则就要联合抵制进口。② 2013年,我国纺织品、服装、箱包、鞋类、玩具、家具、塑料制品等7大类劳动密集型产品出口4 618亿美元,同比增长10.3%,高出整体出口增速2.4个百分点。③ 这样,大量本土企业既要在本已微薄的利润中拿出部分去改善劳工工作条件和待遇,又要保留资金维持企业的正常运转并进一步发展,这无疑将加重企业的负担,进而削弱企业的竞争力。

(四) 国际采购商对中国劳动密集型出口企业实行歧视性待遇

中国经济持续十几年的超常规快速发展,引发了西方某些发达国家的妒忌和担忧,从而拼凑出所谓的"中国威胁论",企图对中国的和平崛起进行全方位的打压。为了达到遏制中国的目的,国际采购商对中国企业的社会责任要求极为苛刻。在其他国家,同样条件的企业可以轻而易举地通过相关的社会责任审验,而对中国的企业可能要经过多次审核的刁难和摆布,动辄就以终止订单相威胁,这种歧视性的贸易措施骤然提高了中国企业的经营成本和风险。

---

① 数据来源:商务部发布的《中国对外贸易形势报告(2014年春季)》。
② 参见张锐:《社会责任:跨国企业的市场门票》,载《管理与财富》,2005年第12期,第4页。
③ 同①。

第二章 企业社会责任理论综述

第一节 企业社会责任运动兴起的历史渊源及发展沿革

一、企业社会责任运动兴起的历史渊源

作为一个历史的概念,企业是社会发展尤其是生产力发展到一定程度的产物,是商品生产的产物。在工业革命发生之前,真正意义上的企业尚不存在,或在社会经济生活中还没有占据主导地位,因此社会责任的问题基本没被讨论。古典时期(大致是指公元前10世纪至公元前5世纪),商人的社会和法律地位十分卑微,其角色被定位为为社区提供服务,强大的社区精神和压力迫使商人开展社会性活动;其后,在教会势力异常强大甚至凌驾于国家之上的中世纪(5—15世纪),营利性活动被视为违背基督教精神的洪水猛兽,商人存在的目的就是服务于公共利益;重商主义时期(16—18世纪),商人以盈利最大化对自我利益的追求受到鼓励,但同时也要求商人对社区、慈善事业等履行社会义务(白全礼和王亚立,2000)。以亚当·斯密(Adam Smith)为首的传统经济学派认为,"企业如果尽可能高效率地使用资源以生产社会需要的产品和服务,并以消费者愿意支付的价格销售它们,就尽到了自己的社会责任,即在法律规定的范围内追求利润最大化就是企业主要的社会责任"[①]。

企业社会责任问题的讨论真正产生于工业化时期。随着工业革命的产生,生产力逐渐发展,紧接着资本主义市场经济制度萌芽,企业数量和影响力越来越大。物竞天择、适者生存的哲学思潮和自由放任的经济学思想在这一时期占据领导位置,经济学专家提倡企业自由和市场自由,反对政府干预,经济意义上的财

[①] 顾祝:《辩论企业社会责任》,载《中国石油企业》,2004年第12期。

富增长被看得高于一切。股东个人利益至上是企业的经营理念，实现利润最大化是企业经营者的唯一目标。此时对企业社会责任持古典观点者如弗里德曼就认为，"企业的社会责任就是增加利润"。①

到了20世纪30年代，整个资本主义市场出现经济大萧条，伴随着一系列丑恶的社会问题，人们开始认识到了市场失灵的可怕，现代意义的企业社会责任观念从萌芽、强化、发展，并最终成为一种潮流，形成了新的企业观。管理学者德鲁克（Drucker，1954）指出，"盈利能力不是企业和企业经营活动的目的，而是企业的一种约束因素，利润不是企业和企业决策的根本动因，而是对企业经营活动的一种检验"。② 这样的讨论使企业社会责任观念得到日益强化，也带动了企业社会责任的实践。

但是随着时间的推移，企业和企业家越来越注重对社会利益的考虑，主要表现为一些个人或者家族企业的社会慈善和捐助活动持续增加。随后在许多国家，个人和企业直接给雇员和当地社区提供住房、学校、社会设施以及娱乐设施等。一些富有的企业家，如杰拉德、洛克菲勒和卡耐基等都设立了基金会。但是受到传统经济学的影响，当时大多数这样的行为都是出于个人意志而不是企业的决策。

企业社会责任运动的兴起直接源于消费者运动和环境保护运动的压力，但企业社会责任运动的迅速发展则是多重力量共同作用、交互博弈的结果。然而，恰恰是各个利益相关者博弈的艰难历程，推动了企业社会责任运动在全球范围的不断升温。

1991年，美国大型牛仔裤制造商"Levi-strauss"的海外工厂在监狱般的工作环境中使用年轻女工的事件被曝光，顿时成为舆论和消费者运动关注的焦点，成为"血汗工厂"的典型。为挽回企业形象，该公司草拟了世界上第一份企业内部生产守则。随后，在人权组织、劳工组织、环保组织、道德投资机构以及各类非政府组织的应援支持下，消费者运动的视线转向一系列的大型跨国公司，从而促使更多的跨国公司，如Nike、Adidas、Disney等制定了企业内部生产守则，并设置专门机构，配备专职人员，负责内部生产守则贯彻实施于包括跨国公司本部及供货商、分包商在内的"生产链"全过程。企业社会责任运动由此进入快速发展阶段，越来越多的国家开始受到影响。

企业社会责任最初表现为跨国公司制定并实施内部生产守则。跨国公司所制定实施的这些生产守则内容大体集中于消除童工、禁止歧视、废除强迫劳动、结

---

① Friedman Milton. The social responsibility of business is to increase its profits. New York Times Magazine，September 13，1970.

② Drucker Peter F. The practice of management. New York：Harper & Row，1954.

社自由和集体谈判等四项基本劳工权利,以及工资、工时、职业安全、社会保险、员工福利和生产条件等方面。伴随着社会责任运动的发展,企业社会责任运动的形式也在不断升级,开始由跨国公司自我约束的内部生产守则向社会监督的外部生产守则转变。

目前,有学者将国际企业社会责任标准分为五类[①]:

企业劳工保护标准——以国际劳工标准和 SA 8000 为代表;

企业环境和产品质量标准——主要代表有 ISO 9000 国际标准和 ISO 14000 国际标准;

企业审计标准——以 AA 1000 为主要代表;

企业综合性标准——主要代表有多米尼社会责任投资指数(KLD)、道琼斯可持续发展指数(DJSI)、跨国公司行为准则、全球报告倡议(GRI)等;

各类组织普适性标准——以全球契约标准(Global Compact)、ISO 26000 国际标准为代表。

二、企业社会责任运动的发展沿革

随着企业不负责的行为导致的社会问题日益突出,要求企业对相关社会问题负有责任的呼声越来越高,企业面临的政府控制也越来越严。企业社会责任运动正是在这种实践环境中发展起来的。

(一)20 世纪 30 年代到 40 年代

此阶段主要是探讨企业经营者的职能问题。最为典型的事件是美国哥伦比亚大学法学院教授贝利(Berle)与哈佛法学院教授多德(Dodd)关于企业地位与责任的论战。[②] 双方围绕"企业的管理者是谁的受托人"展开激烈的争论。贝利(1931)认为,企业管理者只能作为企业股东的受托人,其权力都是为股东利益而委托的权力,企业的唯一目的在于为股东赚取利润,股东的利益始终优于企业的其他潜在利益者的利益。[③] 而多德(1932)并不同意贝利的观点,并对此进行了强烈的批评,他认为企业是既有社会服务功能又有营利功能的经济机构。多德

---

① 参见黎友焕、魏升民:《企业社会责任评价标准——从 SA 8000 到 ISO 26000》,载《学习与探索》,2012 年第 11 期,第 68-73 页。

② "贝利—多德论战",指在 20 世纪 30 年代美国的两位学者贝利(A. A. Berle)与多德(E. M. Dodd)就"公司的经理人员是谁的受托人"所展开的大讨论。

③ Berle Jr A A. Corporate powers as powers in trust. Harvard Law Review, 1931, 44 (7).

在对企业社会责任运动及其相应的法律观念变革进行考察后，进一步指出，"企业经营者的应有态度是树立自己对职工、消费者和社会大众的社会责任感"。①

事实上，争论的本质在于企业是否应该承担社会责任。反对者以贝利为代表，持消极企业社会责任观，认为除了利润之外企业没有任何社会责任。赞成者以多德为代表，认为企业财产的运用是深受公共利益影响的，企业管理者的权力来源于所有利益相关者，除股东利益外，法律和舆论在一定程度上迫使企业同时承认他人的利益；企业应该树立对雇员、消费者、广大公众的社会责任观。多德指出，"现在有这样一种认识正日益增长，即不仅商事活动要对社区承担责任，而且我们那些控制商事活动的企业经营者们应当自觉自愿地按这种方式予以经营以践行其责任，而不应坐等法律的强制"。② 与此同时，更多的学者加入到他们的争论中来，推进了对企业社会责任的研究。

此后，贝利与多德的观点都发生了趋于认同对方的变化。1942 年多德教授在一篇书评中放弃了其原先的部分观点并指出，对企业管理者是企业的所有利害关系人的受托人的认识太莽撞③。到了 1954 年，贝利则坦言认输："20 年前，笔者与已故的哈佛大学法学院的多德教授进行了一场辩论，当时，笔者认为企业的权力是为了股东利益而设置的信托权力，而多德教授则认为企业的权力是为整个社区的利益而予以信托，这场论辩已经（至少目前是这样）以多德教授的观点为优胜而宣告终结。"④ 这表明贝利在企业经营者的职能问题上的主张发生改变，即承认经营者既有经济动机，又要代表受托人承担社会责任。

（二）20 世纪 50 年代到 60 年代

这个阶段对于企业社会责任的探讨从经营者转向企业的慈善捐赠问题和深化经营者社会责任职能的问题。随着权利与责任的关系得到企业的认识，"慈善和管家原则"开始被企业界广泛接受。

1952—1960 年在位的美国总统艾森豪威尔（Dwight David Eisenhower）是一个亲企业的总统，其内阁为来自企业的政治人士所控制。在国会中，倾向于企业的美国南部人士结成了保守联盟，从而保证了立法机构对企业的支持。⑤

---

① Dodd E M. For whom are corporate managers trustees? Harvard Law Review, 1932, 45 (7).
② 同①。
③ Dodd E M. DIMOCK AND HYDE：Bureaucracy and trusteeship in large corporations (Book review). The University of Chicago Law Review, 1942 (9).
④ Berle A A. The twentieth century capitalist revolution. New York：Harcourt, 1954.
⑤ 参见田祖海：《美国现代企业社会责任理论的形成与发展》，载《武汉理工大学学报：社会科学版》，2005 年第 3 期。

在这个时期，在企业社会责任领域比较引人注目的是贝利与曼恩之争，是多德与贝利之争的延续。曼恩（Means，1962）批评了贝利同意多德将企业经营者视为企业所有利害关系人的委托人的说法，他认为贝利没有讲清楚为何经营者的职责是在执行企业利害关系人之间分配企业财富的职能。① 贝利（1965）对此进行了反驳，认为自己早年没有将企业经营者作为企业所有利害关系人的受托人和财富分配者看待，是担心企业的经营者会变成政治活动家或对学校及慈善机构起决定作用的资金供应者，而不是认为他们不适合担当这种角色。②

因企业生产造成了严重的环境污染，企业社会责任指向出现了转移，由传统的企业家道德转向社会实践性问题。

（三）20世纪70年代至90年代

20世纪70年代初期，企业行为产生的新的社会问题受到关注，包括伪劣产品、物价上涨等。1973年，中东战争引发世界性石油危机，石油价格上升，企业投机倒把，造成物价紊乱，企业道德受到了考验。很多研究者认识到，企业道德问题应该是其社会责任首先要重视的。针对企业行为的各种后果，在企业社会责任理论不断深化的背景下，20世纪70年代中叶，美国经济发展委员会（Committee for Economic Development，CED）发表了具有历史创新意义的文章——《公司社会责任》。该文指出，企业主动承担社会责任，可以使企业经营者更加灵活、高效地开展经营活动，还可避免由于不负社会责任所导致的政府或社会对企业进行的不必要的制裁，它可调动企业的利己心，具有"胡萝卜加大棒"的效果。③

20世纪80年代，企业社会责任的争论主要集中在企业对于所谓利益相关者承担社会责任的问题上。利益相关者理论主要强调企业应对所有与企业有利害关系的人负责。该理论因坚持主张与企业相关的雇员、顾客、供应商和企业所在的社区都与企业有一定的利害关系而与传统的股东本位主义区分开来。这一时期美国有许多州竞相颁布非股东的其他利害关系人的立法，企业社会责任第一次得到大规模州级立法者的肯定。④

---

① Means G C. Thoughts on concentration. Proceedings of the American Statistical Association：Business & Economic Statistics Section，September 7-10，1962.

② Berle A A. "Property，production and revolution". Columbia Law Review，1965，65（1）.

③ Committee for Economic Development. Social responsibilities of business corporations. New York：Committee for Economic Development，1971.

④ 参见田祖海：《美国现代企业社会责任理论的形成与发展》，载《武汉理工大学学报：社会科学版》，2005年第3期。

20世纪90年代，由于经济全球化的步伐加快，跨国公司在世界范围内活动，出现了一种强化企业社会责任的新概念——"企业公民"。"企业公民"就是把企业看成是社会的公民，它描述企业怎样通过其核心业务为社会提供价值的同时，也向社会各方显示它们应该承担的社会责任。

（四）21世纪初期

21世纪初，在爆发安然、世通、安达信等公司财务作假丑闻后，为了强化上市公司内部治理和加强信息披露，美国政府颁布了一系列严肃国内公司道德准则的法案，特别是2002年《萨班斯—奥克斯利法案》（Sarbanes-Oxley Act）的出台加大了对忽视社会责任、侵害利益相关者的企业的处罚力度。该法案对上市公司的信息披露义务进行了特别的强化，对于违反财务报表披露要求的行为加大了处罚力度，客观上强化了美国企业承担社会责任的透明度和执行力。[①]

第二节　企业社会责任理论演进

一、西方企业社会责任理论起源

企业社会责任理论起源于西方，比较有影响的研究者有19世纪英国的罗伯特·欧文（Robert Owen）和美国的亨利·甘特（Henry L. Gantt），他们从企业家角度阐述了相关思想。1920年，德国学者从企业层面提出了"企业自体思想"，并让这一思想赋予企业公共性。其含义为：将企业从其法律根基的社员中分离出来，将其把握为独立的存在；离开社员每个人的利害关系，从国民经济的立场上保护并维持企业，并赋予与此相应的责任。[②]随后，美国的一些学者也提出，企业是既有营利功能也有社会功能的经济组织，企业必须要有社会责任感。并将此思想融入美国的公司法。20世纪50年代，美国人霍华德·博文（H. R. Bowen，1953）正式提出企业社会责任这一概念并将其概括为"商人们在追求利润、制定决策或遵循法律条文时以我们所处的社会目标与价值为前提的义务"。今天学术界已对企业社会责任的内涵基本达成了共识，认为企业的社会责任是指企业在

[①] 参见牛松：《论西方企业社会责任的发展路径及经验》，载《安徽大学学报：哲学社会科学版》，2011年第3期，第152–159页。

[②] 参见（韩）李哲松：《韩国公司法》，吴日焕译，中国政法大学出版社2001年版，第53页。

赚取利润的同时应主动承担对环境、社会和利益相关者的责任。研究企业社会责任的真正目的在于探讨企业在发展其企业自身利益的同时，如何促进公共利益的提高，以寻求企业与社会的可持续发展之路。

乔治·斯蒂纳和约翰·斯蒂纳（George A. Steiner & John F. Steiner，2002）认为，就传统经济理论而言，企业如果尽可能高效率地使用资源以提供社会需要的产品和服务，并以消费者愿意支付的价格销售它们，企业就尽到了自己的社会责任①。虽然这一来源于古典主义经济学的企业行为标准的假设在亚当·斯密之后200多年的时间里依然屹立不倒，但从来就没有在企业的实践中被无条件地实行过。就连亚当·斯密自己也承认，由于社会的原因，这一标准肯定会有无数的例外（Adam Smith，2011/1776）。事实上，这些"例外"在现实之中往往就衍生成了企业不得不考虑其应承担的社会责任。

二、早期企业社会责任观

正如前文讲到的，在18世纪中后期英国第一次工业革命后，学者关于企业社会责任的争论得到了充分的发展，但真正的企业社会责任观还未出现，实践也仅局限于业主个人的道德行为。18世纪末期以后，企业的社会责任观就已经开始发生了一些微妙的变化。那时西方企业的规模普遍都还很小，企业家们行为节俭。但与此同时，也有一些小企业的业主们经常捐助学校、教堂和穷人。随着企业财富的积累，企业的社会活动开始持续增加。② 进入19世纪以后，两次工业革命的成果带来了生产力的飞跃，随之企业的数量和规模都有较大程度的发展，这个时期企业普遍认为应最大限度地创造利润，这种理念随着工业的大力发展产生了许多社会问题。

在整个19世纪中，企业家的慈善活动频繁，但都是个人行为。当时西方国家的法律在企业管理者如何使用企业的资金上也有明确的规定，认为企业没有权力去做其业务范围之外的事，否则，就是"过度活跃"了。③ 企业家可以支配个人财富来"行善事"，但企业是不能承担其他社会责任的，否则容易遭受股东的诉讼。虽然企业在其所在的城镇里建立学校和教堂会被允许，但类似的企业行为是有限制的。

---

① Steiner George A, Steiner John F. Business, government, and society: Managerial perspective: Text and cases. New York: The McGraw-Hill Companies Inc, 2002.

② 参见陈宏辉、贾生华：《企业社会责任观的演进与发展：基于综合性社会契约的理解》，载《中国工业经济》，2003年第12期，第86页。

③ 同②。

综上所述，早期的企业社会责任观是消极的，企业与其利益相关者之间还始终保持着一种赤裸裸的市场竞争关系，企业是不需要过多考虑他们的诉求和期望，仅有的一些慈善活动，也是出自于企业家个人的怜悯之心。

三、近现代企业社会责任观

19世纪末20世纪初，随着企业力量的不断壮大，以及工业发展对社会负面影响的日益暴露，社会对企业的关注上升到新的高度。人们开始探讨企业在追求自身经济利益最大化以外，是否还要承担其他带有一定公共性质的社会责任。

20世纪20年代，美国出现的三种新观点有力地推动了企业社会责任的发展。第一是受托人观点，即管理者是受托人，企业赋予他们相应的权力和地位，不仅要满足股东的利益，而且要满足顾客、雇员和社会的需要；第二是利益平衡观点，即管理者有义务平衡各种集团之间的利益；第三是服务观点，即企业和管理者有义务承担社会项目，去造福或服务于公众。[1] 这些观点首先获得一些企业领导人的青睐，他们在企业管理过程中实践了大量社会责任活动。

罗伯特·伍德（Robert E. Wood）是该时期一位全面关注利益相关者利益要求的先行者。在西尔斯·罗巴克（Sears Roebuck）公司1936年的年度报告中，他写道："在最近一段社会经济和政治价值观发生改变的时期，提交一份管理层职位与职责的报告，不仅仅要从财务的角度来报告，而且考虑更要为一般性的广泛的社会责任，这些社会责任虽不能用数字予以说明，但非常重要。这样的做法是值得提倡的。"[2] 伍德制定了一套方法，详细说明了企业应该如何向其主要的利益相关者——顾客、公众、雇员、供应商以及股东履行责任。在许多伍德这样的先行者的带领下，西方企业普遍已经不再对其社会责任抱着冷漠的态度，它们开始承担社会责任。

20世纪80年代以后，企业承担的社会责任范围不断扩大，有的企业甚至开始实施大范围的社会行动，涉及教育、公共健康、就业福利、住房、社区改造、环境保护、双职工家庭的婴儿护理中心等，涌现出了一批积极承担社会责任、主动关注利益相关者利益诉求、社会声望很高的企业。

到了20世纪90年代以后，衡量一个企业经营活动优劣的指标也从早期单纯

---

[1] Steiner George A, Steiner John F. Business, government, and society: Managerial perspective: Text and cases. New York: The McGraw-Hill Companies Inc, 2002.

[2] Hawley Ellis W. Shaping an American Institution//Wood Robert E, Roebuck Sears. Business Horizons, 1985（5）.

的经济指标发展为综合性的"企业社会绩效指标",即判断一个企业的经营效果不仅要看它的经济绩效,也不仅仅看它是否接受社会责任这一观念,而是看它在主动寻求社会需求、实施具体项目以帮助实现这些需求过程中的表现。①

在这种积极的企业社会责任观的指引下,企业越来越重视利益相关者的要求,市场关系趋于和谐。与此同时,发达国家和国际组织也纷纷将企业社会责任纳入标准化。1999年,美国推出了"道琼斯可持续发展指数";2001年,澳大利亚推出了社会信誉指数;2001年12月,社会责任国际组织(Social Accountability International,SAI)发表了社会责任国际标准体系(SA 8000);2002年,联合国推出呼吁全球企业界遵守社会责任的《联合国全球协约》;2010年,国际标准化组织在瑞士日内瓦国际会议中心举办了社会责任指南标准(ISO 26000)的发布仪式,该标准正式出台。

四、各国企业承担社会责任的差异

从历史发展看,企业社会责任观念是在与传统经济观念相对抗的过程中缓慢发展起来的。由于历史文化差异和社会制度的不同,各国企业所承担的具体社会责任也不相同。

在美国,公司社会责任观念一直都比较盛行,随着社会经济的发展,该观念已深入人心,公司的所有利益相关者对公司社会责任都有较为深刻和全面的认识。根据一项社会调查显示,有超过一半以上的顾客愿意购买有着公正劳动环境的公司生产的产品,并且对于公正劳动下生产的产品,消费者愿意支付高于产品在不公正劳动下生产所销售的价格。在投资者方面,越来越多的投资者看好那些积极履行社会责任的公司,这主要表现在企业社会责任型投资基金的高速发展,且"社会责任型投资"衍生基金的成长率超过总体基金成长率。此外,美国许多公司通过制定成文的行动宪章或类似的道德守则来规范企业所有工作人员的行为,这些行动宪章或类似道德守则中会明确标明每个员工在日常采购、生产、经营业务等活动中应当遵守的条例,这些条例成为每个员工行为绩效的评价依据和标准。②

在欧洲国家,企业社会责任基本上倾向于劳动问题——工资、工作条件、就业安全等。按社会传统看,企业资本家是剥削工人的,工人需要政府的保护。在

---

① 参见陈宏辉、贾生华:《企业社会责任观的演进与发展:基于综合性社会契约的理解》,载《中国工业经济》,2003 第 12 期,第 86 页。

② 参见赵春艳:《企业社会责任审计探析》,江西财经大学 2012 年硕士学位论文。

法国，企业必须按照工资总额的一定比例支付工人的教育费用。1977年，法国国会要求大企业每年向政府提交一份年度社会报告，内容主要集中于劳资关系。另外，社会团体、政府为减少社会问题承担了大量的责任。依照惯例，这些政府使用大量的税收资助影响深远的社会项目，某些国家将企业国有化，并试图通过国有企业来达到社会目标。

许多亚洲企业认为，欧洲和美国企业用200年的时间在几乎没有挑战的情况下建立了竞争优势地位，而亚洲企业正处发展期，实行企业社会责任会阻碍亚洲企业发展。① 在发展中国家，一些人认为，发展中国家正处于工业化初期的发展阶段，经济发展水平还没有达到发达国家20世纪90年代水平，因此在现阶段企业承担企业社会责任并不公平。

第三节 当代企业社会责任运动的发展与中国企业社会责任的变迁

进入21世纪，经济全球化的趋势越来越明显。随着社会经济的发展，企业对社会的影响力也日俱增。对于企业而言，承担社会责任不仅仅是为了提升企业的社会形象，也是提升企业长期盈利能力的重要基础。一些权威机构认为，社会责任感的强弱是决定企业能否在全球化运动中取得成功的决定性因素之一。越来越多的企业实践和研究成果充分说明，社会责任和企业绩效之间存在正向关联度，企业完全可将社会责任转化为实实在在的竞争力。

一、企业社会责任运动在当代的发展

尽管经济全球化在更大范围内和更高层次上以更快的速度优化了资源配置，促进了经济繁荣，但同时也打破了既往的利益格局，加剧了社会矛盾。人与自然之间、资本与劳工之间、发达国家与发展中国家之间、发展中国家相互之间多重矛盾的聚合，对新的国际经济贸易秩序和规则提出了强烈要求。②

随着20世纪60年代环保主义思想运动兴起，70年代大规模社会团体运动

---

① Gugler Philippe, Shi Jacylyn Y. Corporate social responsibility for developing country multinational. Corporations: Lost war in pertaining global competitiveness? Journal of Business Ethics, 2009 (1): 3–24.

② 参见何伟强、王静：《社会转型期企业社会责任运行机制研究》，广东人民出版社2011版，第2页。

的爆发（消费者权益运动、人权运动、绿色和平组织运动等），企业社会责任运动应运而生。在当前全球范围内以倡导改善劳工条件、维护劳工权益的呼声不断高涨的背景下，社会责任运动迅速蔓延为全球性的社会运动。

除上述原因外，企业的社会责任问题还因以下新情况的出现而变得更加突出：①

第一，从20世纪70年代末起，全球政治经济形势剧烈变动，加速了西方政治自由论者的价值提升，社会责任的议题成为人们瞩目的焦点。过去的全能主义官僚制政府是父爱主义的，它向企业征收税款，然后直接用于社会基础设施及福利项目的投资。20世纪80年代的政治倾向促使西方社会的政府和企业重视彻底思考各自的责任，此时政治思潮的主要观念是减轻政府的责任，特别是减少由政府出资的社会福利成本和文化责任，而减轻政府的责任部分是通过国有企业民营化、减少企业税务负担、放松规制、缩减政府支出和补贴来实现。为了回馈这些放宽的措施，企业必须以担当起应有的社会责任为回应。这一情况也同样发生在社会主义国家。

第二，近年来，全球经济经历了资本市场混乱、强势经济结构衰退以及通货膨胀的威胁，新的经济秩序在全球激起了一场有关企业社会责任的辩论，增加了企业履行社会责任的压力。尤其是在政治、环境皆敏感地区经营的跨国企业，或是供应链延伸到那些地区的公司，都明显感到了这种变化。

第三，全球化时代电子科技和其他形式的电子通信进步迅速，新闻资讯传播加快，推动了全球共同价值观的形成，并对既有的权威、职业与社会架构的尊重渐渐消失。企业必须超出原来的区域文化，分享"地球村"的行为规范。

第四，国际国内的消费者、顾客、环境保护者等各种企业的利益相关团体及社会团体利用上述有利条件，纷纷增强了活动的强度；同时，随着受教育程度的提高，他们更加意识到自身权益对企业行为的影响力。

（一）劳工运动

随着20世纪70年代全球化和跨国公司的迅速发展，资本流向生产成本低廉和劳工标准相对较弱的国家，引发了劳工标准向下看齐。这使得劳工组织和劳工运动跨越国界开展了全球性的"反血汗工厂/公司行为守则运动"。这一时期也是企业社会责任开始在国际上引起广泛关注的开始。

---

① 参见杨占营：《社会责任与企业宪章》，载《管理科学》，2005年第1期。

（二）环境保护运动

19世纪后期，人类对自然资源的破坏和环境的污染已经极为严重。1901—1909年，在美国总统西奥多·罗斯福执政期间，出现了第一次大规模的自然资源保护运动。20世纪60至70年代，自然资源保护运动发展成为生态环境保护运动。1973年的能源危机使得环境保护运动成为一场席卷美国的风潮。到了20世纪末，社会更加注重企业的环保行为，企业环境立法也日趋完善。

（三）消费者权益保护运动

1899年，世界上第一个全国性的消费者组织——美国消费者联盟诞生。随着经济的发展，消费者开始以人权标准和环保标准要求企业。1962年，美国总统肯尼迪在《关于保护消费者利益的总统特别国情咨文》中率先提出"消费者权利"的概念。20世纪70年代，消费者保护运动进入高潮。联合国1985年4月9日通过了《保护消费者准则》，消费者权益保护运动成了推动企业社会责任最主要的动力之一。消费者以其购买行为对企业施加压力，从而推动了企业在社会责任方面的发展。

可以说，当代企业社会责任运动的兴起直接源于消费者运动的压力，而它的迅速发展则是由劳工组织、消费者团体、人权组织、环保组织、绿色和平组织、非政府组织等多重力量互相联系应援、共同推动的结果。迫于内外部的压力，很多的跨国企业制定了企业内部生产守则，由此产生了一场广泛的企业生产守则运动。但是这种内部生产守则带有明显的商业动机，最终屈服于企业的商业利益，在多重利益的推动下，企业的自我约束转变为社会约束，即由第三者执行对企业的社会责任认证。

1999年1月在达沃斯世界经济论坛年会上，联合国正式提出"全球契约"计划，并于2000年7月在联合国总部正式启动。"全球契约"内容涵盖环境、劳工、人权和反腐败四大领域，共十项原则，是国际社会推动社会责任最具影响力的倡议。我国也于2011年11月设立了"全球契约中国网络"（Global Compact Network China），由中国企业联合会和中国石化牵头成立，目的是提升中国企业的国际地位和形象，促进中国企业在经济全球化背景下的可持续发展。"社会约束"中最有影响的是由国际社会责任组织（SAI）于2004年开始在美国和欧洲一些国家强制推行的SA 8000标准认证，它涵盖人群、劳工标准、环保三个主要领域。作为全球最具权威的国际标准化组织（International Organization for Standardization，ISO）也受到了社会责任运动的巨大影响。2010年11月1日，国际标准化组织正式发布《ISO 26000社会责任指南》。这是国际社会迄今为止最具系统性、最为完整的社会责任体系，不仅对社会责任进行了权威的解释和定义，还对社会责任融入组织提供了框架指南。该指南适用对象不仅是企业，还包括所有类型的组织和实体。2010年11月2日，我国国家标准委员会在其官方网站发布《参照 ISO 26000 制定符合中国国情社会责任标准》一文，表示在我国积极推行 ISO 26000 社会责任指南。① 随着企业社会责任运动的深入开展，各国政府积极出台法案推行企业社会责任，实业界也纷纷响应。比如，1996年日本的经济团体联合会颁布了《经团联良好公司行为宪章》，这个宪章经常被日本企业引用，作为它们在国际经营中的行为标准；2002年英国政府建立了企业责任指数体系，以使企业能够明了在多大的范围内以及在管理社区活动、环境保护、销售市场和工作场所等4个关键领域如何把战略转变成负责任的行为。② 全球范围内的公司在制定发展战略时越来越重视企业的社会责任，并设立专门的企业社会责任委员会或类似机构来处理企业社会责任事项，并把公开发表社会责任报告制度化。

二、我国企业社会责任的演变

我国企业社会责任的演变与我国企业的成长密切相关，我国企业经历了从计划经济到市场经济的转型，企业形式也经历了从公有制到混合制的改革。随着现代企业制度的建立，企业的角色逐渐明晰，企业社会责任的范围得以确认。我国成功加入 WTO 以后，我国企业进入到国际竞争的领域，企业社会责任的范围进一步延伸，劳工关怀、企业绩效、市场责任等逐步进入人们的视野，西方企业社会责任理念更是洗礼了我国的理论界和实务界。

（一）非经济性责任时代

在计划经济时代（1949—1978年），虽然我国有很多大型生产性组织——国有企业，但是企业生产什么、生产多少和怎样生产则完全按照国家计划和行政指令进行，企业没有自主权。所以这时期的企业不是真正意义上的企业，而表现为政府的附属物。这时的企业又叫做工厂，工厂注资人是政府，如何运作完全听从政府指令，工厂只重视年初的预算和年终的决算，工厂的成本和盈利都只是行政含义，这时的工厂对职工是负全责的。

---

① 参见吴芳芳：《国有中资企业在海外经营中的社会责任问题研究》，北京大学2013年博士学位论文。

② 参见杨占营：《社会责任与企业宪章》，载《管理科学》，2005年第1期。

这一阶段，中国企业在一个高度集中、全面封闭的体系内运行，企业不仅负担起生产的任务，更肩负着对劳动者的一切生活保障，企业存在只是服从于社会主义生产目的——满足人们日益增长的物质和文化生活需要——形成了典型的"企业办社会"和"企业就是社会"的现象，企业没有自主经营权，其结果就是企业社会责任问题没有研究基础。经济责任几乎不被计划经济时代的中国企业所考虑，而环境责任等在这个年代也很少被提及。

（二）经济性责任时代

改革开放以后，从1978年到1995年，在市场经济条件下，国有企业开始改革，政企分开使国有企业建立了现代企业制度，私营企业、合资企业等蓬勃发展，企业的资本结构逐渐实现了多元化。市场经济环境下的企业充分体验到竞争的利弊。利润最大化是企业唯一的追求，因为没有利润就没有投资和人才，这时千方百计地降低成本是企业管理的重点和关键。

这一阶段，中国企业处于起步阶段，企业追求的是暂时的生存而不是长期的发展，无论当时的宏观环境、市场秩序还是企业家素质，都使得企业表现出较强的短期性和脆弱性。① 这一时期的企业只注重股东责任，忽视甚至逃避政府责任、社会责任和环境责任等。

（三）社会责任整合时代

经过十几年的经济体制改革，从1995年至今，我国虽然取得了一些成就：国内市场经济秩序日趋完善、在国际市场上有较强的竞争力，但是在与国际市场接轨的过程中，我国企业和著名的跨国公司存在一定差距，开始意识到建设现代企业社会责任的重要性。

在这个时期，政府开始积极倡导社会责任。2001年，我国政府颁布了《经济、社会与文化权利国际公约》。2002年，《中华人民共和国安全生产法》开始生效。2008年，原国资委研究制定了《关于中央企业履行社会责任的指导意见》，推动中央企业认真履行好社会责任，实现企业与社会、环境的全面协调和可持续发展。2011年，中央政府以及地方政府开始采取有效措施，确保社会责任建设在全国的稳步、有序开展。2013年，《中共中央关于全面深化改革若干重大问题的决定》指出，国有企业需要进一步深化改革，"承担社会责任"与规范经营决策、资产保值增值、公平参与竞争、提高企业效率、增强企业活力成为六

---

① 参见赵连荣：《我国企业社会责任的演变与趋势》，载《企业改革与管理》，2005年第2期。

大重点改革。这是"社会责任"首次出现在中央文件中，而且将其提到深化国有企业改革、完善国有企业现代企业制度的战略高度和深度，具有里程碑意义，对于国有企业社会责任工作将有一个极大的推动并带来极大的发展。① 但是由于种种原因，中国企业的社会责任观从这一时期开始产生混乱。"三鹿"事件使得公众开始全面审视中国的企业社会责任发展状况，越来越多违背社会责任的企业行为浮出水面。2011年中国中央电视台《每周质量报告》调查发现，仍有7成中国民众不敢买国产奶；之后又接连出现了双汇"瘦肉精"、蒙牛"霉毒素"以及老酸奶用工业明胶事件；目前中国每年返回餐桌的地沟油有200至300万吨；据统计，在中国工商行政部门注册的1 000万家企业中，仅有10万家企业曾经为慈善事业捐过款物，99%的企业从未有过慈善捐助记录。②

从现状上看，企业纷纷响应政府号召，积极履行企业社会责任的承诺与实践。但从整体上看，还是有少数企业对社会责任的认识和实践不足，我国企业与国际企业还存在着较大的差距。总的来说，经过这一阶段的社会责任整合，我国企业将对企业社会责任达成共识，逐渐与国际水平接轨。

三、当代世界企业社会责任运动对中国的影响

21世纪头30年是我国必须紧紧抓住并且可以大有作为的重要战略机遇期，当前国际国内环境为我国加快发展、率先发展、全面协调可持续发展提供了良好的机遇和条件。

从国际上看，世界经济已进入加速复苏阶段。美国、欧盟、日本三大经济增长主体增势尚好，将维持一个较长的增长周期。中国作为外贸依存度较高的发展中国家，国际经济形势良好对我国发展是个"利好"的信号。世界新一轮产业转移也在加快，而全球都十分看好中国经济的发展，愿意来中国投资。这对我国沿海地区承接国际产业转移、调整并优化产业结构十分有利。

从国内情况看，我国已进入新一轮经济增长周期，发展势头非常迅猛，为扩大对内开放，开展全方位的合作开辟了广阔的前景。国家继续加强和改善宏观调控，积极效应逐步显现，全国经济将继续保持平稳、较快发展。但在社会经济快速发展的同时，国民的精神境界，体现在企业界的就是企业的社会责任感，出现了深刻的危机。对劳工福利的漠视、对工作环境的轻视、对劳工合同的肆意践踏、追求经济利益而置环境污染于不顾等反映企业社会责任缺失的报道不时见诸

---

① 参见杜娟、罗曙辉：《2013年社会责任大事记》，载《WTO经济导刊》，2014年第1期。
② 参见刘文涛、张锐：《企业社会责任：企业的道德革命》，载《中国证券期货》，2007年第5期。

报端①，与经济飞速发展的繁荣局面产生的巨大反差，不得不引起我们反思。企业社会责任运动的许多原则不仅与中国传统美德而且与我们当代需要的道德伦理的内涵很接近，其中不乏可资借鉴的东西。例如企业社会责任运动对"所有人的福祉"和"社会责任"的强调，对员工利益的强调，对女性地位的尊重，对物质至上主义和拜金主义的批判，以及对生活内在质量特别是精神文明的强调，都是非常有价值的。它所提供的整体、合作、共同创造、同情、关心、分享、仁爱、正直、尊重他人、忠诚、有抱负、个人的创造性、对集体和国家的责任感等品质，都是我们今天重建道德伦理所需要的。

近年来，随着我国对外经济贸易的发展和对外交流的逐步深入，国际企业社会责任运动导入我国，尤其是 SA 8000 和各大跨国公司制定的数百个生产守则在我国出口企业的广泛认证，使我国出口型企业受到了很大的冲击，引起了我国各界的广泛关注与讨论。许春燕等（2007）立足于我国国情认为，企业社会责任诉求已经转化为一种新的国际贸易规则，国际竞争已进入企业社会责任竞争时代，遵守国际社会责任通行准则是提高企业可持续发展能力的内在要求。可以说，在当前国际贸易格局和国际贸易规则出现巨大调整的新时期，我国对外贸易将面对来自企业社会责任运动的重大压力，而这场运动将对我国的对外贸易优势、出口成本、出口商品结构、出口产业结构甚至社会经济结构等产生较大的影响。

由于我国理论界对企业社会责任的研究还相当薄弱，全国范围内系统、全面地研究企业社会责任的书籍寥寥无几，导致各界对企业社会责任运动的理解产生了歧义甚至误解，因此，加强对企业社会责任的研究已经迫在眉睫。

第四节 国内外学术界研究动向

一、国外学术界对企业社会责任的研究进展

（一）对企业社会责任绩效评价——利益相关理论的应用

国外理论界对企业社会绩效评价的研究主要从企业如何处理社会问题和履行社会责任两个方面进行。例如加拿大企业皇家调查委员会在关于企业社会绩效的

---

① 参见黎友焕、叶祥松：《谈企业社会责任理论在我国的发展》，载《商业时代》，2007年第7期。

实证研究中，普瑞斯顿（Preston，1978）认为应按照企业处理社会问题的四个方面进行评价：对问题的认识、分析和计划、政策制定、执行实施。卡罗尔（Carroll，1979）把企业面临的社会问题定义为销售服务、环境保护、雇用歧视等，并从这三个方面建立了三维立体评价模型，同时把企业社会响应（corporate social responsiveness）定义为企业履行社会责任和解决社会问题的过程。沃尔提克和考弛兰（Wartick & Cochran，1985）把企业社会责任定义为：经济责任、法律责任、道德责任和其他责任，他认为应从这四个方面搜集数据对社会绩效进行评价。

利益相关者理论的出现，使得理论界对企业社会绩效评价达成了共识。利益相关者这一概念最早由伊戈尔·安索夫（Ansoff，1965）在他的《公司战略》一书中提及。利益相关者理论的核心观点是：任何一个企业都有许多利益相关者，如投资者、经理人员、供应商、分销商、员工、顾客、政府部门、社区，等等，他们都对公司进行了专用性投资并承担由此所带来的风险，企业的生存和发展取决于它能否有效地处理与各种利益相关者的关系，而股东只是其中之一罢了（周鹏，2002）。为了保证企业的持续发展，企业应该将其剩余索取权和剩余控制权在主要利益相关者之中进行分配，而不同的分配方式将会产生不同的绩效水平。

20世纪80年代开始，西方理论界针对企业社会绩效相继提出了几种不同的利益相关者评价方法。①

1. 第一种方法

有学者根据利益相关者理论的规范性基础，认为企业绩效指的是企业社会绩效（corporate social performance，CSP），着重从企业处理社会问题和承担社会责任两方面来评价其绩效的优劣。其中美国学者索尼菲尔德（Jeffrey Sonnenfeld，1982）提出的外部利益相关者评价模式和加拿大学者克拉克森（Clarkson，1995）提出的RDAP模式产生了广泛的影响。索尼菲尔德认为，企业社会绩效评价应是企业为了完善自己的管理，特别是利益相关者的管理，而让外部利益相关者对自身的社会绩效进行评价，应更多地考虑企业的利益相关者管理的社会影响（社会敏感性），如是否合法地进行生产经营，是否导致严重污染，是否正确对待少数民族员工，是否恰当处理社区关系，是否正确处理顾客问题等。这样不仅可以使企业清楚自己的社会绩效在同行业中的位置，知道企业资源应重点分配给哪些利益相关者，还能促进企业与利益相关者的沟通。克拉克森认为企业不是

---

① 参见贾生华、陈宏辉、田传浩：《基于利益相关者理论的企业绩效评价——一个分析框架和应用研究》，载《科研管理》，2003年第4期。

政府或慈善机构,只需要处理利益相关者问题,不需要处理社会问题,而且很难准确界定企业社会责任、社会敏感性的确切含义,以及社会责任与社会问题的区别,因此对企业社会绩效的评价模式不应建立在概念上,而应该以企业利益相关者管理框架为基础建立评价模式。他认为利益相关者是指在企业的过去、现在、未来的活动中具有或要求所有权、权益、权利等的个人或集团。

2. 第二种方法

有学者认为,企业绩效不仅包括企业的财务绩效,还包括许多非财务绩效,对企业绩效的评价必须将财务绩效和非财务绩效结合起来考虑。这一将利益相关者理论和企业战略性竞争优势结合在一起进行分析的方法,集中体现在由哈佛大学教授卡普兰(Kaplan)和诺顿(Norton)于20世纪90年代初提出的"平衡计分测评法"之中。他们认为管理一个复杂化的企业组织,需要从关键的四个方面来测评企业绩效:财务、顾客、企业内部流程、学习与成长,并建立了一套完整的测评体系。①

3. 第三种方法

在组织行为学家蒙特威德和鲍曼(Motowidl & Borman, 1993)提出的绩效模型中,他们将企业绩效划分为任务绩效和周边绩效。所谓任务绩效是与具体职务的工作内容,及个体的能力、知识、完成任务的熟练程度密切相关的绩效,它主要包括两类行为:把原材料转化为产品和服务的活动;通过补充原材料的供应来服务和维持技术核心,完成相应的工作职能;而周边绩效则与组织特征密切相关,是组织中利益相关者自身随机行为所产生的绩效,这些行为虽然与组织的技术核心的维护和服务没有直接的联系,但是从更广泛的企业运转环境与企业长期战略目标来看,这种行为非常重要。蒙特威德和鲍曼(1993)认为周边绩效主要包含五方面内容:主动完成并不是自己本职工作的任务;在工作时表现出超常的热情;帮助他人并与他人合作工作;坚持严格执行组织的规章制度;对组织目标的认可、支持和维护。研究表明个性变量与周边绩效有更高的相关性,任务和周边绩效因素的确独立地贡献于整体绩效。20世纪90年代中期以后,利益相关者理论吸纳了组织行为学中关于绩效研究的最新成果,认为企业的各种利益相关者的行为不仅会导致相应的任务绩效,而且还会产生周边绩效;如果企业忽视了某些利益相关者的利益要求,或是其利益要求的实现方式不够完善,那么这些利益相关者的行为就会影响企业的绩效。

以上三种方法有一些共通之处:都以利益相关者理论为基础,都拓展了传统

---

① Kaplan Robert S, Norton David P. The balanced scorecard-measures that drive performance. Harvard Business Review, Jan/Feb 1992 (1).

的企业绩效评价思维框架，都指出企业绩效不只是企业的经济绩效，都对企业绩效进行综合评价。应该说迄今为止这三种方法都还处于完善和发展之中，但相比较而言，前两种方法讨论得较多，而第三种方法尚处于探索阶段，在中外文文献中对其整体分析框架和应用实例的分析并不多见。

（二）对企业社会表现的内涵研究

企业社会表现概念产生于 20 世纪 70 年代，塞斯（Sethi，1979）提出了评价企业社会表现的分类方法，不过没有给出相关的定义。普里斯顿（Preston，1978）在《企业社会表现与政策的研究》一书给出了一个研究企业社会表现很有价值的路径，但同样没有对概念本身进行定义。而卡罗尔（Carroll，1979）提出了企业社会表现的"社会责任—社会问题—社会响应"的三维模型，同时也回避了对企业社会表现的定义。沃尔提克和考弛兰（Wartick & Cochran，1985）在卡罗尔的成果的基础上，尝试建立企业社会表现的综合模型。他们将企业社会表现定义为"社会责任的原则、社会响应的过程与为牵涉的社会问题而设立的政策三者之间潜在的交互作用"。

沃尔提克和考弛兰（1985）对企业社会表现的定义展现出了研究者对商业与社会的思考在概念上的先进性，但是仍然遗留下一些问题没有解决。首先，"表现"这一名词涉及的是行为与结果，而不是交互作用或综合。所以，把各种概念综合起来对企业社会表现进行定义，并不能定义企业社会表现自身，除非加上行为的部分。其次，把社会响应当成一个单独的过程而不是一组过程，这本身就是一个问题。再次，企业社会表现的最后一个组成部分太过严格。"为企业牵涉的社会问题而设立的政策"仅仅是用来判断一个企业的社会表现的可能结果之一，如果一种政策不存在，并不可以推断出没有社会表现存在。而且，正式的政策不一定会在非正式、非书面的行为或项目中反映出来。相反，没有任何正式政策支持，作为评价社会表现依据的行为与项目倒可以存在甚至形成制度化。依赖政策来反映社会表现的结果是可行的。最后，完整的企业社会表现的概念是二元的内涵，即企业社会表现是负责任的企业会做的，而不负责任的企业是不做的。尽管二元内涵在理论文献中是非常寻常的，但是对于企业社会表现来说是误解。我们可以评价每一个企业的社会表现，而且一个企业的社会表现可以是正面的或负面的。[①]

伍德（Wood，1991）认为企业社会表现的定义可以修正为"一个商业组织

[①] 参见王靓：《利益相关者角度的企业社会责任与企业绩效关系研究》，浙江大学 2005 年硕士学位论文。

所具备的社会责任原则，社会响应过程以及与企业、社会关系相关的政策、项目和结果的构架"。这个定义最终为大众所认可和接受。

（三）企业社会表现的理论模型

企业社会责任表现的概念清晰后，下面介绍几个经典的企业社会表现模型。企业社会表现理论模型共经历了三次演变。

1. 卡罗尔的三维概念模型

在 20 世纪 70 年代，对企业社会责任含义的理解存在着三种观点。第一种是把经济、法律或自愿性的事务或问题归入到一个企业的社会责任范围之内；第二种关注的是企业负有责任的社会问题，例如歧视、产品安全和环境；第三种观点认为社会响应更多的是与响应的原则有关，而不是响应的对象。卡罗尔（1979）认为这三种观点都非常重要，据此他提出了企业社会表现的三个维度。第一个维度是社会责任的基本定义，是对企业的社会责任是否要超越经济和法律的关注。第二个维度是社会责任所表现出的具体问题，包括经济、法律、伦理、慈善四个方面的责任的问题。第三个维度是企业可以采取的响应原则：反应、适应、防御主动寻求。

2. 沃蒂克和科克伦的拓展模型

沃蒂克和科克伦在卡罗尔三维模型的基础上做了拓展。他们将卡罗尔模型的三个方面改造为原则描述（企业社会责任——反映宗旨性目标）、过程（企业社会回应——反映制度化目标）和政策（社会问题管理——反映组织方面目标）。这一拓展模型有助于我们"更全面地评价在原模型中为我们所忽略的某些互补的角度"。

3. 伍德对企业社会表现模型的重构

唐纳·伍德（Wood，1991）对卡罗尔模型和沃蒂克、科克伦的拓展认识作了详细的说明和阐述，进而提出一个新构设的模型，对企业社会表现做出了一个很可取的定义："一个企业组织的社会责任原则体系，社会回应过程的确定，以及政策、规划和其他能看见的结果，都与企业社会关系有关系。"

二、国内学术界对企业社会责任的研究进展

在研究社会发展、和谐社会构建及相关者利益保护方面，在中国有较前沿的发展。形成于 2005 年底的管理学主旨学派，其主张的认知体系叫做 L - 思想，管理学主旨学派认知倡导者苏琦于 2008 年出版的《管理学主旨学据、L - 思想与永恒权益经济学》（中山大学出版社）、2009 年出版的《新论语：管理学主旨

学派精彩观点选载（Ⅰ）》（中国地质大学出版社）及 2011 年出版的《新论语：管理学主旨学派精彩观点选载（Ⅱ）》（中国经济出版社）有详尽论述。① 其中的永恒权益经济学聚焦于个人、组织和社会在资源稀缺的条件下如何永恒地确保利益相关者权益，如何可持续地推动永恒权益经济的发展以及利益相关者如何做出符合永恒权益经济社会精神价值规律及物质价值规律的最优决策等与人类存在与发展休戚相关的经济、政治和社会问题。

在国内学术界对企业社会责任的理论研究方面，特别应该指出的是，广东省社会科学院近年来一直关注着企业社会责任问题的发展。2003 年底，广东省社会科学院在研究 SA 8000 和企业社会责任方面已经有好几年的基础上设立了 SA 8000 与企业社会责任重点研究课题，成立了由院内外 30 多位专家组成的重点课题组，开展企业社会责任领域的课题研究，联合政府、企业和社会各界力量，共同推动中国的企业社会责任实践，帮助企业树立"以人为本"的经营理念，把企业对员工、对消费者、对社区和环境的责任贯彻到企业生产经营的全过程。为了支撑这个重点研究课题，该院在广东发展研究数据库中专门建立了企业社会责任研究资料库，并于 2004 年初开通了国内第一个以 SA 8000 社会责任标准为内容的研究网站：广东 SA 8000 研究网站（www.gdsa 8000.org）。迄今，该院已经为政府和企业做决策报告 10 多个，发表文章 70 多篇，接受国内外新闻媒体的采访 110 多人次，公开出版了《2004 广东企业社会责任建设蓝皮书》、《SA 8000 与中国企业社会责任建设》和《世纪之交对社会科学的遐想与呐喊》等书籍，另有多本专业或理论书籍也正在紧张的编辑之中。由广东省社会科学院、广东商学院和广东康然医药有限公司等法人单位发起成立了全国首个专门研究企业社会责任的省一级学会——"广东省企业社会责任研究会"，2012 年更名为"广东省社会责任研究会"。学会会员近 600 人，第二届理事会的理事来自 80 多所高等院校、80 多个大中型企业、10 多家媒体和 20 多个企业社会责任工作管理单位的 220 人，其中具有高级职称或博士学历的专家成员达 180 人。广东省委原常委黄浩同志任名誉会长，企业社会责任研究专家、广东省社会科学院研究员黎友焕博士任会长，广东各部门近 20 位厅局级领导任顾问。该研究会几乎是组合了广东省所有研究企业社会责任的专家、学者，开展对企业社会责任问题的研究。学会从 2004 年开始，每年出版《广东企业社会责任建设蓝皮书》（广东经济出版社出版），2009 年开始改版为《中国企业社会责任建设蓝皮书》（人民出版社出版）。先后出版了《企业社会责任研究系列丛书》（华南理工大学出版社 2010 年开始出版）、《中国企业社会责任研究专家文库》（华南理工大学出版社

---

① 参见苏琦：《企业社会责任研究：以中国民营企业为例》，中国书籍出版社 2013 年版，第 7 页。

2011年开始出版)、《ISO 26000研究系列》(西北工业大学出版社等2011年开始出版)和《中国中青年社会责任专家文库》(中山大学出版社2012年开始出版)等大型系列丛书。可以说,广东省社会科学院SA 8000、ISO 26000与企业社会责任课题组已经在国内先走一步,为各级政府和企业了解与认识SA 8000、ISO 26000或企业社会责任做出了一定的贡献。

理论研究的宗旨是为实践活动提供理论依据,社会科学领域的研究尤其应该如此。据笔者掌握的相关企业社会责任方面的文献,2002年以前我国理论界侧重于研究企业社会责任运动推行的实践效果,研究领域也仅局限于经济学、管理学等学科。近几年,随着企业社会责任在全国范围的推进,实践中出现的问题愈来愈超出经济和管理学的研究领域,由此涌现出一批从各个学科、不同领域去研究企业社会责任的文章,研究涉及法学、法理学、社会学、伦理学、社会哲学等诸多领域。可以说,近几年对企业社会责任的研究已经走向多元化,趋于综合性,学者们结合自身研究的专长,开始着力于进行综合性、系统性研究,并从定性研究逐步向定量研究转变,使得研究成果愈来愈具有实践可操作性。

(一)从社会契约理论出发对企业社会责任的阐释

林军(2004)在其《企业社会责任的社会契约理论解释》一文中阐述了典型的企业综合社会契约理论,并用社会契约理论解析了企业社会责任的市场行为、责任行为、自愿行为三个基本要素,企业社会责任的经济责任观、慈善责任观、道德责任观和社会责任观四个流派,以及经济全球化条件下的企业社会责任。

企业社会责任的出现与发展是企业与社会之间的社会契约关系不断变化和发展的结果。企业社会责任从整个社会出发考虑整个企业行为对社会的影响及社会对企业行为的期望与要求;社会契约理论从合约的角度出发,阐明了社会行为要符合社会道德要求。企业社会责任的实证检验和社会契约理论的分析方法走向相互融合,社会经济发展变化了,企业社会责任的社会契约关系也会发生相应的变化。社会经济发展不同阶段决定了企业社会责任的社会契约具有不同的特征,当前我国社会主义市场经济体制处于不同的发展阶段,因此在企业社会责任问题上不能全盘照搬国外模式,应结合我国企业的具体情况,借鉴美国企业的经验,探索适应我国企业的社会责任建设的途径。

笔者认为,随着人们环境意识和社会全面协调发展观念的不断增强,企业在未来市场中竞争的成败,就不仅仅取决于单纯的经济指标,而是由多重因素共同决定。因此,未来市场领先的企业将是那些在社会责任、环境保护和商业等三个基本方面处于领先地位的企业。只要恶劣的劳工问题在全球范围内仍然存在,公众自然就不会终止对劳工问题的关注。只要新闻媒体将劳工问题予以公开曝光，企业必然面临越来越大的公众压力。企业被迫调整经营方式，在监督自身的同时，也不得不监督其全球供应商的行为，直到所有企业都将劳工标准当作真正的商业底线。

在经济全球化快速发展的背景下，竞争优势的资源正在持续地发生变化，某一特定的表现标准一直在发生剧烈的变化，能否适应市场和消费者新的要求便成为企业能否发展甚至存在的关键。传统的成本、质量、供货期、灵活性等营销指标已经成为最基本和最平常的标准。随着市场的深化和消费者目光的日渐挑剔，一些新的选择性的标准应运而生，如：速度、一致性、敏锐度、灵活性、创造性、多样性、生产变化速度、独特性、环保性、安全性和商业道德等。因此，从现实和将来的角度来看，工商界已经明确地将社会责任看作竞争优势的一种必备资源。唯有如此，才能在残酷的市场竞争中立于不败之地。尽管从近期来看，重视企业社会责任建设一定会挤占企业其他竞争因素的资源，难免带来某些负面影响，例如，改善和提高企业社会责任标准可能增加成本或者降低企业的运作速度和灵活性。但是，如果从长期战略的发展观出发，提早对企业社会责任予以重视，就能够激发工人和经理人的巨大创造力，借此持续提高企业的综合竞争力，并增强企业日益稀缺的资源，推动工商企业创建更加灵活、有效的生产体系。

陈宏辉（2003）认为，利益相关者理论与主流企业理论在企业社会责任问题上存在着根本的分歧，但从历史的视角来审视企业社会责任观的演进可以发现，企业社会责任与利益相关者的利益要求是紧密结合在一起的。企业在履行其囊括显性契约与隐性契约在内的综合性社会契约时，必须考虑其利益相关者合理的利益要求，进而主动承担起应有的社会责任。

他通过分析发现，不同的理论学派对于企业社会责任问题的回答大相径庭。通过历史的视角来审视企业社会责任观的演进可以发现，随着人们在不同的时期对企业利益相关者的利益要求认识的不断深化，企业社会责任的实践越来越多地倾向于利益相关者理论的论述。通过综合性社会契约这一概念，可以进一步将企业社会责任与企业利益相关者的利益要求紧密地结合在一起，而且还可以在公司治理的构架中寻求相应的措施和制度来保证企业承担相应的社会责任。值得特别指出的是：我们强调企业必须履行其综合性社会契约，考虑利益相关者的利益要求，承担相应的社会责任，其含义决不是倡导"企业办社会"。我国许多企业，尤其是国有企业，由于因循了"企业办社会"的发展思路而背上了沉重的历史包袱，那些"大而全，小而全"的国有企业正在为当初不按经济规律办事的决策"还债"。这种过多地承担了社会职能的企业实际上是按照政府的意愿，做了许多政府应该做的事情，做了许多别的企业该做的事情，而不是出于自身发展需要做出的理性决策。这与我们所强调的"企业应该承担相应的社会责任、兼顾企业利益和社会利益"的原则具有完全不同的性质:"企业办社会"是随意扩大企业边界的行为,它实际上是不把企业当作"主动创造财富的主体"看待,而是把企业当作完成社会目标的工具看待;"主动承担社会责任"是在承认企业应该主动创造财富的前提下,强调企业不仅是为股东创造财富,而且是为众多的利益相关者和社会提供服务。用管理学家古德帕斯特的话来讲,企业必须既实现自身的利益,又实现必须的社会利益,二者不可偏废,"既不能造成没有伦理学的企业,也不能造成没有企业的伦理学"。

(二) 制度经济学视角下的企业社会责任标准

喻卫斌(2005)认为,SA 8000 是劳工标准和国际贸易问题的延续。劳工标准和国际贸易是否可以直接挂钩,这是发达国家和发展中国家长期争执不休的一个问题。发达国家将劳工标准和国际贸易直接挂钩,其真正用意是在全球关税壁垒淡化的背景下,通过劳工标准的实施,来限制发展中国家产品的出口。这是因为,发达国家和发展中国家经济发展水平存在明显差距,社会责任的标准也应不一样。但 SA 8000 规定的标准是以发达国家的标准强加于发展中国家的,直接把社会标准和经济贸易挂钩,即一个国家要求其进口产品的生产企业必须达到 SA 8000 标准,否则将禁止进口。对发展中国家而言,因经济发展落后,加之企业社会责任的意识不强,相当数量的企业难以达到 SA 8000 所规定的要求。强行推行 SA 8000,这将对发展中国家出口企业带来极为不利的影响。同时,上述研究者也认为,从发展趋势上看,将劳工标准和国际贸易问题实行挂钩将是一种要求或趋势。中国企业应面对这一现实,未雨绸缪,加强企业社会责任建设,真正履行企业对员工、消费者及社会所应承担的责任。

假设对于一个生产出口产品的企业 i 来说,每件产品的销售价格为 p,每件产品的生产成本为 c_{i0},因出口企业不同而不同。假设当前存在的企业的利润都大于或者等于零,即满足每单位利润 $\pi_{i0} = p - c_{i0} \geq 0$。假设要通过国际劳工标准所需要的单位成本是 z,即企业 i 每件产品的成本会由 c_{i0} 上升到 c_{i1},$c_{i1} = c_{i0} + z$。如果 $\pi_{i1} = p - c_{i1} \geq 0$,则企业仍然生存并且继续生产及出口产品,否则只能失去出口订单,从而陷入倒闭状态。满足 $\pi_{i1} = p - c_{i1} \geq 0$,即 $\pi_{i0} \geq z$,即如果企业原来的单位利润小于实施新标准所引发的成本 z,企业将不得不面临倒闭。如果一个发展中国家,大多数加工出口企业赚取的单位产品利润介于 0 和 z 之间,那么被迫强行实行严格的劳工保护标准将会对该国的经济和出口造成严重打击。在图 2-1 中,横轴表示企业取得的单位利润 π,纵轴表示企业数量的密度 ρ,如果发展中国家企业的密度曲线为 A 的话,实行劳工标准将使得许多利润落在 0 和 z 之间的企业倒闭；如果发展中国家的企业密度曲线为 B 的话，则影响相对较小。

在图 2-2 中，横轴表示发展中国家生产的出口产品 F，纵轴表示生产的国内产品 D。在发展中国家，企业被要求实施严格的劳工标准之前，生产可能性曲线为 P_0，与效用曲线 U_0 相切，发展中国家生产数量为 F_0 的出口产品并出口，生产数量为 D_0 的国内产品供自我消费。在出口企业被要求实施严格的劳工标准后，一些企业被迫终止生产经营，因此该国的生产可能性曲线下降为 P_1。与之相切的效用曲线为 U_1，效用低于先前的 U_0，并且此时生产出口的产品数量下降为 F_1，生产给国内消费的产品也下降到 D_1。发展中国家的经济利益受到了损害。笔者认为：由于不同国家所处的发展阶段不同和拥有的要素资源禀赋的差异性，在如何平衡协调经济增长与劳工标准的问题上，必然有不同的倾向性。同时，由于各国在劳动市场条件、劳工技能水平和税收水平等领域存在很大差异，所以，不同国家的劳工标准不可能、也不应该完全相同。可以这么讲，如果不承认发展中国家在资源密集型产业和劳动成本方面的比较优势，就等于有意忽视发达国家在技术密集型和资金密集型产业方面的比较优势，这对发展中国家来说明显是不公平的。发达国家要求发展中国家承担"劳动力倾销"责任，是发达国家在降低纺织、服装和农产品壁垒后的一种新的、更加隐蔽的贸易保护壁垒，是传统贸易保护主义在当代国际经济中的延伸和变种。

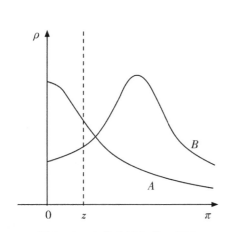

图 2-1 企业存续与劳工标准

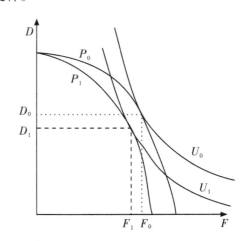

图 2-2 经济增长与劳工标准

笔者还认为：从历次的争论情况和近期发达国家所采取的新举措来判断，预计发达国家对这些"社会责任条款"的重视程度非但不会减弱，还将可能会以与以前不同的隐秘方式来深入推动该项工作的实质性进展。与此同时，发展中国家也将在全球企业社会责任运动的新形势下,开始注意企业社会责任建设,同时根据发达国家的具体行动寻找相应的应对措施,以维护自己的利益,把相关的损失降低到最低限度。

王虹(2005)撰文将 SA 8000 标准纳入制度研究的范畴,认为它的产生是经济全球化背景下国家主权向下让渡的具体反映。SA 8000 的制度供给方式属于"权利体数量"多、"权利结构"非均衡的状态。在这种情况下,由于制度所涉及的行为体的数目多,行为个体间的权利是非均衡的,权利居优者将从其制度的供给中获得巨大的收益,因而具有强烈的动机去实现制度的供给。制度提供者不仅掌握着制度的制定权,而且通过所制定的制度使其在制度运行规则、规范和程序中掌握主动权。他们具有一定能力对制度的不参与者予以制裁或惩罚,对制度的参与者予以奖赏和鼓励,并形成"示范效应"。因此,这种制度供给方式是强制 – 诱导型制度供给。

假设一个行业中有 n 家工厂向跨国企业提供某种中间产品,一开始每个工厂得到利润 π,所以整个行业的利润为 $n\pi$。假设由于某些原因某些工厂领先于其他工厂通过了跨国企业推行的标准认证,数量为 n_1,剩下的 $n-n_1$ 家工厂没有参与通过认证。由于跨国企业掌握着订单的权力,它可以决定将订单分配到哪些工厂。跨国企业可以发出威胁,如果企业没有通过认证,则失去订单,而通过认证的企业将获得全部订单。这里假设工厂能够及时调整工人数量,从而满足订单规模变化的需要。没有通过认证的企业将失去原有利润 π。而通过认证的企业获得的利润增加到:

$$\frac{n_1\pi + (n-n_1)\pi}{n_1} = \pi + \left(\frac{n\pi}{n_1} - \pi\right) = \frac{n\pi}{n_1} \qquad (2-1)$$

增加部分为 $\frac{n\pi}{n_1} - \pi$。此时,没有参与认证的工厂将会比较参与认证的成本和收益来决定是否参与认证。跨国企业和认证机构认识到这一点,就会将申请认证的费用控制到等于或者小于申请认证的企业因此获得的收益,以使得企业申请认证。处于边际的工厂申请通过认证获得的收益为:

$$\frac{(n_1+1)\pi + (n-n_1-1)\pi}{n_1+1} = \frac{n\pi}{n_1+1} \qquad (2-2)$$

所以它所愿意支付的最高认证成本就等于这个收益。但是,理性的工厂应该认识到,到最后所有企业都将申请通过认证,企业真正挽回的收益是 π,企业应该支付的最高成本是 π。

但标准认证在中国的推行遇到企业被迫申请的尴尬,用新制度经济学的视角分析,这是意愿制度供给与实际制度之间的不一致,其原因主要有三点:①强制性制度并不"强制"。②意愿制度供给与企业对制度创新需求的不一致。受 SA 8000 标准影响的中国企业对佣工制度创新并不存在需求的渴望。因为一方面这些企业主要是劳动密集型企业，长期的低成本竞争策略是获利的源泉，实施 SA 8000 必然使获利空间减少；另一方面中国的劳动法与标准之间并没有很大冲突，企业习惯遵循劳动法。中国已有的制度如何与国际规则实现有效衔接，是制度变迁的关键。③新制度安排实施成本的"转移"。

（三）战略性企业慈善行为理论

唐更华和许卓云（2004）认为，在坚持和完善企业社会责任与经济目标兼容论的基础上，美国著名经济学者迈克尔·波特（Michael E. Porter，1991）所倡导的战略性企业慈善行为论独树一帜，它强调企业慈善行为在产生社会效益的同时能有效改善企业竞争环境。传统主流经济理论将企业社会责任与经济目标看成相互对立、相互排斥的两个方面，波特将其概括为一个"错误的二分命题"。波特认为，在当今开放经济和知识经济条件下，企业社会责任和经济目标对立论变得日益陈旧。原因主要有两个：其一，企业不可能独立于社会，企业竞争力在很大程度上依赖于企业竞争环境，即劳动力素质、基础设施条件、区域市场规模和完善程度以及政府效率等，而企业慈善行为常常可以改善企业竞争环境。这种"竞争环境导向型慈善行为"必然推动企业社会责任和经济目标由内在冲突走向相互兼容。其二，当今企业竞争力并非主要取决于生产要素的多寡，而是取决于要素生产率的高低。企业控制污染和浪费是在直接提高要素生产率，而企业通过捐赠改善教育与基础设施等，无疑是在以间接的方式推进要素生产率的提高。显然，企业控制污染、资助教育等社会公益行为，不仅有利于整个社会，也有利于企业。同时，通过利用个人或其他机构所难以具备的独特企业资源和关系网络，企业从事社会慈善活动的效率会比个人或政府更高。

假设社会需要控制污染，运作方式有通过政府以及其他机构控制和企业进行控制两种。在大多数情况下，企业控制污染比政府以及其他机构更加有效率，即成本可以更低。对于整个社会而言，无论运作方式如何，社会总收益是相同的，但是因为外部性的存在，企业控制污染的收益往往小于整个社会的总收益。这些性质表现在图 2-3 中就是：社会收益曲线 SR 在企业收益曲线 PR 上方，企业成本曲线 PC 在社会成本曲线 SC 下方。需要说明的是，SC 是社会通过政府以及其他机构进行控污时的成本，而 PC 则是社会通过企业控污时的成本（假设此时全部成本由企业承担）。当社会通过政府进行控污时，政府关注 SC 和 SR，根据最优原则，政府选择的控污规模为 Q_1，社会的净收益是 A。当社会通过企业控污时，企业关注的是 PR 和 PC，根据最优原则，企业选择的控污规模是 Q_2，企业的净收益是 B，整个社会的净收益是 C。很明显，在同一控污规模下，通过企业控污将使得社会获得更大的净收益。但是由于企业和社会的决策准则差异，企业选择的控污规模有可能使得社会因此得到的净收益小于社会自行选择时得到的净收益 A，当 PR 比 SR 低很多时，这种情况就有可能发生。但是，一般情况下，如图 2-3 所示，尽管企业没有根据社会最优做决策，社会通过企业控污得到的净收益 C 仍然大于 A。PR 和 SR 曲线越接近，社会越能通过企业增加社会福利。同理，当企业进行慈善活动比政府具有更高效率时，政府和社会应该鼓励企业这么做。

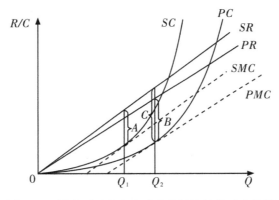

图 2-3　社会通过企业和政府控污的收益成本分析

同时，也只有当企业支出同时具有良好社会效益和经济效益时，企业慈善行为才能与股东利益一致，即只有当企业的慈善行为同时也对企业的竞争环境产生重要、积极的影响时，企业社会责任与经济目标才能兼容。波特将这种企业慈善行为定义为战略性慈善行为，从而将企业社会责任理论与其竞争战略理论融为一体。根据其钻石架构分析模型，波特还进一步结合其产业集群理论分析了战略性慈善行为。

战略性慈善行为理论对我国企业社会责任运动的推进具有一定的实践意义。我国企业社会责任实践方法和策略急需一个根本性转变。根据波特战略性慈善行为的理论与方法，企业社会责任活动必须遵循以下三个基本准则：一是将企业社会责任活动与竞争环境改善紧密结合起来，实现企业社会责任与经济目标的兼容；二是将企业社会责任活动与企业独特资源和能力紧密结合起来，进一步提高有限的慈善资源的社会与经济效益；三是积极寻求企业之间的合作，以获取企业社会责任活动的集体行动效应。目前我国企业这方面的合作与协调还十分欠缺。

在现代社会中，分工极大地提高了经济效率，每个市场个体都具有各自的专长。当市场个体有效合作将各自的专长结合起来时，将极大地提高效益。在社会责任的实现过程中，同样需要这种合作。假设一个企业0在政府的支持下承担某项社会责任活动，企业0本身为该项活动提供自身的产品（代号 $i = 0$），数量为 x_0，此数量也是该活动的需要量，假设提供的价格为成本价 p_{0L}（相对于市场的高价 p_{0H}，我们称之为低价）。之所以记为以成本价提供，是因为即使企业0完全免费捐赠，从社会角度来看也需要消耗生产成本 p_{0L}。所以企业0为社会责任活动的净捐赠为 $(p_{0H} - p_{0L})x_0$。但是，整项社会责任活动还需要其他 N 种产品，如果没有其他企业参与，政府就不得不以市场价格购入这些产品，所花费的成本为 $p_{1H}x_1 + p_{2H}x_2 + \cdots + p_{NH}x_N$。假设部分产品有生产该产品的企业参与进来以成本价提供，则社会责任活动获益更大。但是当企业数目增加时，社会责任活动会因此引发一定的协调成本，记为 $c(n)$，其中 n 为除企业0外其他参与企业的数量，$0 \leq n \leq N$，$c'(n) > 0$，$c''(n) \geq 0$。n 个企业的参与为社会责任带来的净收益为 $\sum_{i=1}^{n} x_i(p_{iH} - p_{iL}) - c(n)$，企业参与的条件是该净收益大于或等于0。而最优的参与企业数量 n^* 则由边际收益等于边际成本的决策原则决定：

$$\sum_{i=1}^{n^*} x_i(p_{iH} - p_{iL}) - \sum_{i=1}^{\hat{n}} x_i(p_{iH} - p_{iL}) = c'(n) \quad (2-3)$$

其中 $\hat{n} = n^* - 1$。不难知道，在社会责任活动例如社会慈善公益活动中，参与的企业都更加关注社会福利的提高而淡化自身经济利益，所以一般来说协调成本要比市场竞争环境下的协调成本低很多，最优的情况多数是 $n^* = N$，即社会上的合适的企业都积极参与社会责任合作。

（四）从交易费用理论解释企业社会责任

薛从彬等（2005）通过交易费用理论为我们提供了研究企业社会责任问题的新思路。在科斯交易费用理论的基础上，可以做出如下论断：在一定的时间内，市场的交易成本是一个比较固定的值，其他企业家组织交易的成本也比较固定，那么对于任何单个企业来说，企业规模的扩大或缩小取决于自身组织各种交易的成本。传统的企业理论认为企业的唯一目的是最大限度地为股东们盈利或赚钱，这种观点漠视了股东以外的其他利益相关者的利益，如职工、消费者、环境，等等。康芒斯（Commons，1962）把交易看成是人类经济活动的基本单位，那么企业在各种经济活动中并不只和消费者发生交易，其与职工、股东、债权人、环境等都时刻存在着交易行为，这些交易行为又受到各种契约的制约。这些契约或是显性的或是隐性的，导致企业与这些利益相关者之间存在着各种交易费用。一个企业的发展好坏与这些交易费用的大小呈负相关关系。

(五) 相关模型在理论研究中的进一步深化和运用

1. 企业社会责任三角模型的运用

陈志昂和陆伟（2003）认为，企业在追求利润时必须承担社会责任，即企业在追求利润的同时应承担起对职员、社区和环境的责任，而企业所能提供的社会责任行为又受多种因素制约。从理论上看，对企业社会责任的需求是无限的，但由于企业所提供的社会责任是有成本的，往往与企业的利润最大化目标相悖，因而供应总是不足的。企业在何种程度上承担社会责任，取决于管理者对利弊的权衡和其对社会道义上的责任。他们提供了一种责任三角模型的分析工具，利用责任三角模型，将企业社会责任分为法规区、习俗和社会规范区、企业战略区和道义区，管理者可以以责任三角模型为框架来评估有关企业社会责任的战略决策，分析影响企业社会责任行为的供给与需求因素，并据此提出如何在企业战略中体现战略性社会责任的原则。

笔者认为：企业讲究社会责任建设，尊重相关利益者发展的应有权力，保护相关利益者的切身利益，应该是未来社会发展的潮流和方向，是当前以人为中心的人文社会的重要特征，将充分体现人类社会最基本的人文关怀，并将促进社会的全面和谐发展。同时，利益相关者得到企业的关照，对企业的认同程度必将增强，由此将促进企业的可持续发展，即企业承担社会责任后往往将得到利益相关者的相应回报。

因此，笔者认为，那种认为企业追求利润最大化就是企业的唯一社会责任，而不应该承担其他的环境保护、劳工保护等社会责任的观点是不对的，企业与其他利益相关者已经相互依存于一体，企业不能脱离利益相关者而独立开展经营管理工作，更不能只顾自己的利益而伤害其他利益者的权力或利益。

2. 戴维斯模型在我国企业社会责任理论研究中的运用

美国学者戴维斯（Davis, 1973）认为，企业的社会责任指的是企业管理者对整个社会的进步和保护社会的整体利益所承担的一种管理责任，他还就企业为什么以及如何承担这种责任提出了自己的看法，这种看法被理论界称为"戴维斯模型"。

在我国，有学者根据"戴维斯模型"将企业社会责任的内容作了如下概括和归纳：①对股东：证券价格的上升，股息的分配（数量和时间）。②对职工或工会：相当的收入水平，工作的稳定性，良好的工作环境，提升的机会。③对政府：对政府号召和政策的支持，遵守法律和规定。④对供应者：保证付款的时间。⑤对债权人：对合同条款的遵守，保持值得信赖的程度。⑥对消费者/代理商:保证商品的价值(产品价格与质量、性能和服务的关系),产品或服务的方便程度。⑦对所处的社区:对环境保护的贡献,对社会发展的贡献(税收、捐献、直接参加),对解决社会问题的贡献。⑧对贸易和行业协会:参加活动的次数,对各种活动的支持(经济上的)。⑨对竞争者:公平的竞争,增长速度,在产品、技术和服务上的创新。⑩对特殊利益集团:提供平等的就业机会,对城市建设的支持,对残疾人、儿童和妇女组织的贡献。

但是,在战略决策的过程中,各个与企业利害相关的团体的利益总是相互矛盾的,不可能有一个能使每一方都满意的战略。因此,一个高层管理者应该知道哪些团体的利益是要特别重视的。美国管理协会(American Management Association,AMA)对6 000位经理所进行的调查研究,为我国进行企业社会责任研究提供了一种实际可操作的思路和方法。具体结果见表2-1。

表2-1 各种利益相关团体对企业的重要性

利益相关团体	得分排序(最高为7.00分)
顾客	6.40
职工	6.01
主要股东	5.30
一般大众	4.52
一般股东	4.51
政府	3.79

资料来源:蓝海林. 企业战略管理理论与技术 [M]. 广州:华南理工大学出版社,1993.

(六) 运用其他模型对企业社会责任的分析

刘文彬(2006)认为,企业社会责任的边界是研究企业社会责任问题的基础,含混不清的企业社会责任边界论有碍于实践过程中的具体操作。基于对企业效率内涵演进的分析,企业社会责任的边界理应在法律责任和道德责任之内。在这一边界内有众多的、可以清楚描述的具体责任需要企业履行。但是不能要求所有的企业都承担同样的社会责任,而应针对不同企业的具体情况提出有针对性和有可操作性的社会责任要求。

陈迅和韩亚琴(2005)建立了企业社会责任分级模型,依据社会责任与企业关系的紧密程度把企业社会责任分为三个层次:基本企业社会责任、中级企业社会责任和高级企业社会责任。他们指出,社会责任的定义应该是全面的,但是履行应该是分层次的,企业要根据自身的状况确定所处的社会责任层次。

鞠芳辉等（2005）建立了一个基于消费者选择的分析框架，分析企业社会责任标准、消费者补贴政策对企业策略的影响及其社会经济效果，研究发现在市场可有效分割的前提下，企业实行无差异市场策略更能规避经济风险。若无政策干涉，企业无论采取差异化市场策略或无差异市场策略，最终提供的社会责任总量相等，另外，实施企业社会责任标准不一定会提高企业社会责任总体水平，若同时辅以消费者补贴政策，最终可以从经济、制度两方面动因促使企业承担社会责任。他们认为影响企业策略的重要变量是责任市场规模及消费者对责任产品的偏好强度，而消费者企业社会责任教育、企业社会责任信息的显性化是影响消费者选择促使企业改善社会责任绩效的有效途径。

第三章 企业社会责任与和谐社会建设

第一节 社会主义和谐社会的理论概述

在经历30多年的高速增长以后，中国经济已经步入现代化的关键时期。一方面，消费结构升级、工业化、城市化构成拉动经济增长的三驾马车，使中国蕴含巨大的经济增长潜力；经济全球化使中国更深入地融入国际分工体系，跨国投资和国际产业结构转移向着有利于中国的方向转变，使我们具备了经济持续增长极为有利的条件。另一方面，在改革与发展的过程中积累起来的一些重大问题和社会矛盾日益凸现，成为经济保持快速增长与社会稳定的重大隐患。我国的经济增长方式存在缺陷，经济与社会、人与资源环境的矛盾凸现，可持续发展面临严峻挑战。目前，城市与农村、东部与中西部、高收入与低收入、经济与社会、人与资源环境的不均衡发展已经到了相当严重的程度。高投入、低效率、重污染的经济增长机制越来越受到资源环境的制约，社会不稳定因素也在增长。

"一个国家在由不发达状态向发达状态过渡时，应当及早注意经济逐渐发达以后可能发生的社会问题，并及早采取措施来加以预防。这里所说的社会问题，包括了如何使人们在收入水平不断提高和物质产品不断丰富的条件下日益充实生活的内容，使生活更有意义的问题。一个发达的社会不应当只是一个单纯追求物质产品而精神空虚的社会。在人们的物质生活需要得到满足的同时，精神生活的需要、发展自身的需要也应得到满足。社会风尚不应该滑坡，而应该朝着更好、更健康的方向发展。这些都属于道德力量调节的任务。"[①] 矛盾的解决，需要"和谐"理念的引领。构建社会主义和谐社会，是我们党从全面建设小康社会全局出发提出的一项重大战略任务，体现了广大人民群众的根本利益和愿望，具有重大的现实意义和深远的历史意义。构建和谐社会是一项需要全社会各行各业共

---

① 厉以宁：《超越市场与超越政府——论道德力量在经济中的作用》，经济科学出版社1999年版，第36页。

同参与的系统工程，需要全社会的每一个单位、每一个人共同努力。①

一、社会主义和谐社会理论的提出

党的十六大在对我国改革开放和现代化建设经验的科学总结和对古今中外关于社会和谐有益成果的吸收和借鉴的基础上，明确将社会更加和谐作为全面建设小康社会的目标之一。党的十六大报告第三部分在论述全面建设小康社会时，提出21世纪头20年要比2000年做到六个"更加"，其中一个"更加"就是"社会更加和谐"。在报告的第二部分论述"全面贯彻'三个代表'重要思想"这个问题时，也提到"努力形成全体人民各尽所能、各得其所而又和谐相处的局面"。这是首次把和谐社会的概念写入党的纲领性文件。2003年10月，《中共中央关于完善社会主义市场经济体制若干问题的决定》提出了"六个统筹"的要求，其中一个"统筹"就是"统筹人与自然的和谐发展"。随后，胡锦涛、温家宝同志在中央党校所做的讲话中也提到和谐发展的问题。2004年4月26日，胡锦涛同志在中央政治局第十二次集体学习时的讲话中也强调了"人与自然的和谐发展"。

但是，"构建社会主义和谐社会"这一完整的概念是在2004年9月召开的中国共产党第十六届四中全会上提出来的。会议通过的《中共中央关于加强党的执政能力建设的决定》中，要求全党"要坚持最广大最充分地调动一切积极因素，不断提高构建社会主义和谐社会的能力"。这里的和谐社会的内涵已经不仅仅是社会事业的发展和社会矛盾的解决，而是包含了构建社会和民族的价值体系。中华民族价值体系的构建将是一项具有深远意义的任务，也是中华民族实现伟大复兴所必不可少的条件。从"构建和谐社会"这一思想的形成过程可以看出，这是在体制转轨、社会转型的新的历史阶段，我们党顺应历史发展趋势，为加速实现我国社会主义现代化而绘制的战略蓝图，也是我们党关于什么是社会主义、怎样建设社会主义的又一次理论升华。

中国共产党第十六届六中全会于2006年10月8日至11日在北京举行，全会审议通过了《中共中央关于构建社会主义和谐社会若干重大问题的决定》（以下简称为《决定》），这标志着构建社会主义和谐社会已经被提升到一个新的战略高度。十六届六中全会全面分析了当前的形势和任务，研究了构建社会主义和谐社会的若干重大问题。全会认为，社会和谐是中国特色社会主义的本质属性，

---

① 参见王茂祥：《企业社会责任管理及其与和谐社会建设的关系》，载《改革与战略》，2012年第12期。

是国家富强、民族振兴、人民幸福的重要保证。构建社会主义和谐社会，是我们党以马克思列宁主义、毛泽东思想、邓小平理论和"三个代表"重要思想为指导，全面贯彻落实科学发展观，从中国特色社会主义事业总体布局和全面建设小康社会全局出发提出的重大战略任务，反映了建设富强、民主、文明、和谐的社会主义现代化国家的内在要求，体现了全党全国各族人民的共同愿望。具体地说，《决定》主要从八个方面对此进行了阐述：一是构建社会主义和谐社会的重要性和紧迫性；二是构建社会主义和谐社会的指导思想、目标任务和原则；三是坚持协调发展，加强社会事业建设；四是加强制度建设，保障社会公平正义；五是建设和谐文化，巩固社会和谐的思想道德基础；六是完善社会管理，保持社会安定有序；七是激发社会活力，增进社会团结和睦；八是加强党对构建社会主义和谐社会的领导。

《决定》对构建社会主义和谐社会的理论进行了全面的归纳，这既是对我国改革开放和现代化建设经验的科学总结，又是对马克思主义关于社会主义社会建设理论的丰富和发展，反映了我们党对中国特色社会主义事业发展规律的新认识，也反映了我们党对执政规律、执政能力、执政方略、执政方式的新认识，为我们紧紧抓住和利用重要战略机遇、实现全面建设小康社会的宏伟目标提供了重要的思想指导，表达了我们党坚持以人为本、执政为民的基本理念，反映了十几亿中国人民创造美好生活的共同愿望。

二、社会主义和谐社会的目标和内容

（一）社会主义和谐社会的目标

党中央提出构建和谐社会的内涵已经不仅仅是社会事业的发展和社会矛盾的解决，而是包含了构建社会和民族的价值体系。中华民族价值体系的构建将是一项具有深远意义的任务，也是中华民族实现伟大复兴所必不可少的条件。很难想象一个没有自己价值体系的民族会自立于世界民族之林。

中国社会科学院社会学研究所组织研究的《2005年社会蓝皮书》认为，中国构建和谐社会的总体目标应该是：扩大社会中间层，减少低收入和贫困群体，理顺收入分配秩序，严厉打击腐败和非法致富，加大政府转移支付的力度，把扩大就业作为发展的重要目标，努力改善社会关系和劳动关系，正确处理新形势下的各种社会矛盾，为建立一个更加幸福、公正、和谐、节约和充满活力的全面小康社会而奋斗。

党的十六届六中全会审议通过的《决定》对社会主义和谐社会的目标和主要任务进行了明确具体的概括，即"到二〇二〇年，构建社会主义和谐社会的目标和主要任务是：社会主义民主法制更加完善，依法治国基本方略得到全面落实，人民的权益得到切实尊重和保障；城乡、区域发展差距扩大的趋势逐步扭转，合理有序的收入分配格局基本形成，家庭财产普遍增加，人民过上更加富足的生活；社会就业比较充分，覆盖城乡居民的社会保障体系基本建立；基本公共服务体系更加完备，政府管理和服务水平有较大提高；全民族的思想道德素质、科学文化素质和健康素质明显提高，良好道德风尚、和谐人际关系进一步形成；全社会创造活力显著增强，创新型国家基本建成；社会管理体系更加完善，社会秩序良好；资源利用效率显著提高，生态环境明显好转；实现全面建设惠及十几亿人口的更高水平的小康社会的目标，努力形成全体人民各尽其能、各得其所而又和谐相处的局面"。

（二）社会主义和谐社会所包括的内容

中央政策研究室经济局局长李连仲（2005）认为，社会主义和谐社会包括三个内容①：第一，人与人之间相互信任、相互尊重的关系。农民、工人、公务员，彼此之间是平等的，要相互信任、相互尊重，这样一个人与人之间的关系是社会主义和谐社会的基础。第二，要追求社会公正、公平。只有公正、公平、机会均等、公平竞争，才能形成一个公平的社会环境，这样各尽所能、各得其所才能实现。第三，我们搞和谐社会是要和谐创业、和谐兴国、和谐安邦，在和谐社会的环境下，使创造财富的源泉充分涌流。

构建和谐社会是全面建设小康社会的重要内容。和谐社会是由三个统一体构成的综合体系。第一个统一体是民主与法治的统一，第二个统一体是活力与秩序的统一，第三个统一体是多元与公正的统一。构建和谐社会在经济领域中有四个着力点：寻求社会所有制关系的和谐，寻求各类市场主体在经济运行中的和谐，寻求经济发展格局的和谐，寻求民生方面重大关系的和谐（常修泽，2005）。

三、社会主义和谐社会的基本特征

什么是"社会主义和谐社会"？胡锦涛同志明确指出，社会主义和谐社会"应该是民主法治、公平正义、诚信友爱、充满活力、安定有序、人与自然和谐

---

① 参见李连仲在2005年2月18日中国（海南）改革发展研究院在北京召开的以"政府转型与建设和谐社会"为主题的专题研讨会上的讨论发言。

相处的社会"。① 可见，构建社会主义和谐社会，是从社会关系、社会状态方面反映社会的发展，是从和谐的角度促发展。它强调社会发展的进步性、合理性和稳定有序性，注重对人的利益予以充分关切和保护，目的是使每个人都能在公正进步、富裕安定、和谐有序的社会环境中生存与发展。

（一）民主法治

民主法治，就是社会主义民主得到充分发扬，依法治国的基本方略得到贯彻落实，人民群众的主人翁地位得到保证。民主是社会主义国家基本制度的根本内容，法治是实现民主的根本保障，只有民主和法治有机结合，才能保证社会的稳定和谐。我们党在总结国内外社会主义民主建设经验教训后认识到，在我国，只有进一步发展社会主义民主，才能使社会各阶层的积极性被广泛调动，使人民群众的愿望、要求和建议有沟通上诉的渠道，使人民群众的根本利益得到最大限度的满足，才能促进中央和政府之间、各利益群体之间、各民族之间关系和谐。党的十五大提出依法治国的基本方略，党的十六大再次强调了要加强社会主义法制建设，坚持有法可依、有法必依、执法必严、违法必究。完善社会主义法治，使整个社会的运转服从于法制的权威，真正把法律放在高于人情、高于权力的至高无上的位置上。

（二）公平正义

公平正义，就是社会各方面的利益关系得到妥善协调，人民内部矛盾得到有效处理，社会公平和公正得到切实维护，使大多数社会成员都能享受改革开放和社会主义现代化的成果。② 今天我们讲公平正义，就要从我国社会主义初级阶段的实际出发，高度重视我国经济社会关键发展阶段出现的问题。我们也应该要看到，现阶段的公平只能是相对公平，但是分配差距一定要控制在合理的范围。要运用多种手段，逐步建立以权利公平、机会均等、分配公平为主要内容的利益调节机制和利益表达机制，使不同的利益主体不仅能够各得其所，而且能够充分表达各自的要求和意见，使全体人民共享发展的成果。

（三）诚信友爱

诚信是我国最基本的道德之一，要求社会成员遵守社会制度、规章程序、公

---

① 摘自胡锦涛2006年2月19日在中共中央举办的省部级主要领导干部提高构建社会主义和谐社会能力专题研讨班在中央党校开班上发表的重要讲话。

② 参见张荣臣、谢英芬：《"八个必须坚持"学习读本》，中共中央党校出版社2013年版，第94页。

共守则;友爱则要求大家平等友爱、和谐相处。和谐社会应该建立在一个各社会关系相互支撑、相互关爱、相互信任的环境和系统之上,基础就是诚信友爱。社会是由人组成的,一个社会是否和谐很大程度上取决于人们整体的道德素养水平。但在当前社会,社会诚信缺失是一个比较突出的社会问题,个人信用制度、企业信用制度,甚至政府信用制度都有很大的缺陷。孔子说过:"人而无信,不知其可也"。只有每个社会成员讲诚信友爱,我们的社会才能高度和谐,快速健康、全面发展。

(四) 充满活力

从历史发展的角度看,社会和谐必定是一个动态的概念,没有活力的和谐,只是一潭死水。创造是社会活力的源泉,充满活力就是社会发展和进步的现实和动力。那么,如何构建一个"充满活力"的社会?这就要充分调动一切积极因素,发展各方面的创造活力,包括政治活力、经济活力、文化活力、人的发展活力等,改变束缚活力的制度供给和政策设定,营造有利于创新的体制机制和环境。在实践中,要大力发展先进生产力,发展先进文化,推动市场化改革,不断满足人们日益增长的物质文化需求。

(五) 安定有序

随着经济体制改革的不断深化,我国社会发生了重大而深刻的变化。社会的经济成分、组织形式、就业方式、利益关系和分配方式日益多样化,计划经济时期形成的管理体制已不能适应新形势的要求。适应社会主义市场经济体制要求的社会组织管理体系亟待健全,社会管理法规亟待完善,社会管理中的"缺位"现象亟待解决。因此,构建社会主义和谐社会的重要任务是推进社会管理体制创新,以实现社会政治安定、发展有序。为此,要健全社会组织体系,建立党委领导、政府负责、社会协同、公众参与的社会管理新格局。要建立正确处理人民内部矛盾的新机制,健全社会预警体系,以维护社会稳定,使人民群众安居乐业,社会保持安定团结。①

(六) 人与自然和谐相处

人与自然和谐相处,就是要寻找生产发展、生活富裕、生态良好的最佳结合点。大量事实和数据表明,人和自然关系的不和谐,必然会波及人和人的关系、

---

① 参见张荣臣、谢英芬:《"八个必须坚持"学习读本》,中共中央党校出版社2013年版,第94页。

人和社会的关系。我国生态环境问题已然十分严峻，在中国，人均资源占有量比较低，加上生态环境脆弱，大量环境问题困扰生产发展和社会和谐，比如，雾霾天气、湖泊富营养化加剧、土地荒漠化和沙灾问题、三峡库区的环境问题等。因此，建设社会主义和谐社会，就必须坚持人与自然和谐相处，合理开发自然资源，发展循环经济，建设节约型社会。

四、构建社会主义和谐社会的原则

自党的十六大特别是十六届四中全会以来，党中央提出了构建社会主义和谐社会的战略任务。这是在我国加快推进工业化、城镇化，迎接经济全球化的挑战和我国经济社会生活出现"四个多样化"的大背景下提出的，适应了我国改革发展进入关键时期的客观要求，体现了广大人民群众的根本利益和共同愿望。

构建社会主义和谐社会的理论，深刻阐明了构建社会主义和谐社会的重要意义，明确指出它关系到最广大人民的根本利益，关系到巩固党的执政基础、实现党执政的历史任务，关系到全面建设小康社会的全局，关系到党的事业兴旺发达和国家长治久安。进一步明确了构建社会主义和谐社会的重要原则：必须坚持以邓小平理论和"三个代表"重要思想为指导，坚持社会主义的基本制度，坚持走中国特色社会主义道路；必须树立和落实科学发展观，坚持以经济建设为中心，坚持"五个统筹"，促进社会主义物质文明、政治文明、精神文明建设与和谐社会建设全面发展；必须坚持以人为本，始终把最广大人民的根本利益作为党和国家工作的根本出发点和落脚点，在经济发展的基础上不断满足人民群众日益增长的物质文化需要，促进人的全面发展；必须尊重人民群众的创造精神，通过深化改革、创新体制，调动一切积极因素，激发全社会的创造活力；必须注重社会公平，正确反映和兼顾不同方面群众的利益，正确处理人民内部矛盾和其他社会矛盾，妥善协调各方面的利益关系；必须正确处理改革发展与稳定的关系，坚持把改革的力度、发展的速度和社会可以承受的程度统一起来，使改革发展与稳定相互协调、相互促进，确保人民群众安居乐业，确保社会政治稳定和国家长治久安。这六条重要原则高屋建瓴、求真务实，为我们在实践中积极稳妥地推进社会主义和谐社会建设指明了方向。

党的十六届六中全会审议通过的《决定》中对构建社会主义和谐社会的基本原则概括如下："构建社会主义和谐社会，要遵循以下原则：必须坚持以人为本，必须坚持科学发展，必须坚持改革开放，必须坚持民主法治，必须坚持正确处理改革发展与稳定的关系，必须坚持在党的领导下全社会共同建设。"首先，必须坚持科学发展。就是要切实抓好发展这个党执政兴国的第一要务，统筹城乡发展，统筹区域发展，统筹经济社会发展，统筹人与自然和谐发展，统筹国内发展和对外开放，转变增长方式，提高发展质量，推进节约发展、清洁发展、安全发展，实现经济社会全面协调可持续发展。其次，必须坚持改革开放。坚持社会主义市场经济的改革方向，适应社会发展要求，推进经济体制、政治体制、文化体制、社会体制改革和创新，进一步扩大对外开放，提高改革决策的科学性、改革措施的协调性，建立健全充满活力、富有效率、更加开放的体制机制。再次，必须坚持民主法治。加强社会主义民主政治建设，发展社会主义民主，实施依法治国基本方略，建设社会主义法治国家，树立社会主义法治理念，增强全社会法律意识，推进国家经济、政治、文化、社会生活法制化、规范化，逐步形成社会公平保障体系，促进社会公平正义。同时，必须坚持正确处理改革发展与稳定的关系。把改革的力度、发展的速度和社会可承受的程度统一起来，维护社会安定团结，以改革促进和谐、以发展巩固和谐、以稳定保障和谐，确保人民安居乐业、社会安定有序、国家长治久安。最后，必须坚持在党的领导下全社会共同建设。坚持科学执政、民主执政、依法执政，发挥党的领导核心作用，维护人民群众的主体地位，团结一切可以团结的力量，调动一切积极因素，形成促进和谐人人有责、和谐社会人人共享的生动局面。①

第二节　企业社会责任与和谐社会

由于企业社会责任与和谐社会都具有政治、经济、文化等综合属性，二者始终密切联系（高黎和籍涛，2010）。企业社会责任是经济社会发展到一定历史阶段对企业提出的必然要求，在现代市场经济条件下，企业规模不断扩大，企业对社会生活的影响日益增强，在社会经济发展中发挥着越来越重要的作用，企业承担社会责任有利于和谐社会的构建，和谐社会的实现需要社会各界的共同努力。

一、承担社会责任是企业的应尽职责

一般来说，企业具有双重身份。一方面，作为经济组织，企业是独立的商品生产者和经营者，它有自己独特的经济利益。传统的经济学认为其经济行为的基本目标和唯一动力，就是追求自身利润的最大化。从这个意义上说，企业是一个

---

① 参见《中共中央关于构建社会主义和谐社会若干重大问题的决定》，载《西江日报》，2006年10月19日A1版。

"经济人"，自利性是其根本的特征，也是衡量企业自身市场行为和价值取向的基本标准。另一方面，作为社会组织，企业要在一定的社会环境中开展活动，它与社会有着紧密的联系，从而成为社会的一个重要组成部分。企业的这种社会属性又决定了它是一个"社会人"，它的行为必然受到社会的约束和限制。

企业存在于社会之中，企业与社会的关系是系统和环境的关系。企业固然为出资人所拥有，但它一旦产生，就不再是所有者的私有财产，而成为社会的一个细胞。企业的任何行为都不再是个体行为，而是社会行为，都可能会对社会、对公共利益产生影响。因此，企业与社会是共存共荣的关系，企业的存在以社会的存在为前提，企业的发展从根本上取决于社会的进步。企业通过履行社会责任为社会发展做出贡献的同时，也使自己拥有更优越、更宽松的外部环境并从中受益。企业社会责任源于企业的社会权利，享有权利就应该履行相应的责任，此被称为"责任的铁律"。①

作为"经济人"，企业追求自身利益的满足和利润最大化无可厚非；但是，作为"社会人"，企业必须要同时考虑社会的整体利益和社会的长远发展，并自觉承担相应的社会责任。这是因为，一方面，企业作为社会的组成部分，其经营活动与社会息息相关。可以说，社会赋予了企业生存的权利，并为企业提供了各种资源，如企业所需要的各种生产要素等，都是从社会的不同渠道获得的，离开了社会关系、社会环境，企业不仅将一事无成，而且将难以生存。既然企业从社会中得到了许多益处，享受了许多权利，它就应当相应地为社会承担一定的义务。另一方面，企业的经营行为也能对社会产生巨大的影响。例如，在市场营销活动中，企业经销的产品在质量、性能、价格以及使用安全诸方面，不仅涉及顾客的经济利益，而且涉及他们的人身安全；一些企业在生产过程中过量地排放废气、废水、废物等，污染环境，破坏生态，带来外部经济问题，影响人们的生活质量和身心健康。既然企业的经营行为对社会影响重大，那么，作为一个具有健全"人格"的社会经济组织，它就应该对自己的全部行为及其后果承担责任。

古典经济学有一个基本的理论假定，即认为企业利益和社会利益并无矛盾。亚当·斯密认为，无数自私自利的"经济人"在一只无形的手的指挥下，从事着对整个社会有益的经济活动。他在确认人的利己主义本性和趋利避害的行为动机后，指出每个人越是追求自己的利益，就越会促进社会利益的实现。当代著名经济学家詹姆斯·麦吉（James Mckie，1974）也明确地阐述了这种观点："工商业的主要目标和动力就是利润，企业尽其所能谋求利润，由此维持其效率，并利用机会进行技术革新，加速发展。市场竞争使企业自始至终追求其自身的利益，

---

① 参见崔江水：《企业社会责任导论》，河北人民出版社2007年版，第41-64页。

而又使利润保持在一个合理或适当的水平,并在不知不觉中增加了公共福利。"但是,古典经济学这个基本的理论假设与现实不符,有时候甚至不存在。首先,它所设定的理论只限于完全竞争的市场模式,而完全竞争的市场状态在现实经济生活中极少存在。其次,企业利益与社会利益并非总是一致的,反而在非常多的情况下是完全相反的。

这些说明,企业必须承担相应的社会责任,用以回报社会提供给企业的生存资源和发展条件,弥补企业行为给社会造成的消极后果,从而逐步使企业利益与社会利益得以协调并达到平衡(熊元斌和张丽华,2000)。

二、和谐的发展观是社会主义市场经济对企业的客观要求

企业积极履行社会责任、注重与其利益相关者的合作与和谐,实际上也是社会主义和谐社会和社会主义市场经济的客观要求。社会主义市场经济与一般市场经济具有四个共性:经济关系市场化、企业行为自主化、宏观调控间接化、经济管理法制化。实现企业内部和谐,是企业快速发展的根基;实现企业外部和谐,是企业永续发展的保障。

首先,企业要想发展,从企业管理的层面上来看,和谐的内部环境的重要性不言而喻。和谐的企业内部环境能促进劳资关系、员工关系和谐融洽,使员工的潜能得到充分的发挥,工作能力得到较大的提高,同时减少人际交往的摩擦,减少员工不必要的心理负担和协调成本。孔子曾经说过:不患寡而患不均,不患贫而患不安。在日本等儒家文化圈的国家和地区,企业普遍采用"和"的原则进行管理,与西方企业相比,其劳资矛盾、内部摩擦要少得多,罢工现象很少见,而内部凝聚力、工作积极性却高。

其次,企业是一个与外界社会存在广泛而复杂关系的开放性组织,所以构建和谐的外部环境与构建和谐的内部环境同样重要。对于企业来讲,和谐的外部环境包括下面几种关系:企业与企业之间、企业与政府之间、企业与社会大众之间、企业与生态环境之间、企业与国际社会之间。以社会大众中的消费者为例,消费者购物更多的是求得一种效用的满足,而和谐是营造良好经营态度、环境氛围的有效方式,促成商品交换参与者的良性互动。所以,和谐是商业发展最佳的助推器。

下面我们分析一下社会和谐程度与经济效率、社会成员努力程度等之间的关系。

社会成员为实现产出而进行的努力程度用 e 表示,社会产出用 f 表示(见图3-1),在现有的社会和谐水平下,社会产出曲线为 $f_0(e)$,u_0 和 u_1 代表社会效

用无差异曲线，$u_0 < u_1$，越往左上方，效用越大。现在 u_0 和 $f_0(e)$ 相切，社会成员选择努力程度 e_0，产出为 f_0。如果社会的和谐程度得到提高，社会沟通成本和经济交易成本都会降低，经济效率会得到提高，所以社会产出曲线上升为 $f_1(e)$，此时 u_1 刚好和 $f_1(e)$ 相切，社会成员此时选择努力程度 e_1，产出为 f_1。此时无论是社会成员的努力水平、社会的产出水平，还是社会的效用水平都得到了提高。社会成员的努力程度提高，是因为在社会和谐程度提高的情况下，社会成员能够将更多精力放到发展生产上，并且他们看到同样的努力能够带来更大的产出，所以愿意更加努力。社会效用的提高则得益于社会成员努力程度的提高和产出效率的提高这两个因素。这里和谐程度的提高是指社会总体和谐程度的提高，但社会和谐程度的提高紧密依赖于企业为和谐而做出的努力。此外，这里的分析也适用于企业情况。

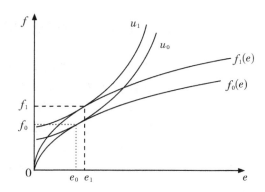

图 3-1　社会和谐程度与经济效率、社会成员努力程度之间的关系

最后，和谐是企业可持续发展的重要保证。中国人向来注重和谐，尤其是生意人，把"和为贵"、"和气生财"、"和衷共济"等奉为金科玉律。和谐社会为企业的发展提供了良好的环境。然而，我们也不能忽视这样的事实：我国中小企业的平均寿命只有 3.7 年，远低于欧洲的 12.5 年和美国的 8.2 年。[①] "短命"的原因是多方面的：急于求成，企业发展盲目提速；立业未稳就盲目扩张和多元化；投资关系复杂，短贷长投现象频出；只顾"造名"，没有将主要精力放在企业核心竞争力的培育上；缺乏诚信，法规意识淡漠以及企业的各种矛盾激化导致分裂式瓦解；等等。对此，全国政协委员、德力西集团有限公司董事局主席胡成

---

① 参见民建中央专题调研组：《后危机时代中小企业转型与创新的调查与建议》，人民网强国论坛 2010 年 12 月。

中一语中的,指出:"一些企业不是轻视了全面协调,就是忽视了以人为本;不是置可持续发展于不顾,就是将社会责任抛之脑后。因此,它们自然很难经得起风浪,企业的寿命就会很短。"① 中小企业是构建和谐社会的重要力量,也是我国社会责任不可缺少的承担者。作为国民经济的基本细胞,中小企业履行社会责任促进了社会的和谐发展,同时,也提高了自己的知名度和美誉度,为企业不断提高综合素质和核心竞争力打下坚实基础。② 我们从我国中小企业,尤其是民营企业的成功与"短命"中,得出一个基本认识:创建和谐企业,和谐创业是民营企业创新发展的成功之路。

综上所述,企业要想很好地履行创造价值、奉献社会的责任,就必须做到和谐发展。而要达到与其利益相关者的和谐,唯一的道路就是企业积极承担维护其利益相关者利益的社会责任。

三、企业承担社会责任是企业参与和谐社会的根本途径

企业是经济社会发展的主力,企业的生存和发展离不开和谐社会,构建和谐社会也离不开企业的积极参与。在我国社会主义社会大家庭中,企业既是市场竞争的主体,承担着创造物质财富和提供有效义务的责任,同时也是一个社会单元,承担着解决劳动者就业、为员工创造适宜的工作环境和提供获取收入的机会等责任。企业内部的和谐以及企业与利益相关者关系的和谐,是构建和谐社会的重要保证。因此,对于推进社会的有序发展,任何一个企业都有着不可推卸的责任,企业承担社会责任是企业参与和谐社会的根本途径。增强企业社会责任感,树立良好的经营形象,既是历史发展的经验,也是未来世界发展的必然趋势。

企业社会责任与和谐社会构建的关系在于:强调企业社会责任的核心是保障劳动者权益,它客观上对我国的劳动关系的和谐解决起着推动作用;强调环境保护凸显可持续发展理念,落实企业社会责任有助于实现和谐社会所要求的可持续发展理念;企业反腐败、维护社会公正运行,和构建和谐社会所要求的公平正义相一致。

目前,从整体上讲,西方企业的社会责任意识已经跨越法律层面,开始重视和强调在道德层面有所作为,并表现出了相当高的道德自觉性。许多跨国公司都制订出本企业的社会责任条例,将人权原则、国际劳工标准和环保要求写进条例

---

① 参见南俊丰:《构建和谐社会要求创建和谐企业》,载《企业活力》,2006 年第 12 期。
② 参见陈晖涛:《中小企业社会责任与社会和谐的相关性研究》,载《哈尔滨商业大学学报:社会科学版》,2009 年第 1 期。

之中，并安排专门管理人员督促落实。遗憾的是，我们在这方面是远远落后的。直到现在，广大国内消费者还在为实现"童叟无欺"的市场目标而苦苦奋斗；至于说企业树立勇于承担社会责任的意识，把推进社会和谐发展作为创业的宗旨，这方面更是做得远远不够。

党的十六届三中全会提出"坚持以人为本，树立全面、协调、可持续的科学发展观"，重点就是强调发展经济的目的是改善人民的生活，即要坚持以人为本，发展是全方位的，可持续的，既要发展经济，又要发展社会事业，还要保护和改善我们赖以生存和发展的环境，实现经济、社会和环境的协调发展。会议通过的《决定》则明确指出要把加快发展社会事业作为构建和谐社会的根本举措，要把扩大就业作为经济社会发展和调整经济结构的重要目标。同时，《决定》还强调要加强环境治理保护，促进人与自然和谐相处。从这三个层面上说，企业承担社会责任，增加社会就业，保护环境，正是贯彻科学发展观、构建和谐社会的要求，我们所倡导的企业社会责任的最终目标就是建立一个平衡、和谐、可持续发展的社会，和谐社会是企业社会责任的最高境界。

第三节　构建和谐社会对企业社会责任的要求

企业是除政府之外当今社会最有力量的组织，在建设社会主义和谐社会处于特殊的地位，应发挥重要的作用，承担重要的社会责任。

一、树立科学发展观，用和谐理念统领企业发展

创建和谐企业，首先要树立科学发展观，用和谐理念统领企业发展，这是时代对企业和企业家提出的新要求。社会发展的客观规律告诉我们，生产力是人类社会发展的最终决定力量，城市化水平的提高，教育、卫生及社会保障事业的发展，都需要建立在物质财富不断增加的基础之上，建立在发展之上。科学发展强调的是以人为本，实现全面、协调、可持续发展，促进经济、社会和人的全面发展；科学发展观要实现资源的合理开发和永续利用；科学发展观所追求的是文明发展，发展文明，包括发展的目的、道路、手段都要文明，这正是一种和谐的境界。据此，创建和谐企业，做到以发展求和谐，以和谐促发展，就要把企业自身的发展与国家的发展结合起来，自觉服从国家经济宏观调控大局，制定企业发展规划要把"保护环境、节约资源、合法经营、诚实守信"作为重要内容，努力提升产业层次，提高自主创新能力，不断提高企业素质（南俊丰，2006）。

1. 要破除墨守成规的旧观念，与时俱进，树立和落实科学发展观

紧紧把握企业与市场、企业与员工这两对决定企业本质和生命的基本矛盾，以及生产与管理中的产供销、人财物、局部与整体等重大关系，实施科技兴企战略，大力开展一系列创新活动，不断增强企业的核心竞争力。和谐企业并不是要改变企业的性质、地位、作用，也不是把企业"推倒重来"，重新组建"和谐企业"，而是在现有基础上（当然也包括新创办企业），将"和谐"的理念与企业发展目标相结合，并贯穿在企业的价值观、发展观和管理实践中，把企业办成科学发展、文明经营、诚信守法、关爱员工、活而有序的经济实体和社会"细胞"。

2. 要破除传统的旧竞争观念，实行道德经营的竞争与合作新观念

"在社会经济生活中，如果各个行为主体自身没有道德约束，相互之间也缺少必要的道德约束，社会肯定是无序的，经济生活肯定是紊乱的，社会风气也肯定不正。从经济运行的角度看，行为主体如果缺少道德约束而彼此之间又没有相互的道德约束，行为必定短期化，因为行为主体会因缺乏稳定的预期而对经济前景失去信心。"① 因此，要坚持企业自律和行业自律，以诚信为本，坚持实事求是、互相信任、互相体谅和互相支持，实现企业与用户、产品与市场、企业与环境的和谐，取得双赢或多赢，为企业创造良好的生存与发展环境。

3. 要破除嫉富嫌贫的旧观念，树立利益和谐的新观念

正确构建与运行共享发展成果的新机制，使大家明白企业应该追求利益最大化。在充分尊重个人价值的同时，应该兼顾对社会的回报，收获与责任相匹配；既要提倡带头致富，更要提倡共同致富，促进利益的共享。实现企业主与员工、员工与员工之间的利益和谐，各基本环节与基本要素之间的和谐，使个人与集体目标一致，最终为企业发展注入团结奋斗的强大推动力。

二、完善企业治理结构，提高企业运营透明度和社会信任度

从国际经济合作组织（Organisation for Economic Co-operation and Development, OECD）颁布的2004年公司治理准则中我们可以看出这一重大变化：新规则大大扩展了所谓"利益相关者"的定义范围，从仅仅局限于调整股东、董事会和经营层之间有关授权、监控和制约的权力游戏，到关注组成经济、企业发展的各方利益相关者的平衡协调，体现了对它的重视。我国2001年7月1日开始

---

① 厉以宁：《超越市场与超越政府——论道德力量在经济中的作用》，经济科学出版社1999年版，第33页。

实施的《上市公司治理准则》也第一次以专章的形式规定了利益相关者，并明确提出上市公司在保持公司持续发展、实现股东利益最大化的同时，应关注所在社区的福利、环境保护、公益事业等问题，重视企业的社会责任。然而我们仔细研究不难发现，这种规定仅仅是指导性的，并没有具体的操作规定和保障机制，因而难免会使规定流于形式。因此，我们有必要通过健全法律法规，完善企业的内外部治理结构，使更多的利益相关方参与到企业的治理中来，使企业的经营真正能够体现社会整体的利益，维护市场经济的良性运行和健康发展，使各方的利益基于有效制度得到确保，企业在透明运行中得到各方的监督，以便提高社会信任度和社会形象。具体做法是①：

（1）要建立规范的公司法人治理结构，明确出资人、董事会、经理层的责权利，健全所有者与经营者之间的委托代理关系和权力制衡机制，理顺所有者、经营者、生产者的关系。

（2）要解决好企业内部上下、左右的组织关系，建立横向联系、垂直指挥系统。

（3）要处理好企业总部集权与内部各单位分权之间的关系。要建立合理的企业组织结构，做到大权独揽，小权分散，集权与放权有机结合。

（4）要处理好集团公司作为母公司与其子公司的组织关系。母公司与子公司的关系是法人与法人之间的关系。既要处理好母子公司体制的投资关系，又要处理好两者之间的业务关系。

三、建立和谐的劳动关系，让员工和企业共同受益

（一）构建和谐劳动关系的重要性

构建社会主义和谐社会，必须着力构建和谐稳定的劳动关系。劳动关系是社会和谐稳定的前提与基础，而社会和谐又是劳动关系稳定的体现与保证。劳动关系动荡之日，就是社会不和谐之时。党的十六届四中全会在提出如何构建和谐社会时，第一条讲的就是"全面贯彻尊重劳动、尊重知识、尊重人才、尊重创造的方针，不断增强全社会的创造活力"，第二条讲的是"妥善协调各方面的利益关系，正确处理人民内部矛盾"。这是对劳动关系与社会和谐之间内在联系的深刻阐述与准确把握。党的十六届六中全会通过的《决定》中也特别提出要"实施积极的就业政策，发展和谐劳动关系"，"把扩大就业作为经济社会发展和调

---

① 参见中国企业联合会：《大力创建和谐企业 为构建和谐社会做贡献》，载《企业管理》，2005年第5期。

整经济结构的重要目标,实现经济发展和扩大就业良性互动","完善劳动关系协调机制,全面实行劳动合同制度和集体协商制度,确保工资按时足额发放。严格执行国家劳动标准,加强劳动保护,健全劳动保障监察体制和劳动争议调处仲裁机制,维护劳动者特别是农民工合法权益"。

从一定意义说,劳动关系是现代社会是否和谐的晴雨表、风向标。劳动关系的影响力涉及三个方面。首先,作用于企业,直接影响劳动关系双方切身的经济利益。其次,涉及经济生活。或者在区域经济中产生影响,或者在行业中产生影响,但最终都会在宏观经济层面上发生作用,影响整个国民经济的发展和走势。最后,无论是稳定、协调的劳动关系,还是对抗、冲突的劳动关系,都会在社会生活的方方面面表现出来,并最终波及社会生活的各个层面和社会生活中的每个人。

经验证明,社会不平等程度和经济绩效以及社会稳定程度存在着非线性关系,具体可以通过图3-2表述。社会(财富)不平等程度可以用最富有的30%的人所占有的财富和最贫穷的30%的人所占有的财富的比例来表示,这个30%的百分比可以变化。不平等程度过低,代表社会存在着较好的财富平衡,但是对于很多发展中国家来说,过低的财富不平等程度反而不利于经济发展,因为更高的财富不平等能够激发人们的奋斗积极性,为让自己变得更加富有而努力,经济因此更快发展,所以在一定范围内不平等程度越高经济表现越好,社会稳定程度也不会受损。但是,一旦不平等程度超过最优界限,它的正面作用就会迅速下降。因为此时过高的不平等程度会引发许多原来不会出现的问题。不平等程度的上升带来的将是对经济的破坏作用和对社会稳定的威胁,原因是贫穷的人群看不到希望,甚至连基本生存都受到威胁,经济发展便无从谈起。在图3-2中,U_0是最优的不平等程度,U_1则是不平等程度的分界点,超过这一点,经济和社会都

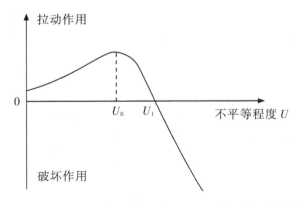

图3-2 社会不平等程度和经济绩效以及社会稳定程度的关系

会受到破坏。

殷鉴不远。我们党提出科学发展观，构建社会主义和谐社会，是党对执政规律的深刻认识和把握。在科学发展观指导下，努力构建和谐社会，我们就一定不会重蹈拉美一些国家的覆辙，顺利渡过"矛盾凸显期"，实现全面建设小康社会的战略目标。

（二）构建和谐劳动关系的途径

应该承认，在现阶段追求和谐稳定和繁荣发展已成为全社会甚至每个人的共识，那么，如何协调稳定劳动关系呢？

1. 从认识上高度重视劳动关系问题

党的十六届三中全会提出树立科学发展观；党的十六届四中全会提出把提高构建社会主义和谐社会的能力作为党执政能力的重要组成部分，并把和谐社会建设放到同经济建设、政治建设、文化建设并列的突出位置；党的十六届六中全会把坚持以人为本，坚持科学发展作为构建社会主义和谐社会的基本原则。这些充分说明在发展理念上，党对于人的问题、劳动者的问题、劳动关系与和谐社会问题的高度重视与理论自觉。一般来讲，体制改革、结构调整与社会转型时期，往往是利益关系调整导致劳动关系矛盾与社会问题的多发期。只有高度重视并妥善处理好劳动关系问题，整合社会各方面的力量，才能为社会和谐奠定坚实的基础。

2. 从理论上认真研究"社会可承受程度"问题

构建和谐社会，一个重要方面应该包括社会各方面成员的精神与物质的承受程度，即社会可承受程度。但是理论界关于这方面的研究还有待突破。发展首先是以人为本的发展，认真分析社会成员特别是广大劳动者的承受程度，是事先对政策措施支持程度的一个调节，所以必须建立一套关于"社会可承受程度"的指标体系、分析框架、监测办法。

3. 从机制上协调劳动关系与社会利益关系

这里包括：民意表达机制，畅通反映社情民意的信息渠道，使群众的意愿要求能够及时准确地反映到决策机关和执行机关；民事公开机制，落实群众的知情权，凡是公共权力事务及涉及群众切身利益的事务，其决策、执行都必须全过程地、及时地公开，实行"阳光作业"；民主参与机制，落实群众的参与权，拓宽和疏通参与渠道，确保广大群众能够有效地参与国家、社会和企事业单位事务管理的机制，行使国家主人的权利；民情处理机制，对于群众反映和表达的意见，要有相应的部门依据相应的职责和程序处理，防止出现无人负责、无章处理、无法追究的现象；民权保障制度，落实群众的监督权，赋予群众监督相应的制约权力特别是否决权，做到以权力制约权力。目前在宏观层次建立的劳动关系三方协调机制、政府与群众组织联席会议制度，在微观层次建立的平等协商与集体合同制度、职工代表大会制度等，应当加以坚持，并不断创新发展协调劳动关系与社会利益关系的新载体与手段。

四、牢固树立诚信理念，建立健全企业诚信体系

市场经济是法治经济，也是道德经济。经商不但要守法，也要讲道德、讲诚信。中国自古以来就认为"人无信不立，政无信不威，商无信不兴"，所以倡导"一诺千金"、"童叟无欺"。和谐企业应当以法规为准绳，以诚信为基础，以关爱为责任。这是企业立身之本，也是企业与社会、与政府、与企业、与公众和谐相处的重要体现。然而，现阶段诚信危机日益成为我国深入发展和改革的瓶颈问题，制约着我国构建和谐社会的进程。为促进我国经济长期可持续发展，切实推进社会信用体系建设具有十分紧迫的意义。

为了推动中国企业加强诚信建设，中国企业联合会于2002年7月制定并发布了《企业诚信经营自律守则》，从多个方面提出了企业诚信建设的基本要求，希望企业加强自律，改进经营管理作风，为构建诚信社会做出自己应有的贡献。① 党的十七届六中全会通过《中共中央关于深化文化体制改革、推动社会主义文化大发展大繁荣若干重大问题的决定》，"把诚信建设摆在突出位置，大力推进政务诚信、商务诚信、社会诚信和司法公信建设，抓紧建立覆盖全社会的征信系统"。

改善企业诚信缺失问题，除了外部压力，企业更多的需要加强自律。第一，企业家必须坚持塑造诚实守信的企业形象，才能不断提高自身知名度和美誉度，扩大商业市场。第二，应完善企业内部诚信控制规范体系，建立企业内部诚信评价制度，配套建立企业内部诚信审计体系和程序。第三，要在企业内外建立起平和、协调、愉快的生存和发展环境，共筑产业链的繁荣。

五、发展循环经济，创建和谐的绿色企业

所谓"绿色企业"，是一种现代化的企业模式，它的存在与发展有利于保护和改善生态环境，提高企业经济效益，使企业所处的环境同经济协调发展，而且

---

① 参见中国企业联合会：《大力创建和谐企业 为构建和谐社会做贡献》，载《中国企业报》，2005年第5期。

其目标（生存、获利和发展）同环境是紧密相连的。这里的"绿色"含义包括：①企业的存在有利于保护和改善环境；②企业只求经济效益同环境效益相结合；③企业发展应是可持续的。①

　　循环经济是一种以资源的高效利用和循环利用为核心，以"减量化、再利用、资源化"为原则，以低消耗、低排放、高效率为基本特征，符合科学发展观和可持续成长理念的经济增长模式，是对"资源—产品—废弃物—污染物"的传统增长模式的根本变革。可见，发展循环经济，走生态企业之路，是建设社会主义和谐社会的重要内容。

　　企业和企业家要走生态企业之路，就要以科学发展观为指导，在坚持"减量化、再利用、资源化"原则的同时，坚持以企业可持续发展为根本目的、实现企业与自然和谐统一的原则，坚持依靠科技进步、推进产品结构调整、提高资源利用效率原则，坚持发挥市场机制作用的原则，将促进人与自然的和谐作为关系中华民族长远发展的根本大计，以优化资源利用方式为核心，以提高生产率和降低废弃物排放为目标，以技术创新、管理创新和制度创新为动力，完善各项规章与措施，逐步建立与国家发展循环经济相适应的、符合现代企业制度要求的运行机制，形成具有本企业特色的绿色经营管理模式，将企业建成生态型企业。同时，将环保投入作为开拓市场、节约成本、提高经济效益的有效手段，树立绿色价值观，使用绿色技术，开发绿色产品，取得绿色认证，开展绿色营销，塑造绿色文化。

---

① 参见王中丙：《企业差别竞争力》，中国社会科学出版社2006年版，第57页。

第四章 企业社会责任与企业文化

企业社会责任作为企业文化的新内容，重新塑造和创新了企业文化的价值观念，推进了企业文化的相关建设。而企业文化作为企业的一种价值体系，又将企业社会责任建设提升到新的理论高度和较高的文化层次。我国企业应该积极适应企业文化发展的这一重要趋势，更新企业文化的时代内容，把企业社会责任建设作为企业文化发展的一个明确的伦理方向。

第一节 企业文化的基本理论

一、企业文化的内涵和层次

（一）企业文化的内涵

20世纪80年代初，日本的管理水平开始走在了世界前面。一家濒临破产的美国企业被日本公司购置后，还是原有的设备和人力，只是管理层由日本公司派进，只过了短短两个月时间就起死回生，管理作为生产力标志在这里体现得极为清晰。为此，美国开始对日本的管理模式进行考察，派出了由管理学家、社会学家、经济学家和企业家等构成的百人考察团，进入日本本土考察。考察花了3个月时间，最终发现日本企业似乎没有什么特长之处，资本没有美国多，技术没有美国先进，管理方法也基本上是从美国引进，其文化也源于中国。但是，考察团发现，日本人在把美国的管理方法和东方文化结合方面取得了真正的成功与默契，完成了三大要素（西方管理艺术、东方文化和日本具体的管理实践）的有机结合，由此构成一种特定的管理意境和思想。人们很难用一个具体的方法来比喻它，于是就取名为"企业文化"。

企业文化是企业发展到一定阶段，企业领导人将其在企业创业阶段关于经营理念、基本假设等达成的共识用于组织管理过程中，对包括文化、价值和心理因素等在内的非结构性因素进行整合，并使之成为一个组织或企业独具个性化的管理模式，以文化的力量推动组织和企业长期发展。①

对于企业文化的含义，国内外有如下两种含义：第一种是狭义的，认为企业文化是意识范畴的，仅仅包括企业的思想、意识、习惯、感情等。美国学者特伦斯·迪尔和阿伦·肯尼迪（Terrence E. Deal & Allan A. Kennedy, 1982）认为，企业的文化应该有别于企业的制度，企业文化有自己的一套要素、结构和运行方式。他们认为，企业文化包括四个要素，即价值观、英雄人物、典礼及仪式、文化网络。这四个要素的地位及作用分别是：价值观是企业文化的核心，英雄人物是企业文化的具体体现者，典礼及仪式是传输和强化企业文化的重要形式，文化网络是传播企业文化的通道。②

第二种是广义的，认为企业文化是指企业在创业和发展的过程中所形成的物质文明和精神文明的总和，包括企业管理中的硬件与软件、外显文化与内隐文化（或表层文化与深层文化）两部分。这种观点的理由是企业文化是同企业的物质生产过程和物质成果联系在一起的，即企业文化既包括非物质文化，又包括物质文化。1985年，美国麻省理工学院教授爱德加·沙因（Edgar H. Schein, 1985）出版了专著《企业文化与领导》（Organizational Culture and Leadership）。他对企业文化的概念进行了系统的阐述，认为企业文化是在企业成员相互作用的过程中形成的，为大多数成员所认同的，并用来教育新成员的一套价值体系。沙因教授还提出了关于企业文化的发展、功能和变化以及构建企业文化的基本理论。他把组织文化划分成三种水平：①表面层，指组织的明显品质和物理特征（如建筑、文件、标语等可见特征）；②应然层，位于表层下面，主要指价值观；③突然层，位于最内部，是组织用以对付环境的实际方式。③沙因提出的关于企业文化的概念和理论为大多数研究者所接受，他也因此成为企业文化研究的权威。

《中国企业文化大辞典》把中国学者和企业家对企业文化定义的认识划分为三大类："第一类是'总和说'，认为企业文化是企业物质财富和精神财富的总和；第二类是'同心圆说'或'三层次说'，认为企业文化包括三个同心圆或三个层次，外层为物质文化，中间层为制度文化，内层为精神文化；第三类是'意识形态说'，认为企业文化是企业的意识形态，是相对于大文化而言的企业微观文化。"④

综上所述，企业文化应该是指企业在生产经营和管理过程中所创造的具有本

---

① 参见黎友焕：《企业社会责任理论》，华南理工大学出版社2010年版，第124－157页。
② 参见（美）肯尼迪（A. A. Kennedy）、迪尔（T. E. Deal）：《公司文化：公司生活的礼节和仪式》，印国有、葛鹏译，生活·读书·新知上海三联书店出版社1989年版。
③ 参见爱德加·H.沙因：《企业文化与领导》，中国友谊出版公司1989年版。
④ 张大中：《中国企业文化大辞典》，当代中国出版社1999年版，第39－40页。

企业特色的物质财富和精神财富的总称,它包括组织机构、企业制度、企业环境、企业产品、行为准则、道德规范、企业精神、价值观念等。

(二) 企业文化的层次

企业文化包括核心层、中间层、外层三个层面。核心层主要是观念形态的内容,一般称之为企业精神文化;中间层主要是行为形态的内容,一般称之为企业制度文化;外层以物质形态的内容为主,一般称为企业物质文化。三者不是截然分开的,是相互联系、相互影响、相互渗透的。

1. **表层——企业的物质文化**

企业的物质文化是指由企业员工创造的产品和各种物质设施等构成的器物文化,是企业文化在物质层面上的体现,是群体价值观的物质载体。它包括两个方面:一是企业文化价值的创造;二是企业各种物质设施的优化,其中包括企业外貌、工作环境和生活娱乐设施等。

2. **中层——企业的制度文化**

中间层主要体现企业浅层的行为形态文化。一是指企业员工在生产经营、学习娱乐、人际交往中产生的文化,包括企业的经营活动、教育宣传活动、协调人际关系活动和各种文娱体育活动等。这些活动实际上也反映了企业的经营作风、精神面貌、人际关系等文化特征,也是企业精神、企业目标的动态反映。二是指与现代企业生产经营活动中形成的企业精神、企业价值观等意识形态相适应的企业制度、规章、组织机构等。这一层是企业文化中规范人和物的行为方式的部分。中间层是企业精神得以实施的关键。要建设一个充满朝气、正气、活力的企业,中间层至关重要,为此,在这一层面上要做大量的、艰苦细致的工作。

3. **深层——企业的精神文化**

企业的精神文化是指企业员工在长期的生产经营活动中形成的共有的意识和文化观念的总和。它包括企业经营哲学、企业宗旨、企业伦理道德、企业风尚、企业精神和企业价值观等六个方面[①]:

(1) 企业经营哲学是指导企业运筹生存与发展构想的基本思想和原则,是企业领导者的世界观和方法论在企业生产经营实践中的体现。

(2) 企业宗旨是指企业的总体目标或长期基本目标,它体现了企业的理想与追求,是企业行为的指导方针。

(3) 企业伦理道德是调节企业与社会、企业与员工以及员工之间关系的行

---

① 参见潘慧:《论企业文化与核心竞争力》,武汉大学 2005 年硕士学位论文。

为规范的总和，它潜移默化地影响职工的心理和意识。

（4）企业风尚是企业员工在长期的生产经营活动中形成的群体氛围和精神面貌。它综合体现了企业中群体的思想观念、工作作风、人际关系、传统习惯。

（5）企业精神是企业员工在长期的生产经营活动中形成的理想和信念，它是企业经营哲学、道德观念和企业风尚的结晶。

（6）企业价值观是企业文化的核心，一个企业对于其活动及有关事物的评价与看法，是企业在追求成功经营过程中所推崇的基本信念和奉行的行为准则，并为企业全体员工所共识和共同拥有。

企业价值观也是企业中占主导地位的管理意识，它以潜意识的方式渗透到企业管理的各个领域、生产经营活动的全过程之中。无论是企业发展战略的制订，还是对企业各部门、各项工作的协调，都是以企业价值观念为驱动力的。一个适合该企业的正确价值观一经确立并成为全体成员的共识，则会产生长期的稳定性，甚至会成为几代人共同遵从和奉行的信念，成为企业持久的精神支柱和生存与发展的精神指南。

二、企业文化的特征

企业文化的基本属性是它的管理学和亚文化属性。发达国家的先进经验表明，企业文化建设是市场经济和企业自身发展的坚定基石，是企业增强国际竞争力的有力保障。加强企业文化建设有助于提高企业家和企业管理人员的经营管理水平，增强产品的竞争力，从而发展企业的生产力。从管理学角度而言，企业文化的作用在于，作为一种企业管理模式，高度重视和发挥人的作用，文化和精神能够发挥现代管理技术、手段和物质资源所起不到的作用。企业管理实施的过程，伴随着企业文化的建设并通过文化力的渗透、推动作用，对企业战略发展的每个阶段产生影响，不断促进企业的发展。作为亚文化属性，企业文化是社会的微观组织——企业在发展过程中形成的、适应自身发展需要、从属于整个社会文化的一种文化现象。国内外成功企业的实践和经验表明，企业文化具有以文化人、以人为本、文化主导、文化自觉、文化创新的本质特征。

（一）社会性

企业文化属于社会文化的一个组成部分并且与社会文化紧密相连、相互影响，是特定的大文化背景下的产物。作为国民经济细胞，企业不能脱离民族的、时代的文化背景。企业文化是社会文化在一定程度上的缩影。充满人情味的日本企业文化，人际关系淡漠的美国企业文化等，都是对民族文化某种程度的反映。

企业文化虽有自己独特的个性，但在社会大文化背景下则处于绝对的从属地位。脱离社会文化的企业文化没有生存的可能，与社会文化背道而驰的企业文化必然会遭到取缔。

（二）个异性

不同企业的文化风格各不相同，即使两个企业在环境、管理组织、制度手段上十分相近甚至一致，但在文化上也会呈现出不同的特色和魅力。这是受到企业生存的社会、地理、经济等外部环境，以及企业所处的行业的特殊性、自身经营管理特点、企业家素养风范等内在条件影响而产生的。

（三）功用性

企业文化的功能、作用得以发挥的关键是企业生产经营中生成的社会群体文化氛围和心理环境。从企业管理工作角度看，企业家、管理人员正是从培育和调控企业的社会群体文化心理的角度来影响、引导和调节企业行为和日常经营，调控、转化、制约人们的价值取向、行为准则等，推动企业发展。

（四）能动性

不同于社会一般文化，企业文化有着鲜明的个性特征。这种个性特征代表着一定的企业特质，是特定企业经营哲学、企业精神的体现。同时，这种个性特征又更直接地作用于企业的行为，使企业的一切生产经营活动在企业文化的氛围中得到规范和约束，而规范的成因正是在于企业文化从培育到形成，始终是在人们（主要是企业经理人员）的主观期望和意志要求下能动进行的，它不仅形成了企业和职工在物质财富创造过程中的文化氛围，更使企业行为在企业文化的驱使下有效地达到企业未来的结果和目标。这种文化能动作用的效果直接体现为企业文化凝聚、约束、激励的功能，是企业长期赖以生存和发展的保证。

三、企业文化的作用

1992年，美国哈佛大学商学院的约翰·科特教授和詹姆斯·赫斯克特教授（John P. Kotter & James L. Heskitt, 1992）出版了他们的专著《企业文化与经营业绩》（*Organizational Culture and Performance*）。在该书中，他们总结了在1987—1991年间对美国22个行业72家公司的企业文化和经营状况所做的深入研究，列举了强力型、策略合理型和灵活适应型三种类型的企业文化对企业长期经营业绩的影响,并用一些著名企业成功与失败的案例,表明企业文化对企业长期经营业绩有着重要的影响,并且预言,在近 10 年内,企业文化很可能成为决定企业兴衰的关键因素。① 优秀的企业文化可以激励员工工作意愿,约束和控制员工行为,使得团队绩效和部门绩效最大化。

企业文化的作用在于,作为一种企业管理模式,企业高度重视发挥人的作用。文化的精神作用能够产生现代管理技术、手段和物质资源所起不到的效果。一般认为,企业文化可以对企业发挥多方面的积极作用,主要是导向作用、约束作用、凝聚作用、激励作用,增进企业绩效,实现企业的持续发展。

(一)教育导向作用

企业文化对企业和职工的价值观及行为取向有教育和引导作用,包括价值观导向和行为导向。在激烈的市场竞争中,企业内部如果没有一个自上而下的统一的目标,就不能形成强大的竞争力。企业文化反映的是企业整体的共同价值观、追求和利益,企业文化建设就是在企业具体的历史环境及条件下将人们的事业心和成功欲化成具体的奋斗目标、信条和行为准则,形成企业职工的精神支柱和精神动力,为企业的共同目标而努力奋斗。作为企业的一种有力工具,企业文化导向功能能够把员工引导到企业所确定的目标方向上来,能够使员工个体的思想、观念、追求和目标与企业所要求的目标一致,使人们为实现企业特定目标去努力奋斗。威廉·大内(William Ouchi,1981)在《Z 理论》中特别强调企业文化对企业管理的作用:"管理人的不是制度,而是以人为本的健康的企业文化环境。"②

(二)凝聚功能

凝聚功能是指企业文化的一种能把企业全体员工聚合在一起,形成强大的整体力量的能力。企业的根本目标是企业员工凝聚力的基础,根本目标选择正确,就能够把企业的利益和绝大多数员工的利益统一起来,就是一个集体与个人双赢的目标;在此基础上企业就能够形成强大的凝聚力。反之企业凝聚力的形成只能是一种空想。

---

① 参见(美)约翰·P. 科特(John P. Kotter)、詹姆斯·L. 赫斯克特(James L. Heskett):《企业文化与经营业绩》,李晓涛译,中国人民大学出版社 2004 年版。
② (美)W. 大内:《Z 理论》,孙耀君等译,中国社会科学出版社 1984 年版。

(三) 约束作用

企业文化的约束作用是指企业文化力对企业每个成员的思想和行为具有约束和规范作用。与传统的管理理论单纯强调制度的硬约束不同，文化力的约束功能虽也有成文的硬制度约束，但更强调的是不成文的软约束。作为一个组织，规章制度对企业来说是必要的；但是即使有了千万条规章制度，也很难规范每个职工的每个行为。企业文化力能使信念在职工的心理深层形成一种定势，构造出一种响应机制，只要外部诱导信号发生，即可得到积极的响应，并迅速转化为预期的行为。这种约束机制可以减弱硬约束对职工心理的冲撞，缓解自治心理与被治现实形成的冲突，削弱由其引起的心理抵抗力，从而产生更强大、深刻、持久的约束效果。这种约束作用还更直观地表现在企业风气和企业道德对职工的规范作用上。

(四) 激励作用

企业文化的激励作用，指的是企业文化能使企业成员从内心产生一种情绪高昂、奋发进取的效应。这种效应来源于每个成员作出贡献所得到的赞赏、尊重和鼓励，并由此获得心理和精神满足，并因而自觉树立对企业的强烈的主人翁责任感。有了这种责任感，职工就会为企业发展而勇于献身、奋勇拼搏；有了这种责任感，职工就能迸发出无穷的创造力，为企业发展献计献策、不断创新。

第二节 企业伦理文化：企业文化建设的新内涵

一、企业伦理文化的内涵

(一) 企业文化和企业伦理

所谓伦理，是指对人与人之间关系中诸多道德现象的概括和总结。这里的"伦"是指人与人之间的关系，即人伦；"理"是指道德律令及原则。伦理就是人与人相处时应遵守的道德规范和行为准则。企业如同人，它对社会负有相应的责任和义务，企业的员工应有相应的道德行为，所以，企业伦理就是对企业道德行为、道德关系等企业道德现象的概括和总结。它是为企业及其员工在具体情境中的行为道德提供指南的各种规则、标准、规范或原则。这些也就构成了企业伦理文化。企业伦理的内容包括企业的社会责任、企业经营管理活动的道德规范以及企业内部调节人与人之间关系的行为准则。企业的社会责任体现在企业对社会应该承担的法律义务和道德义务上,即在经营活动中,企业应该如何处理企业利益与社会利益之间的关系。企业经营活动中的道德规范包括:如何对待消费者,企业对消费者应该承担的法律义务和道德义务;如何处理企业与企业之间,企业与各方面合作者、相关者之间的关系。企业内部人与人之间的道德关系则包括:企业与员工的关系和企业对员工应该承担的道德义务;企业所有者与经营者之间的道德关系,以及公司治理结构中各部分组织成员之间的道德关系。

理论和实践都证明,企业文化对企业伦理具有极为重要的制约和影响,具体表现在以下方面:

(1) 企业文化对作为个人伦理行为源泉的价值取向进行整合,使之认同于企业的价值观。组织有效性的一个重要表现,就是有一个由企业最高目标、企业理念和企业宗旨等构成的为企业全体成员所共享的核心价值观。这一核心价值观的形成与持续发挥作用,既依靠企业领导者坚持不懈的培育与倡导,也有赖于企业新成员修正或改变个人的价值观而接受组织的核心价值,而后一方面,恰恰依赖于企业的文化。一般说来,任何一个组织的文化都会通过一种社会化的过程,使员工将组织的价值观内在化,"由于这种内在化,他们(员工)已经把组织的文化价值标准作为内在的东西而接受。换句话说,他们的行为与组织的期望相一致,是因为这符合他们关于什么是正确的信念"。①

(2) 企业文化作为一种意义来源和行为控制机制,引导和塑造员工的伦理意识与道德行为。依靠人们的内心信念和社会舆论予以维系,是道德行为的最重要特点。从依靠人们的内心信念指导方面说,道德行为需要有一种价值体系作为意义的源泉;从依靠社会舆论予以维系的角度说,道德行为需要一种对其形成支持并对非道德行为加以抑制的社会舆论氛围,而这两者都深深地依赖于组织的文化。首先,在当代社会,包括企业在内的各种职业集团已取代传统的家庭、教会,成为人们寻求意义和价值的重要场所。而在企业中,能够为员工提供意义和价值源泉的,只有组织的文化,特别是它的核心价值观。有研究表明,在伦理方面,人们更多的是受组织中的领导、同事而不是家庭成员的影响。其次,组织文化作为各种规章制度的唯一替代物,以习惯、习俗与舆论的方式对制度已经和尚未涵盖的领域进行行为调节,提高和保持组织成员行为的一致性。所有这一切,正如美国当代著名管理学家斯蒂芬·P. 罗宾斯(Stephen P. Robbins)所说,"定义中的文化是一种无形的、隐含的、不可捉摸而又理所当然(习以为常)的东西。但每个组织都有一套核心的假设、理念和隐含的规则来规范工作环境中员工

---

① Trevino Lindek, Nelson Kathrin A. Managing business ethics. John Wiley & Song Inc, 1999.

的日常行为，除非组织的新成员学会按这些规则做事，否则他不会成为组织的一员"。①

(二) 企业伦理文化的内涵

企业伦理文化，是从伦理角度对企业活动的一种综合分析，它是企业在实践中所包含的道德精神、伦理规范、道德习俗的总和。企业实践是企业的计划、经营、生产、销售、人事、财务等活动的统一体，其中并不存在单纯的伦理活动，但企业的每一种实践方式，都无不体现着一定的伦理观念，显现出作为主体的企业所崇奉的道德价值。企业伦理文化强调作为实践主体的企业自身的道德形象——它是企业道德精神的体现，强调企业的社会责任、自然责任、人际关系，强调文明健康的企业道德的习俗。企业伦理文化是现代企业文化的重要组成部分，它是一种社会意识，是一种微观的道德文化，同时又是一种新的富有效力的管理观念，即以人为核心，用道德观念和道德规范来调节企业与员工的行为，尊重人，发挥每个员工的创造性，强调通过企业整体目标和员工个人发展之间的协调，实行人本主义的管理方式，提高每个人的责任心，增强企业的竞争力。

美国企业伦理学家詹姆斯·E. 波斯特等（James E. Post et al., 1998）指出："个人价值和伦理特征在改进一个企业的伦理行为方面起着重要作用，然而，这种作用不是单独发挥的，因为个人价值观还受一个企业文化的影响。"② 戴维·J. 弗里切（David J. Fritzsche, 1999）也指出："虽然决策者个人价值观左右着私人生活中的伦理决策，但在职业生活中，个人价值被组织结构中的其他力量中和了，这些力量能改变个人价值观在决策中的作用。"③ 1990年，本杰明·施耐德（Benjamin Schneider, 1990）出版了他的专著《组织气氛与文化》，书中提出了一个关于社会文化、组织文化、组织气氛与管理过程、员工的工作态度、工作行为和组织效益的关系模型。在这个模型中，组织文化通过影响人力资源的管理实践，影响组织气氛，进而影响员工的工作态度、工作行为以及对组织的奉献精神，最终影响组织的生产效益。在组织文化中，组织的伦理价值观是核心。我国学者陈荣耀（2001）认为，企业伦理构成企业最重要的无形资产。"企业文化力与管理体制"是企业核心竞争力的重要因素，"在这一方面，价值观为核心要

---

① （美）斯蒂芬·P. 罗宾斯：《组织行为学》，孙建敏、李原等译，中国人民大学出版社1997年版，第526页。
② （美）詹姆斯·E. 波斯特等：《企业与社会》（英文版）（第9版），机械工业出版社1998版，第121页。
③ （美）戴维·J. 弗里切：《商业伦理学》，杨斌等译，机械工业出版社1999年版。

素，它决定企业的态度、行为与规范；同时，合理的激励机制，有效的人事氛围，都使企业形成具有凝集效应的竞争力"。① 温世俊（2011）指出，企业伦理是企业在经营管理过程中必须遵守的道德规范，企业作为一个重要市场要素和社会要素，在其运行中就必须要讲求伦理和实施伦理。②

企业伦理文化在注重企业管理技术和方法的基础上，更多强调的是企业赖以生存和发展的精神环境和外部环境，强调的是企业文化的伦理底蕴，尤其注重"人"在现代企业中的积极作用。企业伦理文化重点从伦理道德角度来认识和阐述企业文化，根据不同形式的文化内容，"寓文化于管理"之中，以克服企业员工对思想说教的抵触情绪。企业伦理文化的产生和迅猛发展决非偶然，它既是社会文化深入发展的产物，又是文化学、管理学不断发展的必然结果。特别是第三次技术革命加速了生产方式和管理方式的变革，促使劳动者向智能型转化，极大提高了劳动者的文化素质和自尊意识，使"人"在生产力诸要素中的主要地位越来越突出。

二、企业伦理文化的主要特征

（一）稳定性

作为企业文化的组成部分，企业伦理文化当然兼具有企业文化的特性。企业伦理文化一旦形成，便具有相对的稳定性。企业的伦理文化是结合企业及其员工的特点而形成的，是符合企业发展和员工特点的文化。因此，企业伦理文化会通过企业的员工得到稳定和传承。另外，随着企业对企业文化建设的重视和企业强文化的形成，企业伦理文化的稳定性会得到进一步的加强。

（二）荣辱与共的团队精神

"团队精神"是把企业变成一个命运共同体的精神支柱，是使企业取得竞争优势的内在基础。戴维·布雷德福和艾伦·科恩（Bradford & Cohen, 1985）指出："要想取得卓越的成效，就必须创造出高效率的团队。这种团队能想出高明的解决办法，能在成员之间进行协调，并且担负起整个部门的管理责任。"③ "团队精神"就是通过设定共同的价值观和崇高目标，在企业内部形成一种合力，充分发挥企业整体效应和整体功能，以及每一位个体的智慧和才干的企业精神。

---

① 陈荣耀：《企业伦理》，华东师范大学出版社2001年版，第296页。
② 参见温世俊：《当前我国企业伦理建设的实践和思考》，载《科学之友》，2011年第3期。
③ （美）戴维·布雷德福、艾伦·科恩：《追求卓越的管理》，中国友谊出版社1985年版。

"团队精神"是一种"合作文化",它在企业内部倡导一种有限竞争,强调和谐一致及良好的人际关系,认为这是保证发挥企业整体效应的关键。"团队精神"改变了传统理性管理模式激励个体的做法,把激励群体作为维护企业内部团结、提高企业对外竞争能力的有效手段。"团队精神"一旦在群体中形成心理定势,既可通过明确的意识支配行为,也可通过潜意识产生行为。其信念化的结果,会大大提高员工主动承担责任和修正个人行为的自觉性,从而主动地关注企业前途,维护企业声誉,为企业贡献自己的全部力量。

（三）人本性

企业文化以"人"为终极关怀目标。这里的"人"包括与企业发展紧密相关的企业中的人——员工及股东,以及企业外的人——消费者。一方面,现在越来越多的企业家意识到,在我们这个快节奏的社会中,一个企业的事业成功离不开有创造性的、训练有素的、富于激情的和具有献身精神的雇员的积极合作与贡献,所以企业家追求以员工生活得更好为企业文化构建的出发点,力争营造良好的企业氛围,满足员工的需要,提高员工的士气。另一方面,追求生活质量的不断提高已成为现代社会发展的大趋势,它对企业的经营活动提出了全新的要求,那就是企业为消费者提供的产品或服务,不仅要考虑到产品的可用性与耐用性,还要考虑到消费者的经济承受力、审美需求与心理需求,以及产品的售前、售中与售后服务。所以,基于对消费者的社会责任,企业文化构建中就特别强调品质文化与服务文化,及时、准确、主动地捕捉与引导消费者的新需求。

（四）生态性

企业文化关注可持续发展与环境友好的承诺,随着社会的不断进步与发展,人类生存环境日益恶劣,保护生态环境的呼声日盛。基于社会责任的企业文化也应关注环境问题,做出对环境友好的承诺。即企业在生产经营、追逐商业利润的过程中,必须承担环境保护的职责。这些职责主要包括:不采取损害环境的生产方法、工艺流程,如果在生产经营中出现了损害环境的现象,企业绝不推诿,而要主动承担起责任,做出相应的赔偿。同时,企业文化内涵中还应有关注可持续发展之义,这里的可持续发展是从满足当代人需求,又不损害子孙后代满足其需求能力的发展的角度来认知的。中国的企业只有认识到企业社会责任的重要性并把这种伦理观念融入到企业的精神文化、物质文化与行为文化中去,才能够取得社会的信任与支持,企业也才会获得永续经营与发展的动力与支柱。

三、企业伦理文化的建立

企业伦理文化的建立,是出自企业组织的活动目的。企业作为经济组织和市场主体,其活动离不开市场的客观要求。企业的全部活动都必须围绕市场,满足市场的多种要求,企业活动的目的就是不断提高和改进自身适应市场、满足市场的能力。为提高企业能力而建立企业伦理文化,是企业的基本出发点。企业伦理文化的建立是根据伦理文化的主要内容,在企业及其员工的行为活动中确立行为的准则和标准,以此构成企业和员工的道德规范及行为规范。它主要包括以下几个方面的内容。

(一)树立经营理念,实行文明经营

经营理念就是价值观和企业伦理在经营活动上的体现。所谓文明经营,是指现代企业以社会价值观为基础,以一定的价值取向来确定的经营活动的行为准则。文明经营的内容十分广泛,除了要求企业自觉履行社会义务以外,还包括企业如何处理与外部的各种关系。例如:企业不是单纯追求自身利益的最大化,而是把自身利益的实现同消费者主体地位结合起来,把满足顾客的需求作为企业的宗旨;企业不仅要赚钱,同时更加强调诚信,严守信誉,履行协议;企业要积极地参与竞争,不断增强竞争实力,同时又讲求理性竞争,协作竞争,广泛合作,遵纪守法;经营者以经营看社会,向市场要效益,同时又以文化看社会,以良心对市场。这就要求经营者要有职业道德,讲职业责任,对职业行为有是非观、美丑观。

(二)以业绩为导向,以效率为目标

企业组织活动是围绕业绩和效率进行的,没有业绩,企业就不能生存,没有效率,企业就不会获得竞争的胜利。因此,企业的所有员工都必须创造业绩。企业各级组织都要确立可实现的目标并为实现目标作出努力,建立评估行为和绩效的标准。管理者必须注重员工绩效的质量和数量,对绩效进行跟踪,通过各种激励手段刺激绩效;一般员工则应当具有主动性,担负起绩效责任,最大限度地利用可用资源,高效率地完成任务。

(三)正确处理企业与员工的利益关系

正确处理企业与员工的利益关系是企业伦理文化建设的基本要求。市场经济

是利益驱动的经济，企业各方追求各自利益是正当行为，关键在于引导员工用正确的手段和方式获得利益。企业伦理建设要求企业与员工必须"取利有道"，获利前提是遵纪守法，公平竞争。所以，在进行企业伦理建设中，培养"以义取利"的精神，确立正确的"义利"观，是正确处理好企业与员工关系的首要问题。同时，通过教育，使员工增强紧迫感和责任感，将对自身利益的关注和期望转化为动力，激发工作积极性。一方面，企业制订规划和目标时要充分考虑员工的各种利益需求，使员工共同的价值取向尽可能体现在企业目标之中。另一方面，企业目标确定后要广泛进行宣传教育，使员工树立全局意识，自觉矫正自己的价值取向，使之与企业目标相一致，把注意力集中到参与市场竞争、搞好生产经营和提高企业效益上，做好自己的事，做好今天的事。

（四）坚持伦理道德教育，树立良心观

企业伦理文化建设是有计划、有组织地对员工所进行的道德教育和调控活动。要做到以员工的经常性教育为起点，反复的道德实践活动为前提；做到从我做起，从小事做起，从一点一滴做起。注意加强员工的学习培训，不断加深认识，提高员工伦理道德素质，增强员工的责任感和义务感，促进自我完善、自我发展及品质、情感和理性的升华。在市场经济条件下，任何生活领域都离不开伦理道德调控，而良心启迪则是道德调控的重要手段。良心是由知识和全部生活方式决定的，伦理道德是由人的良心来约束，而不是靠法律来约束的。在企业伦理道德教育中，企业应提倡良心观，就是增强员工对本职工作和自身行为的责任感和道德感。讲伦理道德意味着尽义务，讲良心意味着担责任。因此，凭良心做好本职工作，不损人利己，尊重他人，从义行善，无害人之心、欺人之意，使个人利益与企业利益始终协调一致，这是良心最起码的表现和要求。

（五）明确企业的社会责任，履行企业的社会义务

企业的社会责任主要分为三个层次。第一个层次，是义务性的社会责任。它是企业必须履行的、最起码应承担的社会责任，包括法律法规已有规定的和虽然法律法规没有具体规定但社会有普遍共识的社会义务。比如，对国家，企业要依法登记、照章纳税；对员工，企业要提供相应的报酬。第二个层次，是反应式的社会责任。它是在第一个层次社会义务的基础上对社会责任精神的扩展，企业对社会责任的履行由被动上升到主动、自觉的状态。第三个层次，是前瞻性的社会责任。企业不再仅仅是一个以盈利为动机的市场主体，而且是维持社会经济繁荣和稳定并能够持续发展的主体力量，肩负着保持资源稳定和生态平衡、兼顾效率

与公平、保持物价稳定、实现充分就业、提高人民生活质量并创造更多的社会文明的重任。企业通过技术开发和生产经营活动，促进科学技术的发展和新产品、新技术的涌现，通过文化建设和制度创新引导社会价值观的改变，从一个更高层次及人本主义角度研究顾客、员工，并满足其未来的需要。

美国兰德公司的专家花了 20 多年时间，跟踪了 500 多家世界大企业，最后发现其中 100 年不衰的企业的一个共同特点是：这些企业不再以追求利润作为唯一目标，而是有超越利润的社会目标。具体地说，这些企业都遵循了以下三条基本价值准则：人的价值高于物的价值；共同价值高于个人价值；社会价值高于利润价值或用户价值高于生产价值。一个企业的价值观是它选择发展领域、确定自己长期奋斗目标和经营战略的基础，是企业吸引和凝聚优秀人才、不断保持旺盛精力的源泉，是管理者和员工思维方式、判断事物的准则，是企业建立自己的业绩评价体系和利润分配制度的基本原则，是它的立身之本和成败所在。

第三节 企业社会责任：一种新型的企业文化

一、企业社会责任的文化实质

企业价值观是企业文化的核心，它渗透于企业经营管理的各个环节，支配着从企业家到员工的思想和行为。企业文化的创新首先是企业价值观的创新。企业社会责任重塑和创新了企业的价值观念，在企业形象、企业风俗、企业作风、行为准则以及企业礼仪等方面建立起一种崭新的文化范式。企业社会责任的本质是在经济全球化背景下，企业对自身经济行为的道德约束，它既是企业的宗旨和经营理念，又是企业用来约束企业内部包括供应商生产、经营、供给的一套管理措施和评估体系。企业社会责任是企业文化在当今经济全球化趋势下的新的变化和外在具体表现。

（一）企业社会责任是企业文化的价值观

企业社会责任是企业追求的有利于社会进步和企业发展的长远目标和义务。著名管理学者斯蒂芬·罗宾斯（Stephen Robbins）指出：社会责任加入了一种道德规则，促使人们从事使社会变得更加美好的事情，而不做那些有损于社会的事情。社会责任要求企业决定什么是对的，什么是错的，树立正确的企业价值观念。企业社会责任在本质上是企业文化中的价值观念，属于企业的精神文化，并贯穿、体现在制度文化、行为文化和物质文化之中。企业的社会责任要求企业不仅要满足消费者的需求，增加本企业的利润，还要兼顾社会公众长期的根本利益，求得企业利润、消费者需求和社会利益三者的相互协调。关注社会、关注公众利益，担负起社会责任正成为企业文化中的一种道德自律和价值观念。

（二）企业社会责任是企业文化的社会形象符号

社会责任是企业的社会形象表现。一个企业处在公共环境中，需要社会各方提供服务、支持和帮助，那么它在追求自身利益的同时，也必须承担社会责任，站在公众利益的立场上，协调平衡各种社会关系，给企业创造良好的社会氛围，履行一定的社会责任和义务。否则，其经营活动必然要受到来自方方面面的阻碍，影响其经营目标的实现。随着社会的发展和进步，公众对企业应该承担社会责任的期望也在急剧增长，公众支持并赞许企业在追求经济目标的同时追求更多的社会目标。企业的行为如果与公众期望的一致，则必然能赢得良好的口碑，树立良好的企业形象，赢得更多的顾客，为企业营造良好的、宽松的销售氛围。此外，如果一个企业严于律己，严格履行它的社会义务并积极承担社会责任，可以直接有效地减少政府的调节和干预，与政府建立和发展良好的公共关系。

（三）企业社会责任是企业文化中的营销理念

从营销的角度来看，社会责任又是一种营销理念，它能直接增加产品的销量，获得利润。将企业的营销活动与社会公益事业等结合起来，能够淡化企业的商业气息，缩短与消费者的距离，使消费者在自觉和不自觉的心理情感体验中接受产品，促进企业利润的增加。当前，许多商家已意识到这一点，热衷于完善自己的行为和支持社会公益事业，并取得了相当好的效果。

总之，企业社会责任在本质上属于企业文化，是企业文化的一个新的内容；同时，企业社会责任又影响了企业文化的方向和内容。

二、企业社会责任对企业价值观念的重塑和创新

企业价值观是企业文化的核心和基石，它为企业和全体员工提供了共同的思想意识、精神信仰和日常行为准则，直接决定着企业的战略决策，关系到企业的工作绩效、生存能力和成败得失。企业的价值观是区别不同类型的企业文化的依据，关系着企业的发展方向。企业社会责任对企业价值观的重塑和创新体现在以下几个方面。

(一) 从"手段人"到"目的人"

在传统管理中，人被看作实现企业利益最大化的手段，管理者试图通过满足人的某一方面的需要来激发员工的积极性，提高生产率。视人为目的的思想随着管理与伦理的结合、社会责任观念的引入而逐渐进入管理领域。古德帕斯特和马修斯（Goodpaster & Mathews, 1982）认为，"尊重人，把人看作目的，而不仅仅是实现目的的手段，是企业社会责任概念的核心"。企业社会责任的基本出发点是"以人为本"，尊重每个人的尊严、权利、价值和愿望，不仅仅是对员工的尊重，而且包括所有的人。这使企业员工的主体地位发生了历史性的变化。各种物质、精神需求的满足，工作满意度的提高，工作生活质量的提高等，不再仅仅具有手段的属性，而是逐渐向着目的的属性转化。一个有社会责任的企业要意识到自己不仅有在物质产品和服务方面满足社会需要的责任，而且有责任和义务培养和造就高质量、高素质、高满意度的社会成员。

(二) 从"经济人"到"全面人"

企业社会责任建设改变了传统的"以经济增长为重点"的发展战略，转而注重社会的全面协调发展。在企业内部，就是要高扬人的主体精神，关注人的价值、意义和尊严，使企业员工超越经济人的传统狭隘定位，同时也拓展了企业文化把企业员工当作社会人的视野，使之成为一个人文人、精神人，具有健康合理的价值理想和人文精神，使人与人、人与自然、人的肉体和精神、企业和社会相协调，合理利用资源，维护生态平衡，保护环境质量，尊重生态尊严。因此，塑造企业人的人文精神，培养企业人的道德理性，确立企业人的价值理想，造就具有丰富人性的全面人角色，是企业社会责任融入后的企业文化新动向。

(三) 从义务到责任

企业在遵守法律的基础上追求经济利润，是企业文化的应有之义。企业在担负了它的经济责任和法律责任（如照章纳税）之后，只是履行了它的社会义务，达到了法律规定的最低要求，还不算完成了企业对社会的责任。社会责任不仅仅限于符合基本的经济和法律标准，它给企业文化加入了伦理道德准则，鼓励企业在经营中增强社会责任感，不做有损于社会公益的事情。从义务到责任的认识和实践转换，推动企业文化的提升和社会的进步。

(四) 从效率到公平

传统的企业文化强调"以人为本"的目的是为了提高企业的经济效率。而企业社会责任建设，除了重视企业的经营效率之外，还把企业公正、社会公平提到一个前所未有的高度。企业作为经济实体，必须创造利润；而作为一种群体组织，它必须为成员服务，为成员提供生产、成长条件，促进成员的发展和价值实现；作为社会基本单位，它必须为整个社会的发展提供物质动力和精神动力，积累物质财富和精神财富，服务于社会的全面进步。这种社会责任，其实就是社会公平。这种公平集中体现在个人、企业和社会之间的纵向利益关系，个人之间、企业之间的横向利益关系，以及所有者、生产者、消费者之间的环形利益关系上。

（五）从经济效益到社会效益

企业社会责任建设为企业原本的功利性价值观注入了非功利性价值的内容。企业从重利轻义的单一价值观向义利并举的价值观念转变，从单纯的牟利动机意识向社会责任意识转变。毋庸置疑，企业要生存便要赢利，但是把经济利益视为唯一的价值观往往适得其反，最终使企业经营陷入困境。新时期企业价值观的重点在于重塑企业的道德良心。企业的道德良心主要是指企业对道德行为的选择和对社会的责任感，主张企业的社会价值高于利润价值，用户价值高于生产价值。企业重塑道德良心的真正意义在于建立企业社会互利的价值观。企业社会互利的价值观要求企业在确立利润水平时，把员工、企业、社会的利益统筹起来考虑，企业不仅仅是商品和服务的供应商，还必须承担起相应的社会责任。具体内容有：

（1）要提供丰富、优质的产品或服务，满足消费者的不同需求，并增进社会福利。

（2）要开展公平竞争，维护市场竞争秩序。

（3）要实施绿色营销，保护生态环境。

（4）要改善社区关系，促进社区发展。

（5）要服务于员工。

企业要在残酷的竞争中立于不败之地，就必须追求社会综合价值，而不是单纯的利润价值。只有把承担社会责任这一价值理性与利润最大化这一工具理性统一起来，企业的生命力才能永不衰竭。

（六）从注重所有者的利益到注重利益相关者的利益

传统的企业文化建设的最终目的是为了所有者的利益。顾客、员工、供应商等利益相关者只是充当了实现所有者利益的手段。企业社会责任的引入，促使人们对企业经营涉及的各种关系重新认识。人们发现,企业的所有决策,大到建新厂、开发新产品、开拓新市场等战略决策,小到选择促销方案、处理消费者投诉等日常决策,不仅会给企业及其所有者带来利益或损失,而且会对其他利益相关者产生正面或负面的影响。企业与利益相关者之间存在着相互依赖的关系。哈佛大学研究人员科特和赫斯克特(Kotter & Heskett, 1992)的一项研究也表明,关心利益相关者利益的企业能比排斥利益相关者的企业做得更好。他们在一个很长的时间里比较了两类公司的业绩,一类公司比较注重利益相关者的价值,另一类则只重视传统的股东价值。研究结果发现,在 11 年的时间里,同样强调员工、客户和股东利益的大公司的销售额和就业情况分别是强调股东利益至上的公司的4 倍和 8 倍。此外,研究人员在对英国一些遵循尊重利益相关者原则的公司进行研究后也发现,32 种上市股票在 3 年半时间内增长了 90%,而所有股票的平均涨幅仅为 38%[①]。企业离不开顾客、员工、供应商、社区、政府、公众,企业甚至需要竞争者,竞争可以促使企业更快地发展。这就要求企业管理者从只考虑所有者一方的赢利转变到考虑利益相关者的利益,使他们的需要也能得到一定程度的满足。

(七) 从对抗型竞争到协作型竞争

竞争是市场经济发展的必然结果,在激烈的市场竞争中,企业文化的作用在于引导企业积极主动地参与竞争,实现消费者对企业优胜劣汰的选择,使企业产生竞争的压力、动力和紧迫感,从而推动企业技术进步,提高产品质量,加强科学管理,改进产品结构,搞好售后服务工作,不断增强企业的核心竞争力。必须指出,在全球化的发展过程中,资本、商品、技术、人员等生产要素在企业之间流动的速度明显加快,规模与形式不断增加,企业的相互依存度也在不断加强,"你中有我、我中有你",相互依赖、相互竞争成为当代经济的一个显著特点和发展趋势。企业欲在激烈的全球竞争中发展壮大,必须告别传统的视竞争者为仇敌的竞争规则,创新竞争模式,与竞争对手共同生存、共同发展,倡导公平竞争和友好合作精神,把简单化的盲目竞争意识和损人利己的做法升华为一种互惠互利的生态竞争价值观。企业不是去拼抢既定的客户和市场,而是探求如何把市场做大做强,在发展中求生存,在进步中取优势。为此,现代企业既要将竞争规范,又要强调有序合作,提倡在公平竞争、友好合作的价值观指导下,立足于知识的分享和战略资源的互补,形成一种超越简单竞争方式的协作性竞争战略。

---

① 参见(英)大卫·威勒、(芬)玛丽亚·西兰琶:《利益相关者公司——利益相关者价值最大化之蓝图》,张丽华译,经济管理出版社 2002 年版,第 66 页。

(八) 从遵守法律到法律与道德并重

传统的企业经营理念认为，企业只要不违法经营，做什么、怎么做都行。企业社会责任要求企业仅仅守法显然是不够的。这不仅是因为法律存在着市场失灵等不足，而且因为一个企业如果只简单地奉行守法原则，就不大可能去积极从事那些应该受到鼓励的以及有外部影响的行为。哈佛大学教授林恩·夏普·佩因（Lynn Sharp Paine，1999）指出："法律不能激发人们追求卓越，它不是榜样行为的准则，甚至不是良好行为的准则，那些把从伦理定义为遵守法律的管理者隐含着用平庸的道德规范来指导企业。"崇高的企业目标，统一而高尚的企业道德规范，可以赋予企业日常的生产经营活动以更深刻的内涵，使企业的经营活动具有某种道德生活的性质。企业社会责任提升了企业员工的生存价值，满足了他们更高层次的精神需求。这种需求的满足会进一步激发员工的积极性、创造性和敬业精神，从而更有利于企业经济目标的实现。

(九) 从满足需求到客户满意

客户满意文化出现在企业社会责任之后，二者有着不可分割的联系。所谓客户满意文化，是指企业构建的以提高顾客满意指标和顾客满意度为核心，从顾客角度出发，分析、判断、调整企业生产经营活动的文化。不过，这里所说的顾客是一个广义的、发散的概念，不是指我们平常所说的产品或服务的消费者，而是指任何接受或可能接受商品或服务的对象。客户满意实际上是客户在消费了相应的产品与服务之后感到满足的一种心理体验。客户满意的构建不是一蹴而就的，是企业长期不懈精心培育的结果。企业应通过管理创新、技术创新以及积极的宣传与营销等一系列措施来创造需求、引导消费、开拓市场，积极走在市场需求的前面，对市场需求做出主动的反应，在市场中形成一种企业引导客户的文化，从而实现企业与市场的良性互动，最后达到企业与客户双赢的目的。

从上面的论述我们可以看出，企业社会责任基本上重新塑造了企业的价值观念体系，更新了企业文化的内核。这必然能促进企业与环境、社会的协调和可持续发展。一般优秀的企业都十分注意塑造和调整其价值观，使之适应不断变化的经营环境。企业社会责任重新塑造的企业价值观是现代企业经营的"金科玉律"，是引导企业经营走上成功的"航标"。

三、企业社会责任对企业文化的作用

企业社会责任对企业文化的作用体现在以下几个方面。①

(一) 加强了企业文化的凝聚功能

企业文化的凝聚功能是指企业用共同的价值取向、行为规范和精神信念使企业上下同心、众志成城。企业文化使人们改变了以自我为中心的价值观念，树立一种以企业为中心的共同的价值观念，从而潜意识里对企业产生一种强烈的向心力。企业社会责任作为企业文化中的一种伦理要素，大大加强了企业与员工之间的责任关系，提高了企业的凝聚力和战斗力。根据心理契约理论，企业员工在与企业确定正式的劳动合同之外，还会形成自己的心理契约。员工的心理契约受很多因素的影响。除了正式合同中的条款外，企业的各种行为都是影响员工心理契约的重要因素。如果员工感觉到企业讲究社会公德，公平地对待员工，尊重员工的人格和权利，员工就容易形成关系型的心理契约，对企业的信任感、归属感和忠诚感将大大增强。

(二) 明确了企业文化的导向功能

企业文化的导向功能是指把企业员工的个人目标引导到企业所确定的目标上来。作为企业和员工共同价值观念和共同利益的反映，企业文化可以使广大员工在特定文化氛围中潜移默化地接受共同的价值理念，引导员工自觉遵循企业价值观，使自己的思想言行符合企业文化的要求，形成一股企业发展的合力。企业社会责任为企业文化规定了明确的伦理方向，以强烈的、遍及企业内外的社会责任号召员工实现企业的社会目标，凝聚起员工共同的社会价值观念，呈现出积极追求社会理想的精神风貌。

(三) 增强了企业文化的激励功能

企业文化的激励功能是指通过企业文化的作用，激励企业员工向困难挑战，向自我挑战。企业文化是特定群体的行为价值标准，依照这一特定标准做事将会受到群体内公众的认可，好的思想和行为会受到大家的赞扬。这种机制能激励他人做得更好更完善，以致推动企业形成强有力的文化价值氛围，产生巨大的企业

---

① 参见黎友焕：《基于医院社会责任理念的医院价值观重塑》，载《创新》，2010年第6期。

凝聚力和集体智慧，并使每个企业成员都乐意为争取实现企业的总体目标而努力学习、工作和生活，做出较大贡献而获得奖励，得到精神与物质的满足，实现自我价值。企业社会责任建设能够提供给企业员工多种需要的满足，又能培育他们各种不同的需要，它从思想意识观念到客观环境对员工进行全方位的积极渗透、影响，充分发挥出激励的功能，同时，又能避免传统激励方法所引起的企业各种行为的短期化、非集体主义的倾向，使企业的行为趋向合理化。

（四）强化了企业文化的约束功能

企业文化的约束功能是指利用共同的行为规范和思想意识对企业员工的思想、行为起到有力的约束作用。企业文化一经形成，就成为一种"文化定势"，使人们自然而然地按照既成的模式思维和行动，而超出模式的思想和行为就会受到群众舆论和内在思想、情感压力的无形约束。企业社会责任把外在的制度约束内化为企业员工自觉的行为，用一种无形的文化上的约束力量，形成一种行为规范，缓解员工自治心理与被治心理形成的冲突，并削弱由此引起的心理抵抗力，从而使企业上下达成统一、和谐和默契。

（五）扩展了企业文化的辐射功能

企业文化的辐射功能是指企业文化不仅对企业本身，还对社会产生一定的影响。社会影响着企业文化的发展，而企业文化也把自己的影响扩大和渗透到社会中去，影响着社会的发展。企业社会责任一旦成为企业文化中的新型价值观体系，就不仅能在企业内部营造良好的氛围，而且也会通过各种渠道辐射到企业界和整个社会，为社会所认可。企业通过交流和经验推广，进一步扩大企业在社会上的良性影响，进而在消费者和社会公众中树立良好的信誉。同时，这种社会影响反过来又会影响到社会文化的发展和进步，从而全面促进企业经济效益和社会效益的提高。

（六）有利于中外企业文化的融合

企业文化的融合必须有一个交流、互动的共同平台。和形形色色的企业文化明显不同的是，企业社会责任建设是在发达国家的企业主导之下，发展中国家的企业积极跟进并加以发展的一种企业战略举措，它从产生之日起就具有鲜明的国际性特征。这和企业文化的本土色彩形成了强烈的对比。企业的社会责任要解决的一个主要问题是资本与公众的矛盾，以及企业与消费者的矛盾。要搞清洁生产，减少污染，保护环境，就要减少利润。企业是否诚实地为顾客服务，是否提供优质的服务产品，都关系到企业的精神和文化。优秀企业的精神和文化不光是各国企业，也是整个人类社会共同追求的理想目标。因此，企业社会责任无论从影响的范围上，还是从人类的共同意识上或者提倡的内容上来看，都是当前中外企业文化对接的平台。我国企业也应趁国际企业社会责任运动蓬勃发展的有利时机，积极吸纳世界优秀企业建设企业社会责任的一些成功经验和有益尝试，在观念层面和制度层面早日实现与国外优秀企业文化的对接。

第四节　我国企业文化中社会责任的缺失及对策

黎友焕（2007）认为，企业文化是企业经营管理最深厚的底蕴，它是通过蕴藏在企业活动背后的心理、伦理、传统、价值观念而形成的。[①] 建设企业文化是一个漫长的过程，要针对企业和社会经济发展的不同阶段进行打造。但是在我国企业文化建设过程中，缺少了企业社会责任的建设，我国企业必须完善文化建设中的社会责任建设，把社会责任建设上升到文化层次。

一、我国企业文化中社会责任的缺失

目前，虽然在声势浩大的企业社会责任运动全球化国际潮流中，我国部分企业也做出了积极回应，开始以更加积极的态度来应对企业社会责任问题。但从总体层面来看，我国企业社会责任缺失的状况仍然不容乐观。

（一）企业社会责任制度缺失

企业社会责任加强的根本途径是企业的道德自律。道德自律不可能完全建立在思想觉悟和自愿的基础上，如果能把某些企业社会责任准则规范化，形成内部的各种管理制度，就可以达到良好的效果。因为制度具有伦理教育作用，通过对超出这一范围的活动进行惩罚的方式对某种行为倾向进行规范，并使这种规范的行为转化为一种习惯行为。此时，外在的制度约束就转化为个人的自我约束，从而提高人们的伦理道德水平。

---

① 参见黎友焕：《企业社会责任在中国：广东社会责任建设前沿报告》，华南理工大学出版社2007年版。

(二) 企业社会责任意识淡薄

现阶段我国企业社会责任教育滞后,高层管理者往往忽视社会责任的重要性,责任意识不强;管理者对企业的社会责任了解不多,对部分非道德行为采取容忍的态度,把不道德行为归因于社会环境。员工是企业生产经营活动的主体,他们的社会责任意识状况对企业的发展至关重要。现在许多员工缺乏相应的社会责任知识,对企业无感情,责任意识淡薄,关心得更多的是自己的物质利益,对企业的发展不感兴趣。

(三) 企业商业诚信意识缺失

商业信用是市场经济良好运行的基础,良好的商业信用是企业履行社会责任的重要因素。随着我国市场经济的不断推行,三角债、假冒伪劣产品、合作中的任意违约行为、交易中的拖欠赖账等行为愈演愈烈。在我国经济生活中、证券市场上,诚信严重缺失。在经济生活中,有相当一部分企业未秉承诚信的经营理念,失信、欺诈行为相当严重,违约现象比比皆是。目前,我国企业商业信用缺失问题主要表现为:一是企业财务造假事件频发,根据对企业有利的财务需求隐瞒利润或虚报扩大利润成为行业潜规则,甚至滋生了专业的财务中介;二是企业合同违约和合同诈骗的比例逐年攀升,已经成为市场经济发展过程中的一大"毒瘤";三是企业间的多角债务造成了恶性循环,严重影响了经济的正常运行;四是商业贿赂屡禁不止,银行贷款、公司上市、工程招标、产品营销等各个环节均有此类现象发生。[①] 诚信缺失已成为企业发展的巨大障碍。社会呼唤的诚信与企业的诚信操守形成了巨大的反差。

(四) 企业伦理品质和伦理制度丧失

企业管理者和经营者的行为和精神气质,创造和体现着市场经济所要求的伦理规范。企业的伦理品质,是企业实践市场经济伦理规范所表现出的道德观念和行为倾向等的综合状况,它是企业参与市场经济活动的伦理品格。然而,市场经济和企业的趋利性,使一些企业的伦理品质在减少甚至丧失。如诚实守信品质的丧失、勤俭节约品质的丧失和社会责任精神的缺失。在企业伦理品质丧失的同时,企业伦理制度也在丧失。伦理制度是伦理品质实现的形式,它是制度通过其强制性的准则、规则在整合和调节各种利益矛盾时表现出来的伦理性和伦理功

---

① 参见刘建花:《我国企业社会责任的缺失与推进路径研究》,载《济南大学学报:社会科学版》,2013 年第 1 期。

能，制度的合理性、公正性是企业伦理制度的基础。目前在企业发展中，由于产权制度、组织制度、管理制度都不健全，责任、权利、义务关系模糊，使一些违法乱纪行为猖獗，如转移国有资产、做假账、违反财经纪律、侵犯员工合法权益，这些现象正是企业缺乏合理公正的制度约束的产物。伦理制度的缺失，使公平和正义的伦理原则得不到实现。

二、完善企业文化中社会责任建设的对策

刘文霞（2013）指出，企业只有从价值观和文化的角度高度重视社会责任，将企业的社会责任纳入企业目标和战略管理之中，企业的社会责任行为才能够持久和系统发展。在企业社会责任建设中，政府是一支重要的主导力量。对于政府在完善企业文化中社会责任建设的作用，李新颖（2013）认为，政府必须正视自身在企业社会责任建设中的积极作用，在鼓励和倡导企业履行社会责任，制定与完善企业社会责任的法律规范，营造企业社会责任建设的政策环境，促进企业社会责任的交流与合作等方面推动企业社会责任建设，实现企业与社会的和谐发展。企业能否为顾客服务，是否能提供优质的服务和产品，这些都与企业的精神与文化密不可分。企业承担社会责任，必须通过企业文化的建立为载体来实现。

（一）树立"企业文化创新是核心竞争力"的理念

企业创新包括技术创新、制度创新、管理战略创新和企业文化创新，其中企业文化创新才是企业核心竞争力最为重要的，特别是对于处在转型期面对经济全球化的中国企业来说，文化和观念的转变与创新是中国企业形成核心竞争力的根本。中国特有的国情使中国企业的文化创新在形成核心竞争力时成为最为突出的制约因素，因此应该实事求是地把企业文化与观念的创新摆在第一位。同时，随着知识经济席卷全球和经济全球化，世界先进文化要求我们不断跟上并有新的突破，这也要求我们把文化与观念创新摆在第一位。事实上，其余三种创新都是在文化创新的大背景下进行的。首先，没有一个好的文化创新氛围，就不能产生一个好的制度创新，不能形成良好的制度安排。制度创新与文化创新是互动的，在制度变革中常常促使了文化创新，文化创新又促使制度创新，形成一个相互促进的机制。有时制度创新先于文化创新，可是如果没有好文化的接受，新的制度也无法取得好的效果，难以发挥强大的制度创新推动力。其次，没有一个好的文化基础，就难以创新出一个好的适应该文化的经营战略。只有造就一个善于学习、勇于创新的良好文化环境，才能使人的知识和能力不断提高、不断集聚，从而使企业充分发挥自身的比较优势，并形成竞争优势，最终形成企业核心竞争力。最

后，没有一个好的文化创新先导，就难以产生出先进的满足市场需要的技术创新。企业技术创新是企业竞争取胜和不断升级的原动力。当代科技创新的高密化、集聚化、一体化和加速化，大大促进了整个社会的发展。企业间的竞争由产品竞争向技术创新前移，进而前移到知识竞争，前移到人的价值理念和思想观念竞争，也就是文化与思想观念等方面的竞争。因此，文化观念创新的先进与否最终决定了技术创新的先进与否。

（二）必须把社会责任建设上升到文化层次

企业文化中的责任意识停留在浅层次的非理性的区位上，是我国企业社会责任的现实状态。最典型的观点，就是把企业社会责任建设看成是笼络企业员工感情或是公共关系的一种有效手段。诚然，树立企业形象是企业文化建设的有机组成部分，但千万不能停留在这种水平上。因为这些都属于企业文化中的浅层次外围性的东西，企业文化的本质和核心在于塑造一种理性的价值观和企业精神。只有使全体员工在理性层次上形成一种共同的价值观和企业精神，企业员工才能真正持久地凝聚在一起，从而发挥出强大的整体力量，实现企业目标。如果企业社会责任停留在非理性的情感文化层次，没有理性化的企业宗旨、价值观和企业伦理在背后支撑，就极易导致企业和员工在经营活动上的情感化趋向，其中包括破坏生态、破坏环境、毁坏资源等非理性行为。企业社会责任建设上升不到理性层次，不塑造具有信仰和理想色彩的、融通人文精神和道德理性的企业宗旨、企业价值观、企业精神、企业伦理，就无法消除有悖于实现可持续发展的经营活动。因此，企业文化建设必须实现对非理性的情感文化的超越，走向深层次。

（三）积极履行企业的社会责任

中国的企业要融入国际社会，就必须接受西方文明所创造的代表人类进步趋向的一切有价值的成果。作为国际"游戏"规则之一的企业社会责任，所体现出的对社会公众权益的维护也是我国企业必须接受的。在目前的国际竞争格局下，商业行为符合道德标准已经成为国际社会的基本共识。国际企业社会责任守则的审核或认证是以强制性的方式贯彻社会公益，维护社会弱势群体的利益。其实质是将概念化的诚信固化为公式化的诚信。企业只有在观念上和行动上都认同企业的社会责任问题，才真正确立与世界接轨所应具备的开放的"心态"。因此，企业应从尊重员工做起，将企业道德内部制度流程化，全面履行社会责任，并形成企业自身的社会责任道德观。社会群体组织、行业协会等应积极强化与非政府国际组织间的有效沟通，通过对国际企业社会责任守则的审核或认证的准确理解，去指导企业或协助政府部门建立符合我国实际的企业失信行为惩处机制、企业的法律监督机制、社会责任管理体系的有效性评价机制等。在我国经济融入全球经济的过程中，存在着彼此交流、相互认可的障碍并不可怕。没有障碍，就没有企业文化的融合；而没有文化的融合，就不会有企业的发展。

（四）制定伦理准则，确立诚信导向

伦理准则是企业社会责任建设的基础。社会责任准则不仅指导企业的计划、决策和业绩评价，还能够从组织伦理的角度指出企业预期的投资者、成员和业务伙伴。实践中，企业可以从三方面来思考制定伦理准则：①组织的最终使命是什么？②组织的义务有哪些，其合理权利的范围是什么？③组织的主要支持者有哪些？他们的权利、要求、合理权益是什么？对上述问题的思考可以确定企业社会价值体系的要求，形象地勾画出负责任行动的领域，从而制定出指导企业行为的伦理准则。

同时，政府应该加快建立诚信奖惩机制，通过监管，大力营造企业社会责任建设的良好氛围。通过职能管理部门，对信用缺失的企业及个体经济组织进行市场准入"封杀"，对严重损害社会的企业吊销其营业执照，取消其银行账号，冻结其资产；对破坏市场经济秩序的企业要公开曝光，做出相应的处罚。要尽快建立一批有资质条件的、资信合格过硬的行业协会及中介服务组织，在政府的有效监督与管理下，充分发挥其在资信研究，立法建议，制定行业规划和行业标准、行业制度规章，协调行业和政府各方面关系，促进行业自律，加强行业从业培训等方面的作用，为构建企业伦理文化建设加油助力。

（五）注重集体协商，加强组织建设

集体合同作为集体谈判或集体协商的结果，是国际上通行的调整集体劳动关系的有效手段。随着经济的不断发展，集体合同制度应成为调整劳动关系的主要手段。这有利于工会从源头上、整体上维护职工的合法权益。因此，在协调企业劳动关系的过程中，首先，工会要重视集体合同的签订工作，对合同的内容要广泛听取职工群众的意见，把企业劳动关系中遇到的职工群众最关心的问题作为平等协商解决的重点，纳入集体合同条款，坚持劳动标准与企业发展的实际相一致，把工会维护职工的合法权益与推动企业生产经营相结合，提高集体合同的有效性和针对性。其次，健全集体合同履行责任制和监督检查制度，加强督促和动态管理，推动合同条款的兑现。此外，工资集体协商是集体合同的核心内容，应创造条件，促进工会集体协商的正常发展。工会的作用就是增强工人的谈判力量,当工人分散地与企业进行工资谈判时,由于力量薄弱,常常难以提高工资,而工会由于具有众多会员,有较强的谈判力量,能够以较高的概率和较低的成本提高工资。

同时,企业要加强组织建设,要对下列体制给予特别注意:领导与监督、雇佣与提升、绩效评价与工资报酬、雇佣开发与教育、计划与目标设定、预算与资源分配、稽查与控制。近年来,西方一些公司创设公司伦理官员的职位或者任命伦理委员会,定期举行会议讨论伦理问题,向企业全体成员传播社会责任准则,对可能出现的违反准则的行为进行检查,奖励遵守准则者,处罚违反准则者,不断审议和更新准则,有力地支持了企业社会责任的建设。

(六) 强化道德调控机制建设

道德调控机制是社会主义市场经济管理的必要手段。企业的经济行为必须置于社会道德评价与监督之下,这样才有利于促使企业在其经济活动全过程中始终遵循伦理要求,不规避社会责任,使企业必须承担其原本不想承担的必要成本,促使经济主体的局部利益与社会整体利益自觉地协调一致。企业的经济行为能否取得相应的价值回报,在相当程度上取决于全体员工道德素质的高低以及社会责任感的强弱。因此,企业领导者或管理者的道德素质和伦理责任显得尤为重要。要想企业的经济行为符合伦理规范,就必须着力提高领导者和全体员工的道德素质,增强其社会伦理责任感。同时企业要重视从文化角度研究员工的各种需要,创造良好的文化氛围,为职工全面发展和价值实现创造条件;要尊重和重视员工的创造性,鼓励员工发挥主动性和独创性,充分释放其智慧和才能;注重对职工的培训,全面提高职工的文化水准和业务技术水平;把实现企业的价值和实现个人的价值有机地结合起来,同时达到企业兴旺发达与个人全面发展的双重目标。

(七) 构建企业社会责任制度化建设

企业社会责任制度化是加强企业伦理文化经营的有效途径,制度可以将社会责任转化为具体要求,可以进一步量化、细化到工作职责、义务等方面,以便于把握和执行。制度可涉及产品质量、服务质量、管理等各个领域,与企业内部员工及管理者的工作息息相关,因而具有较强的可操作性。构建企业社会责任制度,应正确处理企业与消费者、供应商、竞争者、环境、所有者、员工之间的关系,按照诚实信用、互惠互利、公平以及社会利益和企业利益相统一的伦理原则将有关事项进行细化,以制度的形式严格规定下来并切实执行。例如,有关劳动安全,有关人员招聘、晋升方面的人事制度,有关企业人才竞争、市场竞争、信息竞争等领域的平等、公平的竞争制度，有关真实、客观、全面信息的信息发布制度，有关包括企业的公关、广告等在内的营销制度，等等。另外，要保证制度的有效运行，还必须建立一系列的有效监督制度，包括法人治理结构，高层内部的监督，自上而下、自下而上的监督，矩阵式的横向监督，等等。

（八）将企业文化的人文精神与生态精神并重

企业社会责任要求我们的企业在生产与经营中爱护自然环境，科学地对自然资源进行合理开采，为子孙后代留下生存的资源。企业文化主要研究人与人的关系，体现的是人文精神。企业社会责任建设又为企业文化增添了恰当处理人与自然关系的生态精神。实践证明，企业文化发展的诸多方面都需要生态精神与之相结合。这是因为：第一，大部分企业在企业文化的建设过程中，重视了人的价值，却忽视了对周边环境的影响。第二，现代消费者更青睐绿色产品，企业也想通过"绿色浪潮"来提高产品的生态含量。第三，企业要实现可持续发展，"生态化"是必由之路。生态精神融入企业文化后，自然就不再被当成企业的劳动对象和可利用的资源，而是成为企业的有机统一体。这不仅可以扩大企业文化的外延，而且有利于企业树立良好的社会形象。

第五章　企业社会责任建设与企业的可持续发展

面对 21 世纪的市场发展趋势，企业如何实现可持续发展的目标，已经成为企业发展战略研究的重要课题。而企业社会责任作为建构企业与社会和谐关系的一种基本思想，其实质是对企业在现代社会中的角色进行重新定位。因此，弄清企业社会责任和企业可持续发展的内在关系，对于提高企业的核心竞争力、保持持续发展十分必要。

第一节　企业可持续发展的伦理要素：企业社会责任

一、企业可持续发展的内涵

根据研究角度不同，对可持续发展的定义有着不同的解释。英国环境经济学家皮尔斯（Pearce）将可持续发展定义为"自然资源不变前提下的经济发展，或今天的资源使用不应减少未来的实际收入"。具有代表性的学者巴比尔（Barbier）则把可持续发展定义为"在保证自然资源的质量和提供的服务前提下，使经济发展的净利益增加到最大限度"。生态、经济、社会和科学技术四方面密不可分，生态环境的持续性是基础，资源的可持续利用是条件，经济可持续发展是关键，人类社会可持续发展是目的。"可持续发展"一词最早出现于 20 世纪 80 年代，由世界自然保护同盟制定和发布的《世界自然保护大纲》（*The World Conservation Strategy*）提出。可持续发展的理念是对资源的一种管理战略，是研究如何将全部资源中的合理的一部分加以收获，使资源不受破坏，而新成长的资源数量足以弥补所收获的数量。"可持续发展"包含了当代与后代的需求、自然资源、生态承载力、环境和发展相结合等重要内容。

所谓企业可持续发展，也称企业可持续成长，是指企业在追求生存和发展的过程中，既要考虑经营目标的实现，提高企业市场地位，又要保持在已领先的竞争领域和未来的扩展经营环境中始终保持持续的盈利增长和能力的提高，保证企业在相当长的时间内整体实力不断增强。我们可以从以下三个方面来深化对企业可持续发展内涵的理解。

（一）企业可持续发展的目的是发展

发展是指事物由小到大、由简单到复杂、由低级到高级的运动，它不仅表现为"量"的扩大，更表现为"质"的提高。企业可持续发展，不仅表现为企业经营资源单纯量的增加，包括资产的增值、销售额的增加、盈利的提高、人员的增多等，还表现为企业经营资源性质的合理变化、结构的有效重构、支配主体的适合革新，以及企业创新能力的增强、环境适应能力的提升、企业总价值的提高等。

（二）企业可持续发展的核心是可持续

可持续是指企业内部支持发展的各种要素在较长的时间内是可接替、可继承的，即潜力巨大、后劲充足。总结和分析国内外企业的发展历程，很容易发现，如果一个企业虽然在很短的时间内规模迅速扩张，但由于超越了自己的事业规模，往往动摇了正常发展的根基，缺少了潜力和后劲，最终就有可能难逃短命的厄运。因此，企业的发展最重要的还是要看长期的有效发展。

（三）企业可持续发展的前提是保持竞争优势

身处激烈市场竞争中的企业，只有在与其竞争对手的竞争中显现、确立并维持其强劲的竞争优势，才能够持续地生存和发展。企业要想始终保持持续的盈利增长和综合实力的提高，保证自身的长期生存和发展，不仅要正确地确定自身的使命和长期的发展战略目标，更要注重企业发展与社会的发展、资源的利用、环境的保护协调一致。也就是说，企业可持续发展的核心是从单一追求经济效益，到追求社会效益、解决资源的合理利用、积极承担社会责任等多样化追求的统一和均衡，以此保证人类生存基础，改善人类生存条件，提高人类生存质量，追求企业的永续发展。

二、企业可持续发展的影响因素

从整个社会体系运作的层面上说，企业和政府都是社会运行的机构，并且对社会产生着重要的影响，企业、政府以及社会其他部门之间是高度依存的。一个社会的法律体系、政治制度和政府法规、社会公众的态度、道德和伦理观念，以及包括科学技术和国家之间的竞争等社会变革力量，都能对企业的成本、价格和利润产生积极或消极的影响。其中与企业的可持续发展具有极强的相关性的因素主要有以下几个。

（一）企业与政府的关系

政府在市场经济管理中，主要是通过法律手段对企业的运作加以规范化的约束，同时在资助和保护企业方面又有一套帮助企业的复杂而强大的项目网络，涵盖关税保护、贷款、贷款担保、业务来源、直接资助等各方面，在很大程度上维护企业的正常运作。如果企业对政府承担相应的责任，就能避免与政府施政方针产生摩擦，为自己争取更好的发展环境，促进企业的可持续发展。

（二）企业与社会的关系

企业的可持续发展是涉及社会、人口、资源、环境等因素的企业发展战略体系。企业可持续发展受到经济、社会可持续发展的制约，同时企业可持续发展也是经济、社会可持续发展的根本推动力。

（三）企业自身的因素

除了与政府和社会的关系外，以下几个方面是影响企业可持续发展的重要而关键的环节。

1. 管理创新

管理创新是企业生存与发展的根本保证，是企业可持续发展的力量源泉。企业以市场为导向，不断更新管理理念和方法，革新与规范管理制度，使企业的管理模式能适应自身生存与发展的需求和社会环境的变化，从而为企业带来生机和最大的经济效益，确保企业的长期稳定和发展。

2. 企业文化

企业文化是企业在发展过程中形成的理想信念、价值体系与行为规范的总和。通过企业文化建设，提升员工精神境界，激发员工的创造力，提高企业的凝聚力和战斗力，为可持续发展提供强大的精神动力和优质的人力资源。

3. 技术进步

技术创新是企业发展的灵魂，是企业生存发展的核心财富，是提升企业的市场竞争力的根本途径。企业只有加大技术创新的力度，努力开发新产品，提升产品的技术含量，才能取得竞争优势。

4. 企业形象

企业形象不仅反映了企业的内在素质，而且通过环境极大地影响着企业内在素质。企业形象好坏的直接结果就是决定了企业在顾客和消费者中的社会形象地位以及顾客和消费者对企业的忠诚度和信赖度。

所以，实现企业可持续发展是一项系统工程，它涉及企业的方方面面，渗透到企业运行中的每一个环节。从以上影响企业可持续发展的因素中也可以看出，这些因素与企业的社会责任息息相关，有些因素在内容上甚至与企业社会责任重叠。

三、企业社会责任与企业可持续发展的关系

一项来自巴基斯坦大学的研究表明，在一些发展中国家，企业社会责任的教育水平与全国企业社会责任的实践水平呈明显的正相关关系，而企业社会责任对于鼓励社会经济的可持续发展有重要的推进作用。于是这些研究者建议政府、企业、大学联合起来，共同推动企业社会责任的发展。[1]

（一）企业承担社会责任是企业保持可持续发展的重要手段

据美国《财富》杂志报道，美国大约62%的企业寿命不超过5年，只有2%的企业存活时间达到50年，中小企业的平均寿命不到7年，大企业的平均寿命不足40年，一般的跨国公司平均寿命为10～12年。[2] 日本《日经实业》的调查显示，日本企业平均寿命为30年。《日本百强企业》一书记录了日本百年间的企业变迁史，在百年中，始终列入百强的企业只有一家。有数据表明，中国集团公司的平均寿命约为七八年，中小企业的平均存活寿命大体也就在三四年之间。中国每年有近100万家企业倒闭，美国每年倒闭的企业也有10万家。因此，如何让企业长盛不衰、可持续发展，成为企业家群体苦苦追寻的答案，也是管理学者着力破解的难题。当代管理学大师彼得·圣吉（Peter M. Senge，1990）认为，企业越是能够承担社会责任，就越有能力永续经营并持续成长。[3] 这一论断也成为越来越多的企业的共识。

---

[1] Memon Zahid A, Wei Yi-Ming, Robson Mark Gregory, et al. Keeping track of 'corporate social responsibility' as a business and management discipline. Pakistan Journal of Cleaner Production, 2014 (74).

[2] 参见周生伟：《中小企业的"哈姆雷特式问题"》，博锐管理在线，2006年5月16日。

[3] Senge Peter M. The fifth discipline: The art & practice of the learning organization. New York: Doubleday/Currency, 1990.

（二）企业社会责任与企业可持续发展是内在统一的

无论是企业的社会责任，还是企业的可持续发展，二者都重视与利益相关者的关系，遵纪守法以及尊重人，协调企业发展与环境保护、社会和谐的关系。可以说，企业社会责任是企业可持续发展的一种道德承诺，而企业可持续发展是企业社会责任追求的经济远景。因此，企业可持续发展与企业社会责任是内在统一的。

1. 企业社会责任是企业走可持续发展之路的内在规定

在经济全球化的趋势下，经济、社会和环境问题形成了强烈互动，并表现在它们的对立统一关系之中。随着人们价值观念、消费观念的改变，以及对可持续发展观的认同，围绕着捍卫消费者权益、劳工利益和环境保护的三大公众利益，西方社会掀起了一系列深入、广泛、持久的社会运动，包括消费者运动、劳工运动、环保运动、女权运动、社会责任投资运动和可持续发展运动等。这些捍卫公众利益的社会责任运动的不断发展，使西方社会不断推生出新的价值观和发展观并形成新的共同社会观，与这种新的共同社会观相适应的是一股能左右企业行为的市场力量，它要求企业按照其道德要求调整经营管理思路。在这种新的社会环境下，企业实现利益的途径已经从原来依靠单纯的市场竞争变换成要以社会公众利益的实现为前提，企业实施企业社会责任已经从当初以被动地处理劳工冲突和环保问题为主要内容，提升到主动地实施企业社会责任战略来提高企业竞争，实现可持续发展。

2. 企业可持续发展的伦理指向与企业社会责任完全一致

社会是企业生存和发展的现实环境，企业的发展实际上就是企业在社会提供的时空范围内不断地拓展，其可持续性必须以社会对企业的可接受性为前提，即企业生产的产品和劳务是否满足社会需要，企业的行为是否符合社会伦理规范。社会要求企业以社会利益为重，并不否认企业追求自身利益，而是要求企业在实现社会利益中追求企业自身利益，从企业社会责任出发去实现利润最大化。企业社会责任作为企业价值体系的核心，体现了企业所追求的目标和所采取的手段的道德性质，从根本上决定了企业发展的可持续性。①

3. 企业社会责任是企业可持续发展的伦理要素

企业可持续发展内在规定着企业要有一个稳定的、着眼于企业发展的长远和持续的价值观，要求企业重视资源的合理、节约利用，承担社会责任和风险，对股东、员工、消费者以及相关的社会利益整体考虑。这实际上也是一个企业的宗

---

① 参见胡孝权：《企业可持续发展与企业社会责任》，载《重庆邮电学院学报：社会科学版》，2004年第2期。

旨和社会责任。雷恩（Daniel A. Wren, 1986）在研究近代资本主义管理的基本模式及其思想理论形态的建立过程时指出："新教伦理、自由伦理、市场伦理这三种价值力量最终导致了资本主义管理模式的形成和建立。"一个企业想要持久生存下去，必须有一个强有力的社会价值观支撑。从这个意义上说，企业社会责任是企业可持续发展必不可少的伦理要素。企业社会责任与企业的生产要素一起，构成企业可持续发展的两大基本要素。

因此我们能够看出，企业社会责任在内容上完全融合于企业的可持续发展，是企业可持续发展的内在规定；它又是企业可持续发展的伦理指向和道德内容；最重要的是，它可以构成企业生存、发展的伦理要素，从另一个方向与生产要素一道推动着企业的可持续发展。

四、承担社会责任对企业可持续发展的实践意义

企业社会责任建设与企业可持续发展在内容上、伦理指向上是一致的，而且企业社会责任建设还构成了企业可持续发展的精神力量。企业积极、主动地承担社会责任有着重大的实践意义。

（一）企业履行社会责任有利于增强企业竞争力

企业的竞争力是企业能否发展壮大乃至生存的关键。企业积极地履行社会责任，首先，能够获得股东进一步的投资和债权人的融资，为企业的市场竞争获得资金支持；其次，由于企业承担起保护环境和节约资源的责任，也为企业自身的发展提供了环境和资源上的保障；最后，企业改善劳动环境以保护劳工权益，可提高员工的长期忠诚度，充分发挥员工的主动性和创造性，大大提高劳动生产率，为企业的市场竞争提供人力支持。

（二）企业履行社会责任有利于改善与各方的关系

当今企业的经营环境已经从传统的单向循环环境转变为受企业利益相关者影响的多元环境。社会问题单靠政府的力量已经无法解决，如果社会问题不能得到解决，企业的经营环境定然受到影响。企业履行社会责任，协调好与利益相关者之间关系，必将减轻政府的负担，得到政府的支持，提高公众对企业的信任度，使企业能在一个和谐的经营环境中可持续发展。

（三）企业履行社会责任有利于树立良好的企业形象

企业承担一定的社会责任，短期内虽会给自身的经营带来一定的影响，但有利于企业追求长期利润的最大化。因为社会的参与能为企业树立良好的企业形象，向社会展示一种企业家的使命感和责任感，展示企业有一支讲究奉献精神的员工队伍，这些都是企业的无形资产，可以赢得社会广大消费者和投资者的认同，并最终给企业带来长期的、潜在的利益，这足以支付承担社会责任的成本。大卫·威勒和玛丽亚·西兰琶（David Wheeler & Maria Sillanpaa，2002）研究发现，即使是在英国和美国，在20世纪大部分时间里，实行利益相关者纳入、考虑社会利益的企业，在经营绩效上要比奉行"股东至上主义"的企业更胜一筹。我国的一些上市公司，如海尔、华为、春兰等正是因为注重其企业社会责任而业绩蒸蒸日上。

（四）企业社会责任是企业长期的有效激励机制

企业获得发展的内在动力来自几个方面：对先进科学技术的掌握和运用，企业的经营管理水平，职工的劳动积极性。企业社会责任要求企业注重创新责任、经济责任和员工责任，可见企业要想获得可持续发展，履行社会责任将获得长期有效的动力。以员工责任为例，在新的现实条件下，形成企业管理者和劳动者之间的共识，是企业激励机制得以建立和运行的基础。企业社会责任作为一种激励机制，对企业管理来说，是一场新的革命。

第二节　新发展观：基于社会责任的企业发展方式的变革

企业承担社会责任是企业可持续发展与社会、经济、生态可持续发展的统一的关键。企业社会责任建设的提出，预示着企业经济活动的行为和方式将发生重大的改变。具体来说，企业的社会责任建设将使企业在首要目标、增长方式、利润观念、与资源的关系、产品成本优势来源、发展要素、收益趋势等方面产生变革。

（一）在企业的首要目标上，由求生存到求发展

"企业只有先生存下来了，才能寻求发展"，这是人们长期以来的普遍思维模式，已成为企业界流行的一句口头禅。然而，这种在传统经济时代有效的演进

逻辑，在市场竞争激烈的今天很可能是一个陷阱。因为，在传统的经济条件下，市场相对较封闭，竞争不够激烈，企业与环境、社会的互动程度还不十分强烈，企业的生存相当程度上取决于企业自身。其他的企业短期内不会威胁到自己的生存，因而企业即使不发展也有生存的可能，自然可以先求生存再图发展。然而，在现代社会规则理性、制度规范和程序公正的新环境中，企业除了应对市场的全方位竞争之外，还要恰当地处理企业的生存与发展所涉及的社会责任，企业在起始阶段就要从发展的战略高度超越生存目标。如果再按"先生存，再发展"的演进逻辑进行经营管理，企业不仅不能获得可持续发展，连基本的生存目标也会落空。

（二）在企业的增长方式上，由外延式扩张到内涵式增长

改革开放以来，我国企业偏重量的成长，以低成本、低价格、低附加值赢取市场优势，严重忽略了企业质的发展。这种以牺牲环境和忽视人力资本为代价的传统的外延式发展模式必须转向以数量增长、质量效益、生态平衡、劳动保护、人文关怀相协调的可持续发展模式。外延式扩张是一种粗放的经营模式，存在着高投入、高消耗、高污染、低产出的问题。内涵式扩大增长方式是通过提高企业的生产效率来谋求企业的发展，能节约有限的社会资源，保证经济的持续稳定发展。

（三）在企业的利润观念上，由追求利润最大化到追求社会效益最大化

在全球化的大潮中，经济、社会和环境因素强烈互动。企业不仅是区域经济的基本组织，也是区域社会的基本组织，更是一个可以直接贡献或破坏自己生存发展环境的重要角色。因此，企业不仅要追求"利润最大化"，还要为创造实现"利润最大化"的经济、社会和资源环境而努力。消除贫困、促进社区发展、保护资源环境、改善并维护职工权益被有远见的企业家视为企业发展的新机遇。在可持续发展的理念中，企业仅以追求利润最大化作为终极目标显得过于狭隘和自私，而应当承担一定的社会责任则是可持续发展的公平原则。企业在创造利润、对股东利益负责的同时，还要承担对员工、消费者、社区和环境的社会责任，包括遵守商业道德、生产安全、职业健康、保护劳动者的合法权益、保护环境，等等。基本的企业社会责任分为生产安全、职业健康和权益保障。目前，企业的社会责任主要集中在劳动合同、劳资纠纷、加班、职业健康、生产安全、权益保障等六个方面。

（四）在产品低成本优势的来源上，由压低工资到管理创新

当今时代，单纯依靠低工资的劳动力降低成本参与市场竞争，已经越来越困难了。迈克·波特（1990）早在《国家竞争战略》一书中就明确指出："竞争力与廉价劳动力之间并无必然联系。产业竞争中，生产要素非但不再扮演决定性的角色，其价值也在快速消退中。"实践证明，企业的可持续发展最终仍然要依靠技术创新、管理创新和制度创新得以实现。约瑟夫·熊彼特（Joseph Schumpeter, 1934）指出，创新活动是通过挑战现状和重新组合这样的"创造性的摧毁"过程来实现变革，由此创造出新产品、新市场、新工业、新技术以及新型的组织形式。按照熊氏的观点，创新活动是指存在于惯例范围之外的事件和程序，是对经济做出的"创造性反应"，绝不是因循守旧。文卡塔拉曼（Venkataraman, 1994）对此进行了解读："运用熊氏的定义，企业创新是一系列体现社会活力和再生能力的活动和过程，表现为个人、团体、组织或企业的合作行为。这个宽泛的定义抓住了创业者与企业创新活动的实质，无论具体的人或环境如何，它同时也强调了作为创新精神发源地的中小企业的起步和创新。另外，创新也被视为创造私人财富的法宝，并转而通过一定的过程实现社会利益，比如，增加就业率或提高就业质量；有益的创新同样有助于生活质量的提高。"[①] 企业的低成本应该建立在高科技和企业的科学管理上，而不应该建立在员工的超低工资水平之上。而社会责任管理全面改变了企业传统的成本管理战略，从过去更多地依靠降低劳动力成本到企业更多地思考员工的生产效率，重新设计制造成本，改造生产经营流程，将社会责任管理的思想应用到管理体系中。就拿我国劳动密集型的出口企业来说，廉价的劳工成本确实吸引了大量跨国公司来华投资，大大增加了我国的对外出口量。但是随着世界范围内企业社会责任运动的不断发展，通过压低劳动力工资来降低产品价格的做法越来越受到发达国家消费者的抵制。单一依靠廉价劳工优势来生产和扩大出口已不能为企业带来竞争优势，相反，一味地追求劳动力成本的降低反而会遭到国际市场的唾弃。

（五）在企业可持续发展的要素上，由依靠有形资源到依靠无形资源

在现代市场条件下，企业之间竞争制胜的关键不再是物资、设备、厂房等有形资源，而更多地依靠技术、人力资本、品牌价值、社会美誉度等无形资源。一个可持续发展的企业必定是异质性程度比较高的企业，而企业的异质性主要来源于无形资源。一个可持续发展的企业，其无形资源的价值通常远大于有形资源的

---

① Venkataraman S. Associate editor's note. Journal of Business Venturing, 1994, 9 (1): 3–6.

价值。据国际权威的资产评估机构调查估计,一个企业的无形资源的价值可以是有形资源的4~5倍。企业社会责任建设能够提升企业的社会形象,激发员工的创造潜能,增加客户的满意程度,协调社会关系等,给企业带来丰厚的无形资源价值。而且,企业社会责任是一种时空要素兼备的多维无形资源。在时间上,企业社会责任是既能把握企业的今天又可控制企业的未来的资源;在空间上,企业社会责任的有关因素可以不断扩展企业发展的空间,激活企业的有形资源。企业社会责任通过时间上的持久性和空间上的延展性功能,实现企业的可持续经营。

(六)从收益的趋势上看,社会责任的投入可能会出现边际收益递增

传统经济学有一条边际收益递减规律。其基本内容是:在技术水平不变的情况下,其他生产要素的投入不变时,一种可变的生产要素投入的增加最初会使产量增加,但当它的增加超过一定限度时,边际产量会递减,最终还会使产量绝对减少。但是,企业用于社会责任建设的投入并不遵循边际收益递减规律,初期的投入可能并不会增加企业的收益,反而会增加企业的运营成本。随着投入累积到一定程度,企业社会责任的投入就会出现边际收益递增,而且越来越具有规模效益和长久利益(黎友焕和赵景锋,2007)。

基于企业的社会责任建设,企业为保持可持续发展的企业目标、发展路径、企业竞争优势的来源,正在持续地发生着变化,这种变革的程度决定着企业可持续发展的时间长短。可以说,没有企业的社会责任,就没有企业可持续发展的未来。

第三节 竞争优势再造:企业社会责任建设的成本效益分析

短期来看,承担社会责任必然会带来企业利益的损失。从这一点来看,企业承担社会责任将带来经营成本的增加,从而影响其经营业绩。例如,为了维持一个良好的文化氛围,对慈善事业和公益事业的捐赠,都将立即加大企业成本,导致业绩下降。表面上看起来企业承担社会责任与企业绩效负相关。事实上,这只是企业短期财务绩效与企业社会责任的关系,从长远来看未必如此,著名跨国公司的长期战略规划中都包含着社会责任部分。

如图5-1所示,假设在t_0期初企业的利润为n,t_0期企业的利润以g_1的速度增长。在t_0期末企业需要决定是否积极承担社会责任。如果承担社会责任,

则需要连续两期投入相同的成本，这会在 t_1 和 t_2 两期降低企业的利润水平。但是从 t_3 期开始，企业的利润增长率因为勇于承担社会责任而得到了提升，上升到 g_2，$g_2 > g_1$，企业从此进入 B 曲线的利润增长轨道。而如果企业不积极承担社会责任，则保持原来的 A 的增长轨道。从图 5-1 可以看出，在 t_4 期企业的利润水平重新回到旧的水平之上，如果此后更多的利润能够补偿原来的利润损失，企业将勇于承担社会责任。在这一点上，世界上许多成功的企业给我们树立了良好的榜样。

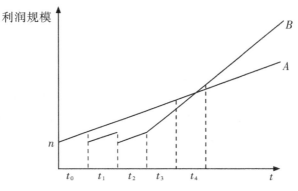

图 5-1　企业利润规模与企业社会责任的关系

一、企业社会责任增加企业的经营成本

（一）企业社会责任建设会加大企业的运营成本

企业社会责任建设必然加大企业技术、环保方面的投入，增加改善工人劳动条件的投入，引进先进的测试设备，耗费更多的时间和精力、更多的管理费用和成本，争取社会责任标准的认证费用，等等，这些必然直接增加产品成本，削弱产品的价格竞争优势，削弱我国产品在国际市场上的竞争力。就拿 SA 8000 认证来讲，认证一般需要 1 年的时间，证书有效期为 3 年，每 6 个月复查 1 次，申请认证的费用达十几万元人民币，这对国内中小企业而言是一笔不小的开销。SA 8000 有 3 种成本——评估现有状况、制定系统原则和程序、控制和记录所需的时间成本，补救措施，第三类认证审查和不断进行的控制和监督审查的成本。现阶段，我国劳动密集行业的部分工厂还严重存在着工作时间较长、职工福利较低、生活环境较差等现象，要完全达到 SA 8000 的标准，需要有较大的投入。深圳市沙井镇一家有 3 000 多名员工的港资企业，对照 SA 8000 要求，发现每月

将增加 300 万元的支出（主要是加班工资和安全设施的费用支出），企业根本无法承受[①]。受实力的限制，按照 SA 8000 标准所增加的成本将导致一些以低成本为竞争利器的制造业降低或丧失竞争力，甚至破产关闭，实际上是将这些企业挡在了发达国家市场的大门之外。

假设某企业接到外国订单的需求量为 x，产品销售价格为 p，假设每单位产品需要消耗 1 单位的劳动力（为简单起见，我们通过调整劳动力名义价格将此标准化为 1 单位），每单位劳动力的成本（工资待遇）为 c_{1l}，需要消耗 1 单位的设备成本，价格为 c_{2l}，消耗 1 单位的管理成本，价格为 c_{3l}。假设在此条件下企业的净利润 π_1 大于零，即：

$$\pi_1 = px - c_{1l}x - c_{2l}x - c_{3l}x = (p - c_{1l} - c_{2l} - c_{3l})x > 0 \quad (5-1)$$

若需求方要求该企业执行更加严格的社会责任标准，而这会导致企业需要支付给员工更高的工资、进行更多的设备投资、支付更高的管理成本，使得单位产品的劳动力成本上升为 c_{1h}，设备成本上升为 c_{2h}，管理成本上升为 c_{3h}。不过，提高员工待遇能够一定程度提高生产效率，原来一件产品需要 1 单位劳动力，现在只需要 $t < 1$ 单位的劳动力。此时，企业的净利润为：

$$\pi_2 = px - c_{1h}tx - c_{2h}x - c_{3h}x = (p - tc_{1h} - c_{2h} - c_{3h})x \quad (5-2)$$

企业是否能够在此条件下继续生存，要看 $p - tc_{1h} - c_{2h} - c_{3h}$ 是否大于零。不难看出，短期内员工的劳动生产率提高往往有限，并且员工待遇提高、新增设备投资以及出现额外管理成本在短期内给企业运转带来沉重压力，很多企业会因为 $p - tc_{1h} - c_{2h} - c_{3h} < 0$ 而被迫退出市场。另外，企业规模大的话，在执行新标准时会有优势，这是因为许多设备投资属于一次性的固定投资，规模大则成本能够平摊到更多的产品上，单位产品的设备成本上升则较小；而部分的管理成本也具有这样的性质。

（二）企业社会责任建设可能影响外商投资

我国近年来吸引外资的步伐加快，跨国公司对我国的投资无论是规模、地区，还是行业都有了飞速的发展。其中除了潜在的经济发展速度和市场之外，廉价的劳动力是外商投资的动力之一。如果企业要全面达到国际企业社会责任守则的审核或认证标准，则劳动力价格将在现有的基础上有所上升，我国劳动力优势可能会丧失，甚至变成劣势，从而降低对外资的吸引力。

不考虑其他因素，单独考虑劳动力成本对外商直接投资的影响，一种情况就

---

① 参见刘宝强：《SA 8000 标准棒打中国"血汗工厂"》，载《经济》，2004 年第 1 期。

是，当我国劳动力成本w_c上升后仍然低于其他国家的劳动力成本w_o时，外商直接投资的目的地仍然选择我国。但是，劳动力成本上升会使得一些外商直接投资变得无利可图，从而退出投资领域，我国将直接失去这部分的投资。另外一种情况是，我国的劳动力成本上升后，高于其他某些发展中国家的劳动力成本，此时将会有部分原来流向我国的直接投资转向这些低劳动力成本的国家。假设上升后我国的劳动力成本为w_c，某些发展中国家的劳动力成本为w_o，$w_o<w_c$。此时投资者将会比较资本转投到其他国家所节约的劳动力成本和投资到其他国家所带来的其他一些成本的大小，然后做出投资到何国的决定。某项投资的大小用i表示，投资后需要雇用的劳动力数量为$x(i)$，$x'(i)>0$，$x''(i)\geq0$。而投资到其他国家的额外成本为$t(i)$，可以将其理解成与投资于中国时的此类成本的差额，$t(i)>0$，$t'(i)>0$，$t''(i)<0$，即企业投资数目越大，需要支付的单位额外成本越小，体现了一种规模效应，例如企业适应当地市场环境、政府行为和修好与政府关系的成本等。所以，当$w_c x(i)>w_o x(i)+t(i)$，即$(w_c-w_o)x(i)>t(i)$时，企业会放弃在中国投资或者将投资撤离中国。具体如图5-2所示。在我国工资上升到w_{c0}的情况下，投资规模大于i_0的项目都不会投资到中国，只有小于i_0的项目会到中国来。在我国工资上升到更高的w_{c1}的情况下，投资规模大于i_1的项目都不会投资到中国，我国将损失更多的外国直接投资。当投资到其他国家与投资于中国时的额外成本的差额为负数的时候，任何项目都不会投资到中国来。不过，现实中我国除了劳动力成本优势外，还具有许多其他明显的优势，如巨大的市场潜力等。

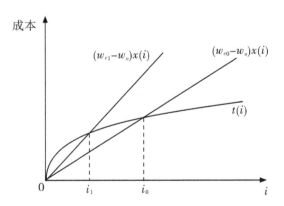

图5-2　劳动力成本对外商直接投资的影响

二、企业社会责任塑造企业新的竞争优势

企业社会责任建设固然会增加企业的运营成本，但它也能为企业创造出独特的优势。总体来讲，企业社会责任建设与企业绩效正相关。

道琼斯分析师认为，凡资产回报率高的企业，在治理污染和节约资源方面都同样优于竞争对手；凡充分考虑社会和环境影响的企业，股票业绩都比其他企业好。在国际上，是否履行社会责任正成为企业是否能进入全球市场的关键。

具体来说，企业社会责任能为企业塑造出以下新的竞争优势。

（一）效率优势

企业履行社会责任不仅体现了企业对社会的贡献，而且也体现了企业对员工的关怀。员工劳动环境的改善以及对劳工利益的保护，可提高员工的长期忠诚度，充分发挥其主动性和创造性，能够大大提高企业的劳动生产率。据美国知名运动鞋公司新百伦（New Balance）的报告，其在中国的合约工厂通过实施国际社会责任标准，工作时间减少了，生产率提高了25%，发挥了良好的杠杆作用。[①] 1962年，基尔比（Peter Kilby）发表了国际劳工组织（Internaional Labor Organization，ILO）的生产率论证机构对印度、缅甸、印度尼西亚、马来西亚、泰国、巴基斯坦和以色列等国家不同行业调查的报告结果。调查结果表明，经过简单的改变（包括工厂的布局、职工工资的支付方法、工人的训练和监督的改变等），产品质量普遍提高，劳动生产率平均提高75%，单位劳动和单位资本的成本下降约35%。这些经验数据告诉我们，组织和行为因素对企业的生产效率产生着很大的影响。

相反，如果企业不重视员工的权益，就必然会使员工不满，员工流失率高，生产效率和产品质量下降。在我国东南沿海地区曾经出现过严重的"民工荒"现象。企业由于招工困难，不得不暂时或部分停产。一个企业，如果没有了稳定的员工队伍，何谈发展和可持续发展？著名经济学家舒尔茨（T. Schultze）认为，提高人的经济价值是释放生产力和实现经济增长的必要前提。我国企业应该以上例为鉴，规范用工制度，改善劳动环境，组织职工培训，提高企业人力资源的可持续发展能力。

---

① 参见中国纱线网《纺织业如何化解 SA 8000 难题》，http://www.chinayarn.com/news/ReadNews.asp?News ID =6448,2004 -09 -21。

（二）形象优势

企业形象是社会公众对企业的组织行为（包括商品、服务、员工行为、经营作风、标志、信条和广告等）的综合性总体评价。这种评价是社会公众通过亲身体验、人际交流、宣传媒体等的传播，耳濡目染以及自己的理性思考而形成的认识。企业形象作为企业最有价值的无形资产，会对企业的市场行为起到巨大的推动作用。企业承担相应的社会责任，也有利于企业凝聚力的积淀和企业社会形象的提升。

国外的跨国公司在选择我国的合作伙伴时，也往往将社会责任标准作为一个重要的选择依据。对那些工作条件恶劣、环保意识薄弱、没有社会责任感的制造企业，即使合作成本较低，跨国公司也会弃之不顾，因为与这样的企业合作意味着要承担较大的道德风险，而这种道德风险随时都可能转化为商业风险。反之，声誉良好、社会责任感强的企业就比较容易成为跨国公司优先选择的合作伙伴。例如，挪威的先锋公司是一家生产军用服装的跨国公司，其产品主要销往北欧诸国。出于对北欧各国进口商品要进行严格的社会标准审核的考虑，该公司在中国选择合作伙伴时，主要就是按照国际流行的 SA 8000 标准，从众多的候选者中选择了西安和无锡的两家社会声誉较好的企业作为投资对象。①

假设一家跨国企业可以在企业 1 和企业 2 两家企业中选择一家作为合作伙伴，为其提供中间产品。假设跨国企业需要的中间产品数量为 x，其中企业 1 向跨国企业开出较低的价格 p_1，但是该企业是一家没有通过企业社会责任守则审核或认证的企业，外界对其是否承担了社会责任并不是很清楚。而企业 2 则向跨国企业开出较高的价格 p_2，但是该企业是一家通过了企业社会责任守则审核或认证的企业，比较好地承担了社会责任活动。假设跨国企业选择任何一家企业作为合作伙伴，都需要付出一定的合作（沟通、协调）成本，分别记为 n_1、n_2。此外，由于企业 1 没有通过企业社会责任守则的审核或认证，非常有可能没有合乎要求地承担社会责任，所以有可能导致跨国企业遭受道德损失从而引发经济损失，记发生概率为 q，一旦损失发生，该经济损失的大小记为 m；而由于企业 2 通过了企业社会责任守则的审核或认证，发生道德风险的概率趋近于零，所以该损失忽略不计。另外，在选择企业 1 作为合作伙伴的情况下，跨国企业可以付出额外的努力（监督、视察）c 来降低和企业 1 合作时的协调成本 $n_1(c)$ 以及道德风险引发经济损失的概率 $q(c)$。

$$n_1{'}(c) < 0, \ n_1{''}(c) > 0, \ q'(c) < 0, \ q''(c) > 0 \qquad (5-3)$$

---

① 参见郑馨、童生、尹柳营：《SA 8000标准认证对我国出口制造业的影响与对策分析》，载《电子质量》，2005 年第 3 期。

所以，当跨国企业选择企业 1 作为合作伙伴时，目标是 $\min\{p_1x + q(c)m + n_1(c) + c\}$，只要

$$q(c)m + n_1(c) + c > q(0)m + n_1(0) \tag{5-4}$$

跨国企业就会付出一定的努力来降低协调成本和道德风险发生的概率。而最优的努力程度 c^* 由下式确定：

$$q'(c)m + n_1'(c) = -1 \tag{5-5}$$

当跨国企业选择企业 2 作为合作伙伴时，由于企业 2 已经通过了企业社会责任守则的审核或认证，跨国企业无须通过额外努力来降低协调成本 n_2，也难以降低协调成本，因为此时协调成本已经较低。因此跨国企业选择企业 2 时，面临的成本为 $p_2x + n_2$。当

$$p_1x + q(c^*)m + n_1(c^*) + c^* > p_2x + n_2 \tag{5-6}$$

跨国企业会选择企业 2 作为合作对象，即更加偏好于通过了企业社会责任守则的审核或认证的企业。具体为：

$$q(c^*)m + c^* + [n_1(c^*) - n_2] > (p_2 - p_1)x \tag{5-7}$$

即发生道德风险导致经济损失的概率较大和该损失较大，企业 2 的协调成本相对较低，企业 2 的索取价格相对不太高的时候，跨国企业宁愿选择企业 2。但是，即使

$$p_1x + q(c^*)m + n_1(c^*) + c^* < p_2x + n_2 \tag{5-8}$$

跨国企业也不一定会与企业 1 进行合作，原因是尽管因为道德风险而遭受经济损失 m 只是一个概率 $q(c^*)$ 而并不一定发生，但是一旦发生，遭受的损失 m 往往非常大，此时必定有

$$p_1x + m + n_1(c^*) + c^* > p_2x + n_2 \tag{5-9}$$

甚至导致跨国企业陷入亏损。理性的跨国企业宁愿接受更高的企业 2 的报价，以规避风险。尤其是在国际市场上，在全球媒体和消费者越来越关注劳工问题时，有效地实施社会责任有利于保护和提升企业品牌，避免企业品牌因劳工标准问题受到损害，树立出口企业良好的社会形象，赢取商业信誉。

（三）销售优势

1. 企业履行社会责任会给企业带来高销售量和忠诚的顾客群

理论与实践的结果告诉我们，企业越是注重社会责任的承担，其产品和服务就越有可能拥有更大的市场份额。道琼斯可持续发展指数的金融分析师发现，与丝毫不考虑社会和环境影响的企业相比，那些充分考虑了上述因素的公司股票业绩更佳。顾客的社会意识逐步加强，特别是欧美顾客，不仅注重产品是否能满足

自己的需要，更关心产品是如何生产出来的。在市场经济条件下，消费者按照本人的意愿和偏好在市场上选购各种消费品，消费支出等于他们对各种商品生产者投"货币选票"。① 在消费者看来，企业如果将社会责任融入经营理念和战略中，就会将社会责任渗透到产品生产和销售的每个环节，消费者就会对该企业的产品建立起稳定的信任感，并产生消费关联效应。

假设一家企业在当期销售一种牌子的产品，在当期末开发一种新牌子的产品并在下一期投入市场。已知企业推出新产品有利可图。企业可以决定当期是否为承担社会责任而支付成本 c，企业承担社会责任的程度会影响企业原有产品的销量和价格，影响新推出产品的销量以及企业为推广新产品而做的广告的效果。设已有产品的价格为 $p_1(c)$，销量为 $q_1(c)$，生产成本为 $c_1(q_1(c))$，$p_1'(c) > 0$，$p_1''(c) < 0$，$q_1'(c) > 0$，不对销量的二阶导数符号作明确限定，$c_1'(q_1(c)) > 0$，$c_1''(q_1(c)) \geq 0$。企业履行社会责任程度不影响新品牌产品的价格 p_2，影响其销售量 $q_2(c, a)$，给定广告量 a，$q_2'(c) > 0$，不对销量的二阶导数符号作明确限定；给定 c，$q_2'(a) > 0$，$q_2''(a) < 0$；另外，$\dfrac{\partial q_2'(a)}{\partial c} > 0$，即履行社会责任程度越大，广告的效果越好。所以，企业的决策是选择最优的 c 来最大化

$$\pi_1 = [p_1(c)q_1(c) - c_1(q_1(c))] - c + [p_2 q_2(c,a) - c_2(q_2(c,a)) - a] \quad (5-10)$$

当然，只有在

$$\pi_1 > \pi_2 = [p_1(0)q_1(0) - c_1(q_1(0))] + [p_2 q_2(0,a) - c_2(q_2(0,a)) - a] \quad (5-11)$$

时，企业才会积极主动履行社会责任。最优的 c 由下式确定：

$$q_1(c)\frac{\partial p_1}{\partial c} + p_1(c)\frac{\partial q_1}{\partial c} - \frac{\partial c_1}{\partial q_1}\frac{\partial q_1}{\partial c} - 1 + p_2\frac{\partial q_2}{\partial c} - \frac{\partial c_2}{\partial q_2}\frac{\partial q_2}{\partial c} = 0 \quad (5-12)$$

如果边际收益恒大于边际成本，则企业会一直加大履行社会责任的力度，直到达到企业能力极限。最优的广告数量由下式确定：

$$p_2 \frac{\partial q_2}{\partial a} = \frac{\partial c}{\partial q_2}\frac{\partial q_2}{\partial a} + 1 \quad (5-13)$$

因为 $\dfrac{\partial q_2'(a)}{\partial c} > 0$，所以企业承担社会责任程度与企业广告量正相关，如果企业广告量带来的销售量上升使净利润增加，企业就会乐意这样做。不难看出，对于

---

① 参见王春梅、许明华：《关注社会责任——企业可持续发展的必经之路》，载《商业经济》，2005年第3期。

新品牌的影响，企业承担的社会责任 c 既通过影响销量又通过影响广告效果间接地影响销量，最终影响企业的利润。这种情况下，企业应该花更大的精力去研究如何提高承担社会责任带来的正面效应和效益。

中国加入 WTO 后，越来越多的中国企业走出国门，参与到全球竞争，在社会责任已经成为新贸易规则的情况下，就更要求企业承担社会责任。全球化生产中，价值链被分解到世界各地的企业。在全球采购中，信任度是一个重要的衡量标准，维持信任的一个重要机制是制定和执行各种标准。

近年来，沃尔玛、家乐福、雅芳、通用电气等超过 200 家跨国公司巨头开始在订单中加上社会责任的条款，要求企业必须通过社会责任的审核才能进入电子订单系统。值得一提的是，这些企业还在中国设立了社会责任部门。自 1997 年以来，我国沿海地区至少已有 35 000 多家企业接受过跨国公司的社会责任审核，许多企业因为不合要求而被取消了供应商资格。

2. 企业履行社会责任有利于减少不必要的贸易摩擦

随着我国产品在国际市场上的份额不断扩大，发达国家传统势力的利益必将受到影响，这就促成了"技术性贸易壁垒"、"劳工标准贸易壁垒"等典型的贸易摩擦事件层出不穷。我国具有出口优势的基本上是劳动密集型产业。以纺织品为例，随着我国在世界纺织制造业中的地位不断提高和 2005 年 1 月 1 日起纺织品配额的全面取消，发达国家必定会使用一些贸易手段来限制我国纺织品的出口，有关 SA 8000 标准的要求肯定会成为其中的一种。

（四）差异化优势

如果一个企业的产品无论在性能、外观还是其他方面都具有独特性，它就具有了有别于其竞争对手的经营歧异性或是差异化，就能维持部分垄断。差异化可以使企业获得溢价，这种溢价可以用来补偿由于差异化增加的成本，并给企业带来较高的利润。企业社会责任建设能增强企业的差异化优势，提高产品的不可替代性，提高企业可持续发展的外动力。企业承担社会责任，通过公认社会责任标准的审核或认证，会有更好的市场声誉和市场机会。

假设一个线性模型，长度为 1，消费者均匀分布，位置记为 $z \in [0,1]$，即距离城市左端的距离。在城市的左端有企业 1，该企业积极地承担了社会责任；在城市的右端有企业 2，该企业没有积极地承担社会责任。两家企业生产的产品的成本都为 c，企业 1 索取的价格为 p_1，企业 2 索取的价格为 p_2。每个消费者最多消费 1 单位的产品，获得 v 的总效用。从企业 1 购买一件产品所花费的总成本为 $p_1 + t_1 d$。其中，d 表示消费者和企业 1 之间的距离；$t_{1/2}$ 是每单位距离的成本。距离的交通成本的出现引入了产品差异化的概念，因为即使在相同价格条件下，一些消费者仍然偏好于购买其中一家企业的产品。从企业 2 购买一件产品所花费的总成本为 $p_2 + t_2 d$。即两家企业的交通成本不相同，这是因为企业 1 积极承担了社会责任。对企业 1 而言，$t_1(s)$ 是关于承担的社会责任 s 的函数，$t_1'(s) < 0$，当 $s \leq \bar{s}$ 时，$t_1''(s) \leq 0$，当 $s > \bar{s}$ 时，$t_1''(s) > 0$。企业每承担 1 单位的社会责任，引发的成本为 e。

当

$$p_1 + t_1(s)z < p_2 + t_2(1 - z) \tag{5-14}$$

且

$$v - p_1 - t_1(s)z > 0 \tag{5-15}$$

消费者从企业 1 处购买产品。记消费者从两家企业中任何一家购买产品都无差异的位置为 $\hat{z}$，则有：

$$p_1 + t_1(s)\hat{z} = p_2 + t_2(1 - \hat{z}) \tag{5-16}$$

解得：

$$\hat{z} = \frac{p_2 - p_1 + t_2}{t_1(s) + t_2} \tag{5-17}$$

企业 1 的目标是寻找最优的 s^* 最大化 $(p_1 - c)\hat{z}(s) - se$。当然，企业积极承担社会责任的前提是：

$$(p_1 - c)\hat{z}(s^*) - s^*e > (p_1 - c)\hat{z}(0) \tag{5-18}$$

将 $\hat{z}$ 的表达式代入 $(p_1 - c)\hat{z}(s) - se$ 中，然后解关于 s 的一阶最优条件，得：

$$(p_1 - c)\frac{[-(p_2 - p_1 + t_2)t_1'(s)]}{[t_1(s) + t_2]^2} = e \tag{5-19}$$

此时必须有：

$$p_2 - p_1 + t_2 > 0 \tag{5-20}$$

由于前面限定的 $t_1''(s)$ 的符号性质，该条件有解。企业 1 由于积极承担社会责任获得了差异化的优势。

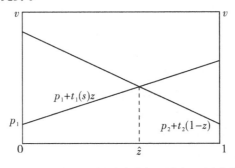

图 5-3　企业积极承担社会责任可获得差异化优势

(五) 公共关系优势

企业履行社会责任改善了企业与各方面的关系，使企业与政府、社会之间形成良性互动。当今企业的经营环境已经从传统的单向循环环境变为受企业利益相关者（政府、投资者、商业伙伴、企业员工、消费者、社区和民间社团等）影响的多元环境。任何一个求发展的企业，都在和这些利益相关者发生关系。摆正、协调好这些关系必将极大地改善企业与政府等各方面的关系，有利于提高公众对企业的信任度，获得政府更多的支持，使企业能在一个好的环境中发展，同时快速提升企业品牌形象。

企业积极承担社会责任，能够和公众、政府和环境建立良好的关系，为自己营造一个公共关系优势，赢得消费者的忠诚，赢得市场。假设一个两期模型，本期企业拥有 x 个消费者，从每个消费者身上赚取的利润为 p，在本期内企业可以决定是否为承担一定的社会责任而付出成本 c。关于消费者的忠诚程度，在本期期末会有比例 m 的原有消费者决定留下，在下一期继续购买该企业产品，而有比例 $1-m$ 的消费者在本期末决定离开。尽管承担社会责任加大了本期开支，但是它能够降低本期消费者的流失率，即提高比例 m。另外，相对于不承担社会责任，企业能够使得下一期的消费者出现增长，即使得下一期的消费者 mx 增大为 gmx，此外还能够使得下一期的消费者支付比本期更高的净价格（利润）p。因此，如果企业承担社会责任，则目标是最大化

$$\pi = px - c + g(c)m(c)p(c)x \tag{5-21}$$

假设 $g'(c)>0$，不对其二阶导数符号做出限定，假设 $m'(c)>0$，不对其二阶导数符号做出限定，$m(c)$ 的最大值等于 1，假设 $p'(c)>0$，$p''(c) \leq 0$。当企业不承担社会责任时，

$$m(0) = \overline{m} > 0, \quad p(0) = p, \quad g(0) = 1 \tag{5-22}$$

即价格不会变化，并且在第二期不会有新增消费者。当

$$px - c^* + g(c^*)m(c^*)p(c^*)x > px + \overline{m}px = (1+\overline{m})px \tag{5-23}$$

企业会积极履行社会责任。最优 c^* 由

$$[g'(c)m(c)p(c) + g(c)m'(c)p(c) + g(c)m(c)p'(c)]x = 1 \tag{5-24}$$

决定，由于没有限定 $g(c)$ 和 $m(c)$ 的二阶导数符号，所以边际收益可能恒大于边际成本，此时承担社会责任必定给企业带来净收益。

第四节 社会责任问题：我国企业可持续发展中的一道坎

企业可持续发展的要求改变了企业的经营目标。企业已不能仅局限于企业自身怎样谋取最大的经济利益，还应重视企业对社会承担的社会责任。我国企业在企业社会责任建设与企业可持续发展的关系上，既存在着认识上的误区，又存在着把履行社会责任当成实现利润的工具，没有上升到企业战略的高度。

一、我国企业可持续发展中的社会责任误区

（一）误区一：经济责任就是企业的社会责任

传统经济理论认为，企业首先是作为经济组织存在，具有独立的经济利益。企业对于社会责任的认识在于，高效率地提供社会大众需要的产品和服务，并以消费者剩余最大的价格销售它们。我国的市场经济建设起步很晚，和目前发达国家成熟的市场机制尚有较大差距，因此这种传统的企业社会责任观点在我国也被不少企业所认可。我国企业由于产权关系不够明晰，加上法律机制的不够规范和社会监督机制的缺失，很多企业奉行这种狭隘的社会责任观，追求短期利益最大化，不考虑自身的社会责任，不关心企业的利益相关者，处于一个急功近利的历史阶段，忽视了企业的可持续发展。在利润最大化目标的驱使下，缺乏科学发展观的企业不会充分考虑员工的利益，把利润作为唯一的追求，在经营行为上就难免把职工作为获利的工具，把自然资源作为肆意掠夺的对象。但是，现代企业处于一个开放的、具有多种功能的社会系统中，并非仅仅以追逐利润的个体而存在，现代企业应当是在一个相互需要、相互依存的社会环境中从事生产和经营活动。追逐利润是企业市场行为的主要方面，但企业对社会发展所负的责任不应仅限于利润最大化，社会责任应贯穿于企业经济活动的全过程，包括获取利润的途径、方法和手段，对外部环境的影响等方面。同时，随着经济、社会和科技的高速发展以及人们的富裕程度、教育水平与文明程度的不断提高，人们的社会关注意识增强了。现在的消费者不仅关心自己需求的满足，还进一步关心整个人类社会的进步、发展和长远的利益。他们对企业提出了更高的要求，要求企业在生产时不仅要考虑到眼前的效益，还应承担一定的社会责任。企业良好的公众形象、和谐的工作氛围也有利于企业的长久生存和发展。而一个企业要想获得良好的公众形象，就必须致力于相应的社会目标。同样，和谐的工作氛围也能使企业创造

出更好的生活质量和更令人向往的团体，而创造出和谐的工作氛围也需要企业承担一定的社会责任。此外，企业经济活动的负的外部性所导致的问题，如环境污染、资源开发等公害，其实只是将企业成本的一部分转嫁给社会，这种企业利益和社会利益的冲突造成的不和谐，客观上要求企业以社会利益为重，承担在环境、资源方面的责任。因此，我国企业应该超越狭隘的、将经济责任等同于社会责任的观念，树立正确、规范、有利于企业可持续发展的社会责任观念。

在很多情况下，企业进行生产都会对环境造成一定的负面影响，企业生产规模越大，影响程度越大。而负责任的企业往往会意识到这一点，尽量在生产过程中加以控制，如果无法控制，则会在事后给予社会一定的补偿。如图 5-4 所示，企业生产规模用 Q 表示，收益用 PR 曲线表示，生产成本用 PC 曲线表示，企业根据自身的利润最大化原则，确定 Q_0 为最优生产规模，获得利润 $A+B$。但是，企业应该考虑到生产给社会带来了负外部效应，社会受到的负面影响用 SC 曲线表示。在 Q_0 点，社会遭受 A 的损失。如果企业要完全给予社会补偿，则需要返还社会 A 的部分的利润。从社会角度而言，纯收益曲线为 NR，即 $PR-SC$，要使得 $PR-SC-PC$ 最大化，最优的生产规模是 Q_1。

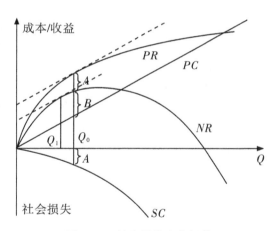

图 5-4 社会最优生产规模

（二）误区二：企业自身的内在的社会性责任

企业到底应该承担哪些社会责任，取决于与企业有着密切关系的利益相关者，一般包括：政府、投资者、消费者、员工、社会和环境。具体来说，企业应当承担以下几种社会责任：

（1）企业对政府的社会责任。企业应该遵纪守法，诚信经营，照章纳税，解决社会就业，积极响应国家号召和承担政府规定的其他责任义务，并接受政府的依法干预和监督。

（2）企业对投资者的社会责任。这要求企业在经营过程中，为投资者提供较高的利润，保证企业资产的保值与增值。

（3）企业对消费者的社会责任。企业对自身在市场上提供的产品或服务对消费者履行在质量上的承诺，不得欺诈消费者和谋取暴利。

（4）企业对员工的社会责任。企业对员工的人身安全、工作条件、薪酬、教育等方面应该承担义务。

（5）企业对社会的社会责任。企业对社会慈善事业、社会公益事业以及所在社区建设方面应该承担责任。

（6）企业对环境的社会责任。企业在环境维护方面应该承担责任，如实行绿色生产、合理利用资源、研发绿色产品。

我国企业在这些社会责任中，对自愿性的社会责任比较关注，而对企业自身应该履行的强制性责任如税收、职工安全等却有所疏忽。过多地关注自愿性的社会责任使企业经营迷失方向，而对强制性社会责任的疏忽必然会使可持续发展受阻。另一方面，在我国传统的经济体制下，企业职能多元化，企业变成了"大而全"、"小而全"的小社会，导致企业应该承担的社会责任没有完成，而非企业承担的社会责任却承担了许多，如企业办学校、企业办社区、企业办医院等，这不但无助于社会问题的解决，相反会影响企业再生产活动的顺利进行，进而危及企业的可持续发展。随着国有企业改革的深入，政府要彻底改变用行政手段对企业强行摊派、捐赠、赞助以及接纳多余劳动力等做法，深刻认识到企业社会责任的有限性与特殊性，严格尊重企业的自愿行为。随着市场经济体制的不断完善，企业自身也应该远离政治，做实产业，加强自身道德修养，洁身自好，树立正确、必要的社会责任观。

二、我国企业可持续发展中存在的社会责任问题

我国企业除了在企业社会责任方面存在上述误区之外，还普遍存在着以下问题。

（一）企业社会责任观念淡薄

企业在履行社会责任方面，惯性使得政府和企业的社会角色仍纠缠不清。一方面，政府因历史旧账所致的待办事项太多而财力又有限，也由于意识上的不到位，总希望企业多履行一些社会职能，主要的表现就是随意向企业"乱集资"、

"乱收费"、"乱摊派";另一方面,多数企业受财力不足和竞争压力困扰,希望社会职能承担得越少越好,主要表现为偷税漏税、不合理裁员、大量使用临时工以减少相应社会性支出等;同时,由于市场发育本身是一个逐步完善的过程,市场机制一些固有的缺陷使得市场自身无法弥补那些由于政府和企业在有关社会责任方面的渐行渐远而形成的空白①。在此情况下,那些受传统思路影响,原本就对过去单位履行的社会职能与现实要求企业承担的社会责任等观念的区别尚未彻底弄清的相当一部分中国企业,出现责任和界限等的游移、模糊当属必然。而这种模糊和游移恰恰反映出企业的高层主管对如何从企业的社会责任角度利用公关工具构建企业的可持续发展战略问题尚感生疏。石家庄市三鹿集团股份有限公司拥有3 000多名员工,产品畅销全国。据中国品牌资产评价中心评估鉴定,三鹿集团仅无形资产中的品牌价值就达149.07亿元。实力如此强大的三鹿集团却在2009年2月12日被河北省石家庄市中级人民法院裁定正式破产。这个原本的优质企业因为忽视企业社会责任,社会责任观念淡薄,在一夕之间就"灰飞烟灭"了。②

(二) 把履行社会责任更多地当成公共关系

企业的社会责任很容易被归入一般意义上的公共关系活动范畴,这样一种对社会责任的定位决定了企业的社会责任建设往往是以产品的销售为基本目的。因此,一部分企业在公关活动中热衷搞一些捐赠与赞助,如灾后捐赠,向贫困地区捐赠,"希望工程"等助学捐赠,体育赛事赞助,影视赞助,对大众传媒的赞助,等等,而不能从整体上、企业的可持续发展上进行企业社会责任的系统建设。

三、基于可持续发展的我国企业的社会责任建设

截至2013年10月31日,我国共发布各类社会责任报告1 525份③,由此可见,国内社会责任报告发布数量稳步增长,企业对于企业社会责任信息的披露越来越积极主动,企业社会责任理念逐步增强。中国的企业家们普遍希望更好地履

---

① 参见朱文敏、陈小愚:《企业社会责任:企业战略性公关的基点》,载《当代财经》,2004年第8期。
② 参见管晓芸:《基于可持续发展的企业社会责任研究》,四川师范大学2013年硕士学位论文。
③ 参见金蜜蜂企业社会责任发展中心:《金蜜蜂中国企业社会责任报告研究2013》,企业社会责任中国网,2013。

行社会责任,将企业纳入永续经营的运行轨道。下面对企业追求可持续经营,提高企业社会责任能力提出几点建议。

(一) 把承担企业社会责任提升到战略高度

在制定战略时,不仅要照顾到各类股东的利益,而且要考虑企业对用户、环境保护主义者、少数民族、社区及其他集团所负有的责任。在战略制定时对企业社会责任进行确定和表达,可以促使企业社会责任的贯彻和实施,避免把企业社会责任的承担当作一种营销技巧或广告策略,走入短视经营的误区。

(二) 强化规范经营意识

企业规范意识主要体现在三个方面:一是企业行为要规范,不仅仅关注财富的物质增长,同时要关注企业行为背后的精神内核和对国家、对社会的责任,做到遵纪守法、合规经营、依法纳税、诚信健康;二是企业要与国际接轨,建立现代企业制度,通过全面管理、文化管理,以企业精神引领企业文化,用科学发展观创造"绿色"财富,实现企业可持续发展;三是企业管理制度创新,实现管理制度的规范化和科学化,打造承担社会责任的新型企业文化。企业的发展和利润来自于企业的责任,全世界历史悠久的优秀企业无疑都是规范经营的结果。

(三) 注重企业的社会形象

企业要实现可持续发展,需要一个宽松的政治、社会、文化、舆论大环境。一个可持续发展的企业的经营目标,绝不仅仅是实现经济效益和利润的最大化,也要重视社会效益,树立企业良好的公众形象。企业应以社会责任为己任,积极参与社会公益事业,用行动践行诚信和公平,使个人、企业和社会三者共赢发展,进而提高企业、品牌的影响力、竞争力和文化力,保证企业的可持续发展。

(四) 把保护环境作为企业发展的战略基点

保护环境是企业经营中的永恒主题,我国企业应在环境保护的问题上持积极的态度,在提高企业效能和效率的同时,积极建立和实施环境保护的策略。不管企业经营的是什么,都应为环境保护作贡献,正如国际著名企业美孚石油公司总裁所说的,"对一个企业,良好的环境表现不是一种可有可无的选择,它是一个不可缺的基本要求。在我们看来,建立绿色企业是唯一出路与必然选择"。只有这样,才既可以树立企业良好的形象,也可以为企业节约资源,降低成本,增加利润。

（五）按照国际贸易准则进行生产经营，积极与国际标准接轨

在经济全球化趋势下，企业的经营国际化，企业的产品和服务面向全世界的消费者，企业生产的产品和服务必须符合国际标准，才能得到国际社会的承认，企业才能得以生存和发展。任何企业都是社会的一员，社会是企业利益的源泉。企业在享受社会赋予的自由和机会时，也应该以符合伦理、道德的行动回报社会。我国企业要积极履行社会责任，努力提升企业道德指数。企业社会责任建设既是当代企业管理发展的趋势，也是我国企业保持可持续发展，与国民经济和社会协调发展的必然要求。

第六章 企业社会责任与劳工保护

第一节 经济全球化条件下劳工保护与企业社会责任

近年来,"地球村"、"全球市场"、"全球工厂"或者"全球公司"之类的名词如潮涌,这些现象说明世界正在朝着单一而一致的方向变化,人们将其统统归结为全球化的趋势。不仅如此,"全球化"还被用来描述当代推动国家、区域和地区性变革的一系列强劲的风潮。① 经济全球化的不断推进,改变了过去的国际贸易格局和规则,企业承担社会责任的重要性愈加突出。国际社会强烈要求企业要在世界范围内考虑其经营行为的影响。

一、经济全球化条件下的劳工问题

经济全球化将市场经济的规则推向了全球,对推动全球范围内市场经济和自由贸易的实现产生了积极的作用。但这种资本国际扩张也同时将市场经济内在的劳资矛盾带到了世界各地,并将劳资关系力量对比置于一种更加不平衡的状态中,使得劳动过程、劳动体制、劳工权益以及劳工运动在这一过程中受到了巨大的冲击。

(一)国际资本流动是劳工问题的根本原因

20世纪70年代以来,通过国际贸易和对外直接投资的方式,资本跨越国家的边界,实现了全球性流动,形成了全球性的生产体系。与此同时,资本的积累方式、生产组织方式和盈利方式都发生了明显变化,包括以下几个方面。②

---

① Dicken P. Global shift: The internationalization of economis activity. 2nd ed. York/London: Guilford Press, 1992: 1.
② 参见余晓敏:《经济全球化背景下的劳工运动:现象、问题与理论》,载《社会学研究》,2006年第3期。

1. 资本国际流动与全球性生产体系的形成

戴维·哈维（Harvey，2001）认为资本在全球流动，构建全球性生产网络，试图以一种"空间性解决方案"（Spatial Fix）缓和资本主义制度的内在矛盾，即资本在一定地域内"过度积累"的问题。在进入"后工业社会"的欧美发达国家，制造业面临全面的衰退。以美国为例，1899—1963 年间，仅有 3% 的制造业最终产品依赖进口，这个比例在 1971 年上升到 9%，而到了 2002 年，进口总值已经达到美国制造业 GDP 的 69%。① 从 20 世纪 60 年代开始，制造业在发达国家衰退，反而在韩国以及中国台湾、中国香港等新兴工业化国家和地区获得了发展。从 70 年代开始，制造业资本再次转移，从欧美发达国家和新兴工业化地区，通过"外包"的方式涌向劳动力资源丰富的亚洲、拉美和非洲的发展中国家。这些国家有吸引资本流入的优势：建立出口加工区、提供廉价劳动力的同时，提供税收优惠，弱化政府对"劳动体制"②的干预。据国际劳工组织统计，全球 70 多个国家的 850 个出口加工区雇用的工人早在 1995 年就已经超过 2 700 万，其中 70%~80% 是女性（Khan，2002）。

2. 资本的积累方式和生产组织方式的变化

戴维·哈维（1990）将这种资本积累方式和生产组织方式的变化称为"弹性的积累"，即全球化的资本主义在过程和结构上都与"福特制"的"刚性"格格不入，新的经济秩序表现为一种"弹性的积累"——在劳动过程、劳动力市场、生产和消费模式上都表现出充分的"弹性"。资本主义生产组织方式的变化则表现为由"福特制"向"后福特制"或"弹性专业化"的转变。新的生产组织方式使用灵活多样的机械和高技能的劳动力，小批量地生产特殊化的产品，满足多样化且不断变化的市场需求，从而最终兼顾生产效率和规模经济效应（Nadesan，2001）。

3. 资本盈利方式的变化

资本追求利润最大化的方式由生产领域逐渐扩展到市场领域。发达工业化国家的经济模式是典型的消费经济。作为资本主义固有的意识形态，"消费中心主义"（Consumerism）在新自由主义全球化的过程中得以空前膨胀（Cross，2000），并对"全球化的资本主义"起着意识形态上的支撑作用（Sklair，2001）。面对"消费经济"带来的巨大市场，资本解决"过度积累"危机、实现

---

① Clawson Dan. The next upsurge labor and the new social movement. Ithaca：ILR Press，2003：131.

② "劳动体制"主要是指有关雇佣及就业条件和状况的制度模式，对于劳工向拥有或管理产业资本的政府和企业表达愿望、要求权利具有制度性的影响作用。劳动体制广泛存在于国家、地区或是基层的正规性或非正规性的经济部门中。劳动体制具有交叉性和多面性，它是在多种法律和社会机制的交互作用下产生的，而法律和社会机制的缺失同样会造就相应的劳动体制（Candland & Sil，2001）。

利润最大化的活动逐渐由生产领域扩展到市场领域。一方面,"个性化"的消费模式在西方的盛行和"消费中心主义"意识形态的全球膨胀为资本在市场领域借助"品牌化"(Branding)① 和"广告大战",通过刺激消费的方式拓宽边际利润空间提供了前所未有的机会;另一方面,出口加工区内"专制性工厂体制"(despotic factory regime)② 又为资本在生产领域降低劳动力成本、提高劳动生产率、追求利润最大化提供另一种可能性。资本主义原始积累时期资本榨取剩余价值的种种手段又重新被利用,即通过延长劳动时间和加大劳动强度来提高产能,通过无报酬加班、克扣工资和福利、弹性用工制度来降低劳动力成本,等等。

(二) 经济全球化对劳工权益、劳工运动和劳工标准的影响

2009年,ILO 发表《国际劳工标准:游戏中的规则》,重申了保护国际贸易与投资中劳工权益的重要性。③ 经济全球化的大背景下,劳动力对资本的依赖性和资本对劳工的控制力增强,导致劳工利益受损,劳资关系重新开始紧张起来。

1. 经济全球化对于劳工权益的影响

资本在全球流动追求利润最大化的活动造成了工作条件和劳工利益的"向下竞争"(race to bottom)(Ross & Chan, 2002;Chan, 2003;Aguirre & Reese, 2004)。在发展中国家的出口加工区、欧美发达国家大量雇用移民的行业,"血汗工厂"④ 重现。英国《星期日邮报》报道称,苹果公司的产品是"血汗工厂"生产出来的,他们大量压榨供应链利益,其代工工厂——台湾代工巨头鸿海集团旗下富士康公司就大量压榨劳工。新闻媒体和研究者广泛关注的此类问题有:强迫性劳动、工资福利过低、工作时间过长、职业伤害、职业病、性骚扰等问题。

2. 经济全球化对劳工运动的影响

资本的全球流动性加剧了不同国家劳工对于有限工作机会的竞争,而劳动力市场、生产过程、产业关系的多元化致使工人阶级对于资本主义的反抗和替代性制度的理解很难统一(Harvey, 2001)。全球范围内,对工人阶级共同利益的认同难以形成,以劳工为动员基础、以工会为组织主体的传统劳工运动陷入困境。

---

① "品牌化"是一种极为复杂精致的营销策略,通过"品牌化","资本成功地在市场特权和消费之间建立了文化架构,并最终实现了对消费欲望和消费行为的控制"(Holt, 2002)。

② 根据布洛维的研究,"专制性工厂体制"的典型特征是:劳工依靠出卖劳动力为生;政府在劳动保障、劳资关系方面的干预很弱;资本采用"强制性"手段控制劳工等(Burawoy, 1985)。

③ International Labor Office. Rule of the game: International labor standard. 2009.

④ 美国联邦会计总署(GAO)在1994年对"血汗工厂"的定义是:对于以下方面的美国联邦或州法律有所违反的工厂:最低工资、加班、童工、产业型的家庭劳动、职业安全与健康、工人赔偿或产业规范(Bender & Greenwald, 2003)。

20世纪70年代以来一直秉承"社团主义"原则的西欧国家的工会在全球化的巨大冲击下陷入"去中心化"和衰落的困境。1954年,美国私有经济部门中39%的劳工加入了工会,然而到2003年私有部门的入会率已经下降到8%(Clawson,2003)。

3. 经济全球化对劳工标准的影响

经济全球化背景下的国家之间的投资竞争,会以放松劳工标准来吸引公司。戴维斯和沃德莱曼那提(Ronald B. Davies & Krishna Chaitanya Vadlamannati, 2013)分析了135个国家17年来的空间面板数据,发现一个国家的劳动标准与其他国家有很强的相关性,即一个国家降低劳工标准,其他国家的劳工标准会跟着降低,这种相互依存度甚至比劳动法更加明显。他们还发现,对发达国家和发展中国家进行比较,发展中国家更倾向于降低劳工标准。

(三)经济全球化下社会规则对劳资关系的影响

1. 社会规则、劳工标准与核心劳工标准

跨国公司将劳动密集型产业从高劳动成本地区向发展中国家大规模转移,导致发达国家基础产业和低技能就业岗位减少,失业增加。以美国为例,自1990年以来,制造业从业人数一直呈下滑趋势,自1990年到2008年,其占总就业人数的比例由18%下降到11%。[①] 发展中国家工人就业状况问题引起西方国家工会和政府的注意,他们提出以核心劳工标准为基础的"社会条款",目前统称为"社会规则"。

1993年底,美国政府在关贸总协定乌拉圭回合谈判中提出以国际劳工标准为基础制定"社会条款",纳入国际贸易规则。这个要求一经提出,就得到西方国家和国际工会组织的支持。[②] 从1995年开始,国际劳工组织发起了鼓励成员国批准涉及核心标准的基本公约的运动。目前,这些核心劳工标准所涉及的公约已经获得了超过140个[③]成员的批准,可以说这些劳工权利已经获得绝大多数国家的认可和实行。通过国际劳工组织的努力,核心劳工标准获得较为普遍的认可和尊重。

与此同时,一些组织开始推动跨国企业制订企业行为准则,并将其推广到企业采购链,还有的机构制订了适用于企业认证的社会责任标准。这就构成了近年

---

① 参见陈常森、王荣军、罗振兴:《当代美国经济》,社会科学文献出版社2011年版,第122页。
② 《全球化对我国就业的影响》,载《中国劳动保障报》,2005年6月25日。
③ Database International Labour Standards,参见 http://www.ilo.org/ilolex/english/convdisp1.htm, 2009 - 08 - 01.

来名声日隆的企业社会责任活动的主要内容。

2. 国际社会对推行社会规则和实施劳工标准的态度和措施

国际劳工组织等国际组织是社会条款的积极推动者。据统计，国际劳工组织通过了超过180个国际劳工公约和190项建议，涵盖工作的各个方面。[①]

发达国家政府和企业普遍对实施社会条款和社会责任持积极态度。20世纪90年代末期以来，随着全球化带来的矛盾在发达国家日益凸显，许多发达国家为了避免自身利益受到影响，在国际贸易中越来越将社会条款作为本国企业对外投资合作的基本要求，在对其他发展中国家贸易中，社会条款也逐渐被作为基本依据。但是目前，制定企业社会责任标准的非政府组织全部来自发达国家，还没有发现发展中国家非政府组织制定的相关守则和原则。大多数发展中国家政府和企业在接受社会责任理念的同时，反对强制实行社会规则和劳工标准条款，他们认为这些标准和条款在西方制定，并不一定适合本国国情，另外势必提高其生产成本和劳动力成本，损害经济发展，起不到真正保障劳动者基本权益的作用。

二、我国劳资关系现状

长期以来，我国强调国家对经济和社会的支配作用。1956年社会主义改造运动结束，中国将复杂的劳动关系简化为国家与劳动者之间的关系。劳动者对这种保护关系的认可程度是建立在国家对劳动者经济和政治权益的有效保护能力之上的。因此，在计划经济时代基本上不存在劳资问题。

随着市场经济取向改革的不断深入，原来不是问题的劳资关系却变得越来越突出。改革开放以来，我国个人收入来源呈多样化趋势，拖欠农民工工资、下岗职工生活困难等问题不断发生。目前中国面临的劳工问题主要是经济体制改革的产物。政府的改革措施是造成工人不满的主要原因。而这些措施又是改变旧的社会主义计划经济模式所必不可少的。合同制虽使职工成为自由劳动者，但减弱了其"主人翁"的地位。竞争机制的建立和个体经济的发展造成贫富的分化。医疗、住房、教育、退休金等配套改革措施削减了过去的福利待遇，增加了职工的相关个人开支。从市场经济改革的角度来看，所有这些措施都属于合理的举措，但对吃惯了"社会主义大锅饭"的人来讲，所有这些改革都直接或间接地损害了他们的利益。他们开始在心理上产生与政府的改革政策对立的情绪。当前我国劳资关系可以概括为以下几个方面。

---

① 参见 www.ilo.org/public/english/download/glance.pdf，2010 – 04 – 11。

（一）工人经济利益贫困化

改革使公有制企事业职工旧有的优越地位受到前所未有的挑战。国有经济的逐步紧缩，私营、合资企业的壮大，给现有劳工政策带来巨大冲击。国有企业职工收入增长普遍低于合资企业、外资企业和私营企业职工。企业的关、停、并、转、破产等造成下岗、失业工人大量增加，从而增加了社会不稳定的因素。国有企业职工原有 5 000 万人，根据有关部门统计，从 1998—2004 年，裁员累计已近 3 000 万人，7 年时间裁掉 3/5 的人员。至 2004 年，我国有下岗失业人员 1 300 万人（国有、集体企业下岗职工 500 万人，上年失业人员 800 万人）。到 2005 年年末，全国参加失业保险人数为 10 648 万人，比上年末增加 64 万人，全年全国领取失业保险金人数为 362 万人，比上年末减少 57 万人，全年失业保险基金收入 333 亿元，比上年增长 13.8%，全年基金支出 207 亿元，比上年减少 3%。[①] 通过政府的再就业工程重新进入工作岗位的下岗职工，其收入和福利一般要比下岗前有较大的下降。2013 年全年基本养老保险基金支出 19 819 亿元，比上年增长 18.6%，年末全国参加失业保险人数为 16 417 万人，比上年末增加 1 192 万人，年末全国领取失业保险金人数为 197 万人，比上年末减少 7 万人，全年共为 77 万名劳动合同期满未续订或提前解除劳动合同的农民合同制工人支付了一次性生活补助。全年失业保险基金收入 1 289 亿元，比上年增长 13.2%，支出 532 亿元，比上年增长 18.0%。年末失业保险基金累计结存 3 686 亿元。[②]

（二）政治权益附属化

随着所有制体系和经济管理体系的改变，国家对劳工政策的控制力逐渐削弱。改革前的高度集权体制允许政府较有效地贯彻各项劳工政策。改革后，权力下放，政府对日益多样化的企事业实体的干涉减少，使得这些单位管理人员自主管理的权力大增。

自主管理权对工人权益造成三方面的负面影响：一是由于管理人员掌握任用、升迁及工资的权力，工人变得小心翼翼、不敢有半点怨言。二是由于工人地位、薪金的多样化（合同工、临时工、固定工），工人团结起来进行集体协商的机会减少。三是没有为工人提供有组织的保护，即使工人在劳动争议中胜诉，他们也不一定得到实际的益处；相反，资方却可能寻机报复。许多国家现有的保护

---

① 参见中国劳动和社会保障部、国家统计局：《2005 年度劳动和社会保障事业发展统计公报》，中国人力资源和社会保障部。www.mohrss.gov.cn。

② 参见中国人力资源和社会保障部、国家统计局：《2013 年度人力资源和社会保障事业发展统计公报》，中国人力资源和社会保障部。www.mohrss.gov.cn。

工人的法律、法令得不到有效落实，更多的是变成一纸空文。这种状况并不局限于私营或合营企业，就连国有企业的情况也日益令人担忧。据另一项对国营纺织工业的调查，不少管理人员漠视工人权益，任意加大工人劳动强度，延长工时，克扣工资。

（三）劳动争议规模化

现行体制受到的另一个挑战是日益激化的劳动纠纷。官方资料显示，1996年全国共发生劳动纠纷 48 121 件，比 1995 年增加了 45%。仅 2005 年前三季度，全国各级劳动争议仲裁委员会共立案受理劳动争议 23 万件，涉及劳动者 56 万人，其中集体劳动争议 1 万多件，涉及劳动者 33 万人。① 2014 年上半年，全国各级劳动保障监察机构共查处各类劳动保障违法案件 17.6 万件，主动检查用人单位 87.8 万户，督促用人单位与 146.6 万名劳动者补签劳动合同，追发工资等待遇 192.3 亿元，督促缴纳社会保险费 7.2 亿元。②

三、我国企业社会责任与劳工保护

构建和谐的劳资关系逐渐成为 21 世纪企业社会责任的核心（彭四平，2010），企业社会责任的出现正是缓和劳资关系的一种有效手段，而劳资关系也是企业社会责任一直致力改善的内容。

（一）企业社会责任需要加强劳工保护

在对社会利益进行初次分配时，企业凭借着其无可比拟的物质资源、人力资本、管理经验等诸多优势，显然占据强势地位。企业为从社会共同财产中获取最大份额，很可能不顾及利益相关者的利益，如企业为降低成本而不为劳动者办理社会保险等。因此，为实现公平正义，有必要让企业承担一定的社会责任，以公平、公正的原则对社会利益进行再分配。企业社会责任就是企业要考虑相关利益人，即与企业生产和经营有着直接或间接关系的各方的利益，与各方进行利益再分配。在相关利益人中最主要的主体之一就是企业中的劳动者，因此，应该强调对劳动者合法权益的保护。

---

① 参见中国劳动和社会保障部："劳动和社会保障部 2005 年第四季度新闻发布会"，2006 - 01 - 19。http://www.mohrss.gov.cn。

② 参见中国人力资源和社会保障部："2014 年二季度人力资源社会保障工作进展情况和下一步工作安排"，2014 - 07 - 25。http://www.mohrss.gov.cn。

（二）目前我国企业劳工保护存在的主要问题

1. 劳动合同问题

公平的劳动合同可以充分体现企业对员工的社会责任。据我国原劳动和社会保障部 2004 年对全国 40 个城市的抽样调查，农民工劳动合同的签订率仅为 12.5%。随着社会责任运动浪潮愈演愈烈和劳工保护日益受到重视，劳动合同问题得到改善。到 2013 年末，全国企业职工劳动合同签订率达到 88.2%，有关部门并出台了《劳务派遣行政许可办法》，加强劳务派遣用工管理。[①] 但是仍有不少职工的合法权益没有得到保护。

2. 生产安全和职业健康问题

我国很多企业存在不同程度劳工生产安全和职业健康受损的问题，其中纺织业、电子制造业、有色金属业、采矿业等行业尤为严重。首先，这些行业生产原料多是化学材料，其中有不少化学原料有毒，员工防护设备与保护措施也不到位。其次，这些行业属性特殊，如采矿业，采矿工人长期从事高风险的工作。据国家安全生产监督管理局统计，2013 年，全国有 15 个省份发生了 1 起至 2 起重大事故，8 个省份发生了 3 起及以上重大事故，吉林和山东各发生 2 起特大事故[②]。

3. 工时和加班问题

SA 8000、CSC 9000 T 以及相应的企业社会责任的条款都强调，企业应当遵守国家法律、法规有关工作时间和休闲休假的要求。刘爱玉（2013）抽样调查了 24 个企业，发现其员工的月平均工作时间都超过了 207.5 小时，最少的超出 1 小时，最多的超出 159.1 小时，平均每月超过法定最局限劳动时间为 61.2 小时。大多数企业在员工劳动时间方面的社会责任遵循很不理想，违规加班现象普遍存在。有的企业虽然实行综合计算工时制，但总加班时间仍超出法律允许的加班时间上限。

4. 社会保险问题

有些企业职工参加社会保险比例相对较低。有些地方政府的相关部门对一些企业的职工实际人数没有较为明确的数据统计，企业也没有按要求向政府相关部门提供相关信息，这样就在一定程度上逃避了为职工购买社会保险的问题。

[①] 参见中国人力资源和社会保障部：《2013 年度人力资源和社会保障事业发展统计公报》，2014 年 5 月 28 日发布。http://www.mohrss.gov.cn。

[②] 参见国家安全监管总局调度统计司：《2013 年全国安全生产工作情况》，2014 年 2 月 19 日发布。http://www.chinasafety.gov.cn。

5. 妇女权益保障问题

一些企业，只要育龄女职工怀孕，就以各种理由迫使其离岗。还有些企业不顾法律规定，让女职工从事禁忌的工作，结果往往造成女职工工伤或患上职业病，严重影响其日后的生活和工作。

（三）我国企业劳工保护问题产生的主要原因

造成上述我国企业劳工保护问题的原因是多方面的，主要有以下几点。

1. 企业缺乏"以人为本"的经营理念

在知识经济时代，企业间竞争的实质就是人才的竞争，企业利润的主要来源之一就是员工的创造性劳动。而有些企业经营者和管理人员却认识不到这一点，忽视员工工作条件和安全等涉及劳动者人身权益和财产权益的改善和保障。在实际生产经营中，一味压低劳动力价格，无故延长劳动时间，拖欠劳动者工资等，造成劳资关系紧张，激化了企业与职工的矛盾，导致企业效率下降。长此以往，企业经济效益增长缓慢甚至亏损，严重时企业将陷入破产的境地。因此，企业家应树立"以人为本"的经营理念，重视人力资本的作用，切实保护劳动者的合法权益，实现企业与员工的双赢。

2. 地方政府对企业社会责任的监督相对滞后

有些地方政府工作人员对企业社会责任内涵了解甚少，对企业不承担社会责任的严重后果缺乏清醒的认识，过于关注企业的当前经济效益，而没有看到企业发展与地方经济可持续发展的关系。在实际工作中，有些地方政府过于强调企业利润，而对企业违法行为监督不足、执法力度不强，往往以尊重企业经营自主权为借口而疏于依法对企业行为进行监管。

理性的企业应该充分考虑自身符合社会道德责任的经营会给社会和自身带来双重利益，从而积极参与。但是，一些企业往往只看到直接经济利益，并且存在能逃避社会责任则尽量逃避的动机。一些地方政府部门则为了一些容易观测到的经济指标而不惜牺牲公众利益，采取不作为做法。假设存在一个企业和政府的模型，企业在积极维护职工的合法权益或者试图通过压榨员工来取得经济效益之间做出选择，而政府则在是否积极进行监控之间进行选择。假设政府监控程度为 e，企业压榨员工程度和 e 成反比，承担相关社会责任程度则和 e 成正比。假设政府监控的加强一定程度上降低了企业的利润 π，即 $\pi'(e)<0$，但影响程度越来越小，即 $\pi''(e)>0$。但是，政府监控能够降低企业因没有善待员工而引发的事故，假设事故发生概率为 p，一旦事故发生，企业如果采取负责任的态度进行处理的话，必须付出成本 M，$p'(e)<0$，并且当 $e \leqslant \hat{e}$ 时，$p''(e)<0$；当 $e>\hat{e}$ 时，

$p''(e) > 0$；当 $e = e^*$ 时，$p(e) = 0$。所以一个负责任的企业的目标是争取最大化 $\pi(e) - p(e)M$。如果政府部门关注企业的盈利并且关注员工利益，则令企业配合达到这个目标，如果是图 6 - 1 的情况，不难看出政府最优的监管程度为 $e = e^*$，此时事故发生概率为 0，企业获得最大的期望利润 A。但是有些政府部门采取不作为方式，放松对企业的监管，企业也借此逃避社会责任。例如，当政府的监管力度 $e = 0$ 的时候，政府无须因为监管而付出努力成本。此时，在政府不监管的情况下，假设企业发生了事故，企业会采取不负责任的方式处理事件，仅仅对赔偿等事项付出成本 N，而这里的 $N < M$，以求当事故发生时满足

$$\pi(0) - N \geq \pi(0) - M \tag{6-1}$$

企业会力求

$$\pi(0) - p(0)N \geq \pi(e^*) - p(e^*)M \tag{6-2}$$

企业因此得到的不当利润有一部分会用来贿赂地方政府有关部门的官员，以使企业能够持续经营。这样做的后果必然造成社会利益严重受损。

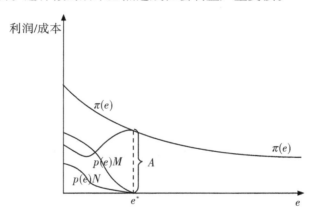

图 6 - 1　政府监控程度对企业社会责任的影响

3. 企业员工缺乏基本的法律知识，维权意识较差

根据劳动仲裁机构等部门的反映，许多前来投诉或申请劳动仲裁的员工因为缺少基本的法律知识，不了解相关法律程序，证据收集不足，致使许多案件难以立案。同时，又因为许多企业员工缺乏自我保护意识，不了解职业病的识别与危害，等到出现严重后果时才诉诸法律，往往为时已晚。

考虑下面一个模型，假设员工的法律知识程度为 L，如图 6 - 2。假设一个员工的合法权益受到了侵害。如果他能够成功地通过法律维权，则能够拿回确定的收益 R。但是，通过法律拿回收益的成本会因员工的法律知识程度不同而不同，法律知识越少，维权成本越高。当员工法律知识极少的时候，成本也很高，远远

超过固定的回报 R。初始阶段员工法律知识上升能够明显降低成本；当知识上升到一定程度时，成本降到收益之下；随后，随着法律知识的下降，成本也不再大幅下降，此时的成本接近一个熟悉法律的人维权时的成本。如果员工具备的法律知识为 L_0，则收益刚好抵消成本；如果只有 L_1，则如果试图维权的话只会遭受 A 的损失；如果员工法律知识为 L_2，则通过法律手段维权能够夺回 B 的净收益。所以，提高员工的法律知识和维权意识非常有用。

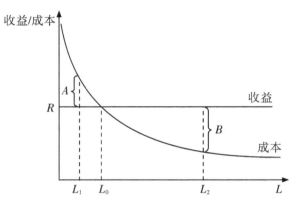

图 6-2　员工法律知识程度对其维权效益的影响

第二节　"民工荒"与企业社会责任

农民工是中国社会特有的现象之一。20 世纪 70 年代，伴随着党的十一届三中全会的召开和农村家庭联产承包责任制的推行，农民从土地上解放出来后，开始大量涌入城市务工，从而引发了 20 世纪 80 年代的"民工潮"。但从 2004 年春天开始，一向被认为廉价劳动力接近于"无限供给"的中国，令人意外地发生大范围"民工荒"，农民工一夜间成了"稀缺商品"。在 2008 年全球性的金融危机背景下，我国劳动力市场遭到猛烈的就业冲击，农民工成为受影响最严重的就业群体之一。① 2009 年虽然世界经济仍不景气，但中国宏观经济指标持续回暖，在此背景下，新"民工荒"向沿海地区席卷而来，浙江、广东等地用工缺口都

---

①　参见李长健：《金融危机下农民工就业权益保护研究》，载《河南省政法管理干部学院学报》，2010 年第 2 期，第 9—13 页。

很大。①"民工荒"折射的是农民工就业保障权的缺失,这是一个值得社会责任研究工作者重点关注的问题。

一、"民工荒"产生的原因分析

我国一直是劳动力大国,群体数量庞大的农民更被视为"用之不竭"的劳动力资源。2004年,珠江三角洲地区(以下简称"珠三角")一带爆发改革开放以来的第一次"民工荒",引发了各界关注。据统计,由于这次"民工荒",珠三角很多民营企业遭受了重大打击。某民营企业因招不到员工损失了美国方面2/3的订单,损失金额数百万。是什么使得成千上万的空缺岗位与上亿的农村剩余劳动力之间形成了断裂?其中需要关注和警惕的是什么?

广东省近几年连续出现的"民工荒"很大程度上应归因于近10年来珠三角一带民工工资的徘徊不前。工资低、生活差、消费高这三大因素,使得民工宁可闲在土地上,也不愿意外出打工。广东省一些地方之所以出现劳动力短缺,关键在于这里的外来工权益荒废已久。在"民工潮"涌动初期,还能借地区间的巨大收入反差形成"洼地效应",以较低薪酬吸引外地民工;当贫困地区经济发展到一定程度后,发达地区仍以较低的工资作为招聘大旗,忽视民工在政治、经济、文化权益方面的合理诉求,遭到冷落应是一种必然的"报应"。

如图6-3所示,假设原来发达地区的劳动力需求曲线为AD,供给曲线则为AS_0,因此均衡工资是w_0,劳动力就业数量是Q_0。但是,随着贫困地区经济不断发展,一些外出劳动力开始选择返回落后地区发展,于是发达地区的劳动力供给曲线左移到AS_1。劳动力需求曲线比较平坦,是因为广东这些地区很多企业是劳动密集型企业,依赖于低廉的劳动力获取利润,一旦工资下降,对劳动力需求会有较大的上升,除非劳动力数量已经多到企业短期无法吸收的程度。而关于劳动力供给曲线形状,开始比较平坦是因为此时劳动力比较充裕,一旦到了一定程度,剩余劳动力数量再也难以增加,曲线就开始变得极为陡峭。而现在的变化都是牵涉到比较平坦的曲线部分。劳动力供给曲线的左移,使得在原工资w_0下,劳动力缺口达到$Q_0 - Q_1$,从图6-3中可以看出是一个非常大的缺口。在新的均衡下,工资上升到w_1,而均衡就业人数Q_2,如果需求方需要更多的劳动力,则只能进一步提高工资待遇。

谁也不能否认,不少发达地区经济的"飞速"发展是建立在大量外来劳动

---

① 参见杨敬:《2009年三季度经济述评之二:理性看待沿海地区出现"民工荒"》,载《中国信息报》,2009年11月4日第1版。

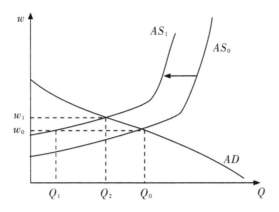

图 6-3 发达地区劳动力供给减少对当地企业的影响

力的"廉价"成本上。当这种"廉价"长期得不到价值提升，势必会导致强劲反弹。对于突然爆发的大面积"民工荒"，正确的解读是：这是民工对长期的不公平待遇说"不"的结果。它带给很多企业的教训是：只有善待员工，才能留住包括民工在内的所有职工；一味把财富建立在无限廉价劳动力之上，注定要受到市场惩罚。广东省部分地区出现的"民工荒"现象折射出我国部分地区劳动环境的几点不足。

1. 部分企业过于漠视人性的双重取向

作为生产力中最活跃的因素，人具有双重属性，即自然属性和社会属性。如果企业片面强调自然属性的"经济人"作用，把人简单地当作资源来利用，而忽视人的社会性，对"自动人"、"复杂人"的作用视而不见，任意侵害员工权益，那么，"民工荒"问题只不过是企业面临更大危机的前兆。

社会属性是人特有的属性，是人的较高层次的属性。尊重人性，不仅仅是尊重人的自然属性，更是要尊重人的社会属性。而许多企业面对利润的时候，仅把人视为一种劳动"工具"，对劳动力资源进行掠夺性的"开采"，忽视人的社会属性。企业不是克扣、拖欠员工工资，就是任意裁员，甚至打骂、体罚员工，造成人员伤亡事故，性质恶劣，影响很坏。做工的风险大，农民工在很恶劣的条件下生产和生活，很多人付出了健康的代价，患上了职业病，有的甚至为此失去生命。① 漠视人性的管理不但深深伤害员工的感情，而且也损害企业利润，制约长期发展，更影响地区形象。据报道，一些跨国公司按照国际普遍推行的社会责任标准，已将珠三角的一些企业列入黑名单，不再向这些企业采购商品，令其损失

---

① 参见国务院研究室课题组：《中国农民工调研报告》，中国言实出版社 2006 年版。

惨重。

2. 部分企业过度追逐利润

企业要生存、要发展必须要有钱，必须追求利润最大化。但赢利并不是企业的最终目标，企业不能只为钱而存在，而应当承担起一定的社会责任，将企业内外人的精神发挥出来，让工作变得更有意义，这才是企业的核心价值观，也是企业得以长期发展的驱动力。当前，一些企业为了追逐利润最大化，不惜在人力资源成本上打"坏主意"，动"歪脑筋"，搞一些短期行为。比如，随意降低工资标准、随意延长工作时间、忽视员工安全防护、漠视造成的环境污染等，以种种人为因素造成员工工资低、生活环境差、安全无保障等，最终使员工选择了逃避，对这些"黑心企业"、"无良公司""敬而远之"。据广东省人力资源管理协会的调查，在珠三角地区，92.04%的企业存在加班现象，近七成的企业每周加班时间超过10小时，有的甚至达到28小时。据原国家劳动和社会保障部2004年联合调查显示，全国各地城市工人的工资，扣除物价上涨因素，在以每年平均6%的幅度增长，而珠三角农民工工资"数十年如一日"，1992—2004年，12年间仅提高了68元，在猪肉或大米的价格同期已涨了3倍以上，公务员的工资也涨了5倍以上的情况下，民工"实际工资水平停滞不前甚至有所下降"。自从2004年"民工荒"发生后，各地开始积极应对，政府大力引导企业提高民工待遇。在2006年最新公布的城市、地区最低工资标准中，在广东（2006年9月开始执行）各地，珠三角最发达的深圳地区为月薪810元，广州为780元，珠海、佛山、东莞、中山为690元。① 而上海同期实行的最低工资标准是690元。需要说明的是，上海市的这690元不包含个人应该缴纳的社会保险费。也就是说，企业必须保证员工拿到690元的最低收入，同时还要相应支付个人应缴纳的社会保险费。而深圳市的810元月最低工资标准包含了员工拿到手的收入和需要缴纳的社会保险费，概念上有些区别。2006年，上海仍将按正常调整机制适时出台新的最低工资标准。② 2014年，广州最低工资为1 550元，珠海、佛山、东莞、中山为1 310元。③ 深圳同期实行的最低工资标准是1 808元，上海同期实行的最低工资标准是1 820元④。

2005年，在声称缺工的广东企业中，超过9成的企业存在不同程度的加班

---

① 参见邓婧：《粤将大幅调整职工最低工资标准》，载《民营经济报》，2006年7月13日A16版。
② 参见王辉：《最低工资意味着什么》，载《上海金融报》，2006年6月6日A06版。
③ 参见《广东省人民政府关于调整我省企业职工最低工资标准的通知》，见广东省人民政府网站：http://zwgk.gd.gov.cn/006939748/201302/t20130205_365944.html。
④ 参见李金磊：《15省上调最低工资标准 上海居首山东1500元》，见人民网：http://ccnews.people.com.cn/n/2014/0711/c142052-25270477.html。

现象，近3成企业存在拖欠工资现象。据《广州日报》报道，深圳某电子技术公司在2005年3月一个月内，迫使116名工人人均超时工作123.44小时；佛山某鞋业有限公司拖欠1 700多名工人工资高达480万元；佛山某陶瓷公司拖欠1 145名工人和部分管理人员工资共344万元，欠缴539名工人社保17万元；珠海市某保健按摩中心违规收取押金，非法扣押证件，引发员工罢工、集体上访……①中山大学2005年进行并完成的"农民工比较研究调查报告"中提到，珠三角的民工在被问到在企业打工期间是否有"限定吃饭时间"的经历时，有51.4%的被调查者回答"有"。受访者中，有2.0%曾被管理人员殴打、8.7%曾被搜查、5.3%曾被怀疑偷窃、18.9%"感到受歧视"。②

3. 部分企业发展模式落后

2008年的全球性金融危机导致了沿海地区许多外向型企业倒闭破产，这就表明了外向型经济增长方式的脆弱性，也说明了高度对外依赖将严重威胁国家的经济安全。在民工短缺、劳动力成本日益上升、资源承载力日渐饱和的趋势下，原有的低工资、低成本、外向型、高投入、高污染、低附加值的粗放型发展模式在沿海地区已不具有竞争优势，不具备可持续发展能力，是造成民工短缺的主要原因；低工资、低劳动成本带来的低效率可能使部分企业落入"低成本陷阱"。当前的"民工荒"很大程度是"劳动力无限供给—低工资—低成本—低效率—低竞争力"链条的断裂，是长期不重视人力资本投入、不进行自主创新、不加快产业升级的理性反映。③"民工荒"揭露的是企业发展方式的低创新性。

4. 不少企业对外界环境反应迟钝

农民工的居住环境、就业条件以及流动障碍构成了对劳动力流动的约束，发达地区无法建立劳动力"蓄水池"，农民工难以融入城市。在供求关系发生微妙变化的情况下，企业如果反应迟钝，"劳动环境"的问题立马就表现了出来。

在供不应求的农民工市场，农民工首先抛弃了那些劳动强度大、工资低的企业，这类企业在"民工荒"中为此前的作为付出了最大的代价。其次是实际工资水平走低的企业，据调查全国各地城市工人的工资，扣除物价上涨因素，都在以每年平均6%的幅度增长，而在珠三角地区，扣除物价因素，民工"实际工资水平停滞不前甚至有所下降"。

---

① 参见窦丰昌：《广州公布"血汗工厂"效果明显，将继续曝光》，载《广州日报》，2005年12月12日。

② 参见张晓晖：《珠三角民工生存状况劣于长三角资料》，载《中华工商时报》，2006年5月17日第5版。

③ 参见李波平、田艳平：《两轮"民工荒"的比较分析与启示》，载《农业经济问题》，2011年第1期。

同时，上海以及苏南地区等都在积极推行一些保障民工利益的措施来改善就业环境，比如为民工买保险，开办民工子弟小学，导致民工群体向更有吸引力的这些地区流动。在外力因素作用下，广东省突然爆发"民工荒"也就不难理解。

现在外出务工的大多是20世纪80年代中期以后出生的新一代农民，文化素质较高，有较强的维权意识。广东省总工会在一项对外来工生存状况的调查发现，在被调查对象中，41.8%的人认为赚钱是外出务工的首要目的；而36.0%的人认为，他们外出务工后的最大收获是开阔眼界。[①] 新一代农民工更多的是把打工作为开眼界、找机会的手段，稳定就业和自我发展是其外出选择工作最注重的两个方面。

农民工维权意识日趋增强，随之而来的就是劳资纠纷的增加。2005年全国各级劳动争议仲裁委员会共立案受理劳动争议案件31.4万件，涉及劳动者74.4万人，其中广东6.12万件，位居全国第一。[②] 农民工为维护自己的权益，有时甚至会采取过激行为。2004年10月6日，深圳美芝海燕电子厂3 000多名员工因为不满工资过低、加班时间过长等问题，采取了堵路的方式集体上路讨说法，他们称工厂每月只给员工底薪230元，每天要工作12小时，每小时2.1元，不包吃住，称企业剥削了他们的劳动力，事件查实后，劳动部门给该工厂开出了一张196万元的罚单。2014年4月，东莞裕元鞋厂几万工人因为企业多年社保缴纳不足问题爆发了大规模罢工，事件发生后，广东省政府及相关部门领导到现场处理问题，加强对当地的调研和指导。据相关部门调查核实，东莞裕元鞋厂确实存在未如实申报社保缴费的问题。对此东莞市社会保障局向企业发出"社会保险限期改正指令书"，责令企业于4月25日前依法进行整改。[③]

5. 针对农民工的社会保障制度缺失

社会保障制度须贯彻的一个原则就是公平，但是中国从二元户籍制度制定的那一天起也相应地形成了二元的社会保障制度。各种保险、福利以及相应的公共服务都是与户籍捆绑在一起的，只有具备城市户口的人，才能享受到城市所提供的养老、医疗、失业、工伤及住房、教育等相关福利。而农民工，因为他们的户籍身份是农民，显然享受不到这些福利与服务。"民工荒"发生的原因也在于"权利和利益荒"。经济学家舒尔茨（1964）曾指出，农民也是理性"经济人"。农民工经过精心计算后往往会发现，去工厂打工所获得的净收益还不如待在家里

---

① 参见邓圩：《农民工期盼改善就业环境》，载《人民日报》，2004年9月19日第5版。
② 参见中国劳动和社会保障部：《2005年全国劳动争议案件处理情况》，2006年6月。http://www.molss.gov.cn/gb/ywzn/2006-06/08/content_119054.htm。
③ 参见中国人力资源和社会保障部：《2014年一季度新闻发布会答问文字实录》，2014年4月28日。http://www.mohrss.gov.cn/gkml/xxgk/201404/t20140430_129461.htm。

务农或搞点小生意所获得的净收益高，于是他们就会选择从工厂回家或不去工厂打工。事实也是如此，城镇居民不仅占有好的职业，而且还能享受"从摇篮到坟墓"的各种社会保障。相反，农民工虽然进了城却绝难享有同等的保障待遇，只有自己承担着所有生老病死的风险；有时甚至连基本的劳动保护也没有，辛苦打工一年，工资都难以有保障。在沿海打工的农民工中，还流传着这样一句顺口溜："打工五六年，每天加班到两点，年底只剩车费钱，买件衣服没了钱。"

从社会保险的情况来看，目前我国社会保险主要有五大类：养老、失业、医疗、工伤、生育。据调查，农民工在这五方面的参保率分别只有 33.7%、10.3%、21.6%、31.8%、5.5%，至于企业补充保险、职工互助合作保险、商业保险的参保率就更低，分别只有 2.9%、3.1% 和 5.6%。① 专家学者普遍认为，农民工参保率低的原因主要在于四个方面：一是政府社会保障制度安排有缺陷，城乡不对接；二是保险基金的区域统筹与农民工的跨省流动之间存在尖锐冲突；三是企业以追求利润最大化为生产目的，不愿意为农民工参保缴费；四是农民工自身的因素，有些人更在乎眼前的经济利益，宁愿企业为他们支付更多的工资，不愿意花钱参与保险。从各地的数据和事例显示，工伤事故是威胁农民工生命和健康的最大敌人，但是至今为止，农民工的工伤保险依然无法落实。农民工在城市大多干的是脏、累、差、重、险的活，随时面临着断指断臂、伤筋伤骨、烧伤烧死、高空摔伤摔死等事故的危险。没有工伤保险，一旦出现伤亡事故，雇主和用人单位就把他们扫地出门，好一点的给一点抚恤金，恶劣的甚至不理不顾，让其自生自灭。

从社会福利看，目前农民工最突出的问题主要在三方面：一是住房。农民工是无缘享受福利分房或在政府提供补贴情况下购买商品房的。走进工地，就可以发现农民工的"棚户区"，几块帆布，几根竹竿，或者用简易的废旧材料搭建一下，撑起的就是他们的住所，还有些人住在地下的防空洞里。二是劳动时间。农民工的劳动谈不上什么劳动保障。如东莞一个制鞋厂的工人曾经向当地劳动部门投诉他所在工厂工人每天工作 16～18 个小时，并且要忍受极难闻的气味，而每月工资只有 350 块钱。三是子女的教育福利。据调查，88.4% 的人表示农民工子女在城市中就学有困难，而最大的困难还是"借读费用太高"。② 至于诸如最低生活保障的社会救助等其他社会保障权益，他们更加无法享受。

---

① 参见李长安：《下大功夫解决城乡"新剪刀差"问题》，载《上海证券报》，2005 年 12 月 2 日评论 A08。
② 参见邓宇鹏、王涛生：《中国民工短缺的制度分析》，载《经济学动态》，2005 年第 5 期。

二、"民工荒"与企业社会责任缺失

在社会学上有一个"肥鱼"理论,生动地描述了"民工荒"这种现象的发展和结果:大鱼吃小鱼、小鱼吃虾米,曾是商界的普遍规律,但其存在的前提是大鱼、小鱼和虾米一个也不能少。有大量小鱼、虾米生存的空间,才有大鱼的生存空间。而大鱼一旦吃光了池塘里的小鱼、虾米,自己成了一条肥鱼。按照这种理论,当池塘里什么食物也没有时,大鱼的死期也就到了。

广东省一些企业为农民工支付的薪酬和福利,已经不足以满足他们基本的生活和再生产需求的时候,也就是广东或中国企业劳动成本优势终结的时候。当这一天突然来到,我们的企业才明白"永续经营"的一个基本道理:宁要宽水,不做肥鱼。

一些欧美企业,特别是寄希望于从这种公关危机中尽快脱身的企业,开始了一场以社会责任和社会道德为中心的自我约束行动,例如耐克、阿迪达斯等公司,都公布了自己的业务准则和道德规范。大多数企业的行为准则中都承诺,要保护劳工的基本核心权利。沃尔玛在危机发生后,因超时工作而叫停供应商达400家,更有72家因使用童工而被永久列入黑名单。

经济的发展和社会的进步呼唤有社会责任心的企业。而我们强调企业要有社会责任心,并非高不可攀的苛求,而是依法办企业的基本要求。我国《中华人民共和国劳动法》(以下简称《劳动法》)、《中华人民共和国安全生产法》(以下简称《安全生产法》)、《最低工资标准》、《中华人民共和国工会法》(以下简称《工会法》)等法律法规中对企业的相关责任都有明确要求和规定。企业要真正负起社会责任,一方面企业领导要以社会为重,恪守以人为本的经营理念,认真执行国内相关法律法规。另一方面,有关部门也必须切实负起责任,积极宣传推动《劳动法》、《环境保护法》、《安全生产法》等相关法律法规的贯彻执行。同时,采取有力的奖惩措施,加大企业违反社会责任的成本,提高其遵守法律法规的自觉性,使更多企业成为推进经济、社会和谐发展的优秀企业。[①]

2004年,肇庆市26家民营企业联合发出"社会责任承诺宣言",向社会公开承诺实业报国、诚信经营、善待员工、保护环境等。在"善待员工"的宣言中,就有如下承诺:①不使用童工;②积极创建条件,为员工提供一个安全、健康的工作环境和生活环境;③尊重员工人格,保障员工合法权益,关爱员工,促进劳资关系的和谐稳定;④不要求员工超时工作,保证员工的法定休息时间,每

[①] 参见原国锋:《企业要有社会责任心》,载《人民日报》,2005年2月22日要闻版。

月加班时间不超过36小时，而且应保证加班能获得加班费；⑤在员工提供了正常劳动的情况下支付员工的工资不低于当地的最低工资标准，不拖欠员工工资。① 肇庆市这26家民营企业公开发布"社会责任宣言"，这在全国是首例，更是一个企业自信、负责的表现。到现阶段，企业发表社会责任宣言已然成为一种趋势。2014年7月17日，在第十二届中国国际屋面和建筑防水技术展览会上，13家"促进建筑防水行业健康发展产业联盟"企业率先在质量承诺宣言板上郑重签下自己的名字，向社会发出郑重承诺。在他们的带动下，一大批防水企业也把自己的名字写在了质量承诺宣言板上。②

珠三角遭遇"民工荒"，与一些企业缺乏社会责任、不善待员工有很大关系；珠三角不断出现员工以过激方式维权的现象，也是一些企业缺乏起码的社会责任导致的恶果。企业不仅仅是挣钱的机器，还应该是追求利润与承担社会责任的共同体。一个只讲挣钱的企业，与当今以人为本的社会主流文化是格格不入的，最终要被社会唾弃。那些不能善待员工的企业，不可能有一个好的企业形象，不可能有一支稳定的员工团队，不可能打造出一个家喻户晓的品牌。

三、当前我国企业社会责任建设的创新

2004年以来珠三角部分地区出现的"民工荒"给政府和企业界敲响了响亮的警钟，经济的"飞速"发展，不能建立在大量外来劳动力的"廉价"上。当这种"廉价"长期得不到价值提升，势必会遭到强烈抵制，最终会影响经济可持续发展。

企业社会责任有三个基本要素：市场行为、监督行为、自愿行为。企业社会责任的市场行为是企业通过竞争的市场所体现的社会责任，这个行为始终处于企业社会责任的支配地位。企业的生存和发展要在竞争的市场中去实现，企业要发展，就要扩大生产规模，就要扩大招聘员工，这就扩大了社会就业；企业追求利润的不断扩大，就为政府增加了税收。因此，对企业社会责任的最大检验是市场行为。企业社会责任的监督行为是指企业的经营行为必须符合政府和国际组织的规则、社会契约的规定。20世纪后期，监督行为在美国等发达国家受到重视。企业社会责任的自愿行为是企业自愿去承担不完全社会契约的要求。这些不完全社会契约由于受到社会条件的限制，不能在社会契约中确定下来。企业社会责任

---

① 参见谢辉：《26民企发布社会责任宣言》，载《南方日报》，2004年12月9日。
② 参见中国防水企业网：《众多企业积极签署质量承诺宣言》，中国防水网：http://www.cnwb.net/html/XW_News_2_15056.html。

的自愿行为主要表现为两个方面：超越法律的要求和社会舆论的要求。社会舆论对企业社会责任起到一种监督作用。企业社会责任要求企业对社会舆论做出积极的反应。如对慈善团体机构的捐献、提高成人教育等。[①]

我国企业社会责任建设的创新可以从以下几个方面着手，规范企业的市场行为，重视强化监督行为，大力倡导自愿行为。

（一）政府加强引导，在全社会形成倡导企业社会责任的良好局面

1. 政府应加强对企业社会责任的研究、宣传、培训和普及工作

首先要在企业中大力宣传、倡导诚信观念，加强诚信教育，普及诚信知识，使社会各行各业充分认识到诚信的价值，认识到恪守信誉、诚实经营对企业可持续发展所具有的重要意义。支持企业改善劳工条件，并在必要时提供培训、资金等方面的资助，对企业在改进劳工条件、提高职业健康与安全方面的投资给予减免税等优惠。与此同时，政府要大力加强国内职业安全卫生管理，增强国内执法力度。

政府支持企业开展社会责任活动，能够使企业在履行社会责任过程中有更高的效率。这是因为很多时候企业履行社会责任活动需要政府一些特有资源或者专长的支持和配合。我们考虑企业对员工开展培训这样一个项目。假设企业为每个员工培训而支付的成本为 x（代表了培训的程度），而企业因为培训员工收到的回报为 $b(x)$，$b'(x)>0$。当 $x \leq \hat{x}$ 时，$b''(x)>0$；当 $x>\hat{x}$ 时，$b''(x)<0$。企业的净收益为 $b(x)-x$，在初始阶段小于零，中间阶段大于零，此后会再次小于零，如图 6-4 所示。假设企业由于资金方面的限制，为每位员工提供的培训资金只能达到 x_0，此时企业进行培训得不偿失，因为 $x_0 - b(x_0) > 0$。此时，如果政府能够提供帮助和支持，就有可能改变这种情况，例如政府让政府中一些专业人员为企业员工开展培训等，企业的收益曲线有可能上升到 $b_1(x)$，此时，$b_1(x_0) - x_0 > 0$，企业则有积极性开展员工培训。不难看出，如果没有政府协助，企业要使得每位员工的培训净收益达到 $b_1(x_0) - x_0$，每位员工的付出成本必须达到 x_1，而按企业当前条件难以达到。由于政府在某些资源方面的高效率，政府为每位员工的付出必定小于 $x_1 - x_0$。即使在企业有能力自我开展培训的情形下，政府的协助同样能够帮助企业提高培训效率。

2. 调整国内劳动法关于劳动时间的部分条例，使之能够被大部分企业执行

可采取两种方案。方案一是在出口加工型的企业中取消5天工作制，采取6

[①] 参见林军：《企业社会责任的社会契约理论解析》，载《岭南学刊》，2004年第4期。

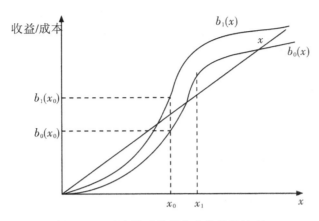

图 6-4 政府协助能提高企业培训效率

天工作制,加班时间可适当放宽至每月 60 小时。这样大部分生产型的企业都能够满足法律的要求,也能够扫除和企业社会责任认证标准之间的一个障碍。方案二是政府、学校等组织实行 5 天工作制,出口加工型的企业可申请实行 6 天工作制。

假设图 6-5 中横轴为企业实行的工作制时间 T,TR_1 是出口加工型企业在其他要素不变时企业随工作时间上升的收益曲线,TC_1 则是相关的成本曲线。TR_2 是非出口加工型企业(例如大型国有企业)在其他投入要素不变时随工作时间上升的收益曲线,TC_2 则是相关的成本曲线。TR_2 在 TR_1 上方,是因为在非出口加工型企业中,员工素质更高,企业更加依赖于员工的创造性活动来获得收益;对应的 TC_2 也比 TC_1 要高,因为高素质的员工待遇要更高。从图中可以看出,出

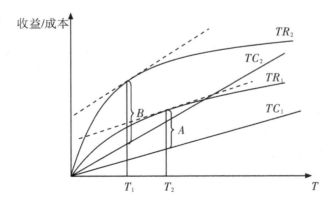

图 6-5 不同企业应设置不同劳动时间标准

口加工型企业的最优员工工作时间 T_1 比非出口加工型企业的最优员工工作时间 T_2 短。而出口加工型企业对应的净收益 A 也小于 B 的净收益，收益率也要低。这是因为非出口加工型企业往往需要投入更多的资本，在不考虑资本成本的时候，它们的收益率看起来要高很多。所以，根据经济规律，政府有关部门不应该生硬地设定工作时间，而是应该考虑不同企业的实际情况，灵活制定标准，从而达到双赢效果。

3. 积极参与社会责任认证标准的制定与完善

政府应组织力量对企业社会责任方方面面的内容进行研究，同时举办各种层次的培训班将研究成果宣讲出去，使企业的经理层认识到其应承担的社会责任，使企业的员工认识到自己应享有的权利。比如，全国第一个省级的企业社会责任专业研究会——广东省社会责任研究会，把广东所有研究企业社会责任的力量汇集起来，深入开展对企业社会责任问题的研究，政府部门应该给予鼓励和支持，充分利用理论界的力量为政府决策和企业发展服务。各种协会也要积极利用我国在国外机构或企业工作的人员，收集相关资料，并主动参加相关的国际会议，发表研究报告，提出一些改进措施。这样一方面可以避免国际舆论对我国劳工人权状况的攻击，同时可以使"中国制造"的产品更加为国际消费者所接受，从而富有竞争力。

（二）政府、社会、企业共同努力为农民工构建社会保障体系

目前要按照城市标准建立统一的社会保障体制是不现实也是不可能的，首先必然会加重国家财政负担，其次各地区经济发展不平衡，条件不具备。建立的基本目标可以是从保障农民工的基本生活为出发点，按轻重缓急逐步建立起包括五大保险在内的低水平、全方位、多层次的农民工社会保障制度，最终目标是与城镇社会保障制度接轨，实现城乡高度统一化、社会化、法制化、规范化的社会保障制度的建立（黄秀玲和吴再发，2005）。

要从根本上解决农民工社会保障问题，首先，必须明确各级政府以及企业、员工的责任，特别要界定政府在各项社会保障项目中的职能；其次，分离社会保障制度的转轨成本；再次，充分发挥工会在促进社会保险制度完善中的作用，这是解决农民工乃至中国社会保障制度完善的必经之途；最后，扩大资金来源，建立以个人和公司为主、政府为辅的资金来源，确保个人账户能在全国范围内转移。

（三）建立企业监督机制

企业社会责任的监督机制是以法律监督为基础、社会监督相结合的监督体系。要强化企业承担社会责任的监督行为，可以从两方面入手（林军，2004）：第一，法律监督。要明确法律是企业社会责任监督机制的根本保证。政府应从维护社会利益和保证社会发展的需要出发，以社会公众利益代表和社会公共管理者的身份，以立法的形式和政府行政权力的形式，建立、规范企业社会责任的法律和法规体系，这是形成企业社会责任监督机制的基本前提和保证。第二，社会监督。要加强社会对企业承担社会责任的监督，充分发挥新闻舆论、行业公会、国际组织的作用，形成多层次、多渠道的监督体系，以完善企业承担社会责任的社会环境。

（四）加强职业安全卫生和劳工管理，改善劳工条件

积极采取有效措施使企业了解并树立危机意识，自觉提高劳工标准。从某种程度来说，珠三角地区企业出现的"民工荒"问题不是因为政策不到位，而是因为管理不到位造成的。如今，外来务工人员的流动已经越来越理性化，社会保障比较健全的地区是他们选择打工地点的重要因素。对待这些问题，需要反思的固然是相关的企业，但也应包括当地政府。假如，当地政府能够为外来务工人员提供良好的就业环境，或者至少能够为他们安排家属尤其是子女提供便利条件，那么每年的"春运民工潮"可能不会出现，如今的"民工荒"也不会爆发。所以，表面上看，"民工荒"问题出在企业，但从根本上看也有政府的原因。政府有关部门应依照我国目前已有的相关行业和工业劳动标准，不定期地对企业进行抽查；为工人反映情况创造便利的渠道，以保护劳工的权利；提高出口产品的劳动工资成本，改善中国工人的劳动待遇。进一步贯彻落实"两会"的精神，要落实最低工资制度，对于使用童工、违反工资和工时规定、存在严重职业安全的企业处以重罚。

（五）以宣传和鼓励的方式强化企业的自愿行为

一般情况下，企业在承担社会责任之初，常常感到社会责任的限制和重负以及对自身的行为形成的限制和束缚。但是当企业把社会责任变成自身的需要，其行为获得真正的自由时，企业决策会更为顺利地实现和做出。这会更有利于企业把握市场机遇，增强企业的竞争实力和水平，在市场竞争中领先一步。同时，企业社会责任的自觉承担，也会大大提高企业的整体形象，增加消费者和员工对企业的信心，与企业建立较为稳定和长期的合作关系，有利于企业潜在市场的开拓和发展。因此，政府应动员各种媒体力量宣传在承担社会责任方面表现良好的企业，让企业树立这样的信念，向社会公众和消费者展示出自己良好的社会责任形象。

第三节　企业社会责任与工会维权

在劳工保护问题上，还应该强调工会的责任。我国的《工会法》明确规定，工会代表和维护劳动者的合法权益。工会有责任替劳动者伸张正义。我国的《劳动法》规定："如果用人单位违反法律、法规或者劳动合同，工会有权要求重新处理；劳动者申请仲裁或者提起诉讼的，工会应当依法给予支持和帮助。"这一规定，不仅适用于企业工会，而且适用于地方工会和产业工会。各级各类工会都应当按照这一法律规定来履行自己的职责和义务。

一、我国企业工会的法定权利

依据劳动法的理论，工会不是劳动者，但工会本身的性质把工会"圈进"了劳动法的调整范围，使工会成为了劳动法中法律关系的参与者，即工会是劳动法中的权利的享有者和义务的承担者，是劳动法的主体。[①] 在我国，《劳动法》、《劳动合同法》和《工会法》对企业工会的法定权利作了全面的规定。

（一）指导权

工会应当帮助、指导劳动者与用人单位依法订立和履行劳动合同，避免劳动者个人因缺乏对自身合法权益的理解而与用人单位草率签订劳动合同后遭受侵害，让劳动者在工会的正确指导下，自主积极地保护其正当权利。工会的法定指导权使工会介入并充分发挥其指导作用，帮助劳动者树立明确的维权意识。

（二）协商权

我国法律将劳动法律关系中有关劳动力定价的协商权赋予了代表劳动者的工会，规定工会应当按照集体协商机制，将集体合同草案提交职工代表大会或者全体职工讨论通过。经工会同意，工时才得以延长，否则，用人单位做出的延长工时的决定是违反法律规定的，应属无效。这样，便以法定的形式将劳动法律关系中有关延长工时的协商权赋予了代表劳动者的工会。

[①] 参见王全兴：《劳动法》，法律出版社1997年版，第5页。

（三）监督权

企业工会的监督权，是指工会有权对用人单位单方解除劳动合同进行监督。用人单位单方面解除劳动合同，工会认为不适当的，有权提出意见。这是从法律上赋予工会一定的监督权限。用人单位单方解除劳动合同必须依照法律规定进行，并接受工会的监督。

（四）参与权

企业工会能够有效和广泛地参与和协助国家执行对劳动法律关系进行的适度干预，如通过听证会、劳资双方合同的签订，防止劳动者的个人权益受到侵害。工会的参与权突出表现在劳动争议调解委员会和劳动争议仲裁委员会的运作中。工会遵循以事实为依据、以法律为准绳的原则要求，依法参与调解与协商，充分维护劳动者的合法权益。

二、工会维权面临的新问题

我国正处于改革发展的关键阶段，国民经济平稳快速增长，社会生活发生深刻变革，社会矛盾相互交织，社会问题层出不穷，工会工作的环境、对象和任务也发生了深刻变化。随着社会主义市场经济的不断发展，社会经济成分、组织形式、就业方式、利益关系和分配方式日益多样化。随着工业化、城镇化进程的加快，大量农民脱离第一产业，进入第二、第三产业就业，工人阶级队伍的数量不断壮大。在企业改制重组过程中，大量职工离开国有、集体企业，进入非公有制经济组织就业，工人阶级队伍的流动日趋频繁。知识分子在工人阶级队伍中的比例越来越大，工人阶级队伍的整体素质普遍提高。随着职工人数增多、非公有制企业增多、外来务工人员增多，劳动关系更加复杂，维护职工合法权益的任务更加繁重。

同时，2004年以来珠三角地区出现的"民工荒"，表明我国劳动关系仍存在一些问题。工会是社会经济矛盾，主要是劳动关系矛盾的产物。在社会经济转型过程中，我国劳动关系日益复杂多变，由行政化的利益一体型通过利益分化向市场化的利益协调型转变。劳动关系的重大变革客观上要求工会工作进行适时的调整，确立切实可行的工作目标。

面对新挑战，我们必须认真思考和探索解决以下几个问题：第一，如何正确处理好履行维护职能和维护改革发展稳定大局的关系，促进社会和谐；第二，如何最大限度地把职工组织到工会中来，增强党的阶级基础和扩大党的群众基础；

第三，如何适应完善社会主义市场经济体制的新要求，进一步推进工会的体制创新、机制创新、工作方式方法创新；等等。只有勇于迎接挑战，解决好这些课题，及时提出新思路、新举措，才能推动工会工作取得新发展。

三、工会与企业社会责任

一般来说，企业对员工应承担以下责任：禁止使用童工；禁止强迫劳动，不得要求工人缴纳押金或将身份证件交给企业保管；禁止辱骂工人，禁止性强迫、性辱骂等行为；企业的招聘、工资福利、培训、提升及退休政策不得存在歧视；企业工资不得低于法定和行业最低工资，应按高于普通工资的水平计算加班工资，应以现金或支票方式发放工资福利；保障工人的团结权和集体谈判权，工人有权组建工会，企业不得歧视工人代表或将其与其他工人相隔离；企业必须提供安全和整洁的工作环境，采取必要措施避免工伤事故，为工人提供定期的健康及安全培训等。这些内容基本上源于国际劳工组织的"核心劳工标准"，也与我国工会保障劳动者合法权益的要求相当接近。①

就工会和企业社会责任两者的性质而言，工会是工人自愿结合的利益性组织，而近几年兴起的企业社会责任运动虽然更多地出自跨国公司扩大市场份额和改善社会形象的商业动机，它不可能取代工人通过组织工会和开展集体谈判等自身努力来维护他们的基本权利，但不可否认，在我国，当前推进企业社会责任建设不失为建立劳动关系协调机制和维护劳工权益的一条可行的途径。积极推进企业社会责任建设在现阶段可以作为工人和工会的一个有效工具，来增强他们在谈判和日常管理中的谈判地位。生产守则的特点之一就是广泛吸收工人、工会及非政府组织的参与，因此，两者是同路人的关系，应当相互倚重，加强合作。

为此，各级工会要做好以下工作：一要加强和改善职业安全卫生管理，加强劳动保护的检查力度，积极改善国内企业的劳动环境和生产条件，以迎接国际上各种复杂形势的挑战。二要加强对企业社会责任的研究力度，使企业了解这个社会责任标准的内容以及所带来的挑战，树立危机意识。同时，应立足于我国企业的实际状况。如我国劳动密集型企业在推动经济发展、吸纳就业人员和保持社会稳定等方面发挥了积极作用，但其中不少企业目前并不具备西方发达国家所提出的一些企业社会责任标准，如果按照 SA 8000 的标准要求，这些企业原有的劳动力价格优势将势必丧失，企业劳动者利益也将相应地受到损害。所以，在应对

---

① 参见乔健：《新一轮结构调整下的我国劳动关系及工会的因应对策》，载《中国人力资源开发》，2003 年第 9 期。

SA 8000 的挑战时，应根据不同类型的企业提出不同的要求，而不是一切盲目地顺应。三要积极配合政府，检查和治理拖欠农民工工资的问题。各地政府要落实最低工资制度，对使用童工、违反工资和工时规定、存在严重职业安全问题的企业处以重罚。

四、工会构建和谐劳动关系的制度创新

我国的《工会法》明确规定，工会代表和维护劳动者的合法权益。工会有责任替劳动者伸张正义。我国的《劳动法》规定："如果用人单位违反法律、法规或者劳动合同，工会有权要求重新处理；劳动者申请仲裁或者提起诉讼的，工会应当依法给予支持和帮助。"这一规定，不仅适用于企业工会，而且适用地方工会和产业工会。各级各类工会都应当按照这一法律规定来履行自己的职责和义务。2007 年颁布的《劳动合同法》进一步明确了工会在劳动关系三方机制中的地位和劳动合同签订、履行和变更中的作用，从法律上为工会介入劳动过程、维护劳动者合法权益提供保障。

（一）认真学习，明确方向，全面落实科学发展观

1. 全面落实科学发展观，用发展的科学理论指导工会工作

树立和落实科学发展观，是贯彻落实"三个代表"重要思想，实现全面建设小康社会宏伟目标的必然要求；是妥善应对国内外各种风险和挑战，及时解决现实矛盾和问题的迫切需要；是实现全面、协调、可持续发展，更好地发挥排头兵作用的关键所在。各级工会干部要坚持以邓小平理论和"三个代表"重要思想为指导，全面、系统地把握科学发展观的内涵和要求，把思想和行动统一到科学发展观上来，推动工会工作深入开展。

2. 全面落实科学发展观，坚持以人为本，做好工会工作

坚持以人为本，必须把维护职工的合法权益，促进职工的全面发展作为工会一切工作的出发点和落脚点，着力解决关系职工群众生产生活的突出问题，尊重和保障职工的政治、经济和文化权益，提高职工的科学文化素质、思想道德素质和健康素质，动员广大职工为改革开放和现代化建设做出新贡献，同时，让广大职工共同享受改革开放和现代化建设的成果。

3. 全面落实科学发展观，促进工会工作新发展

我们既要突出履行维权的基本职责，又要全面履行其他各项社会职能；既要促进地方工会突出重点，务求实效，实现工作全面发展，又要鼓励产业工会结合实际，创造性地开展工作，形成产业特色。

（二）突出工会的维权职能，促进建立和谐稳定的劳动关系

1. 建立健全劳动关系协调制度

工会是中国共产党领导的职工自愿结合的工人阶级群众组织，中华总工会及各级工会代表职工的利益，依法维护职工的权益。维护职工合法权益是工会的基本职责，也是工会存在的基础。从我国现行的法律来看，工会对于违法的企业能行使监督权而没有执法权。首先，工会更应该加强劳、资和政府三方对话，维护职工的合法权益，这是推进工会维权机制建设的制度保障。根据国际劳工组织1976年144号《三方协商促进国际劳工标准公约》的规定，三方对话机制是指政府通常以劳动部门为代表，在雇主和工人之间，就制定和实施经济和社会政策而进行的所有交往和活动。即由政府、雇主组织和工会通过一定的组织机构和运作机制，共同处理所涉及劳动关系的问题。其次，构建工会参与集体谈判制度。集体谈判是工会维权最重要的途径，大多是建立集体协商制度来保障工人的集体谈判权。国际劳工组织1949年的《组织权与集体谈判公约》（98号公约）对集体谈判权作了原则性的规定，从权利的角度规定了政府应当鼓励和保护集体谈判机制的运用，"对于雇主或雇主组织同工人组织之间进行自愿谈判的机制，政府应当采取适合本国国情的措施鼓励，并促进其充分地发展与运用，以使双方通过签订集体协议来规定工人的就业条件"。为促进我国工会维权职能的发挥，还要积极宣传贯彻新颁布的《集体合同规定》，大力推广专项集体合同和区域性、行业性集体合同，积极推行工资集体协商办法。最后，坚持和完善企事业单位职工代表大会制度，进一步强化职工代表大会在国有企业改革改制中的监督作用，认真落实职工代表大会的各项职权，积极探索非公有制企业员工民主参与的有效途径，大力推行区域性、行业性职工代表大会制度，推动社会主义民主政治建设。

2. 提高工会的普及率

工会的普及率包括两方面：工会的组建率和员工的入会率。劳动者维护自己的合法权益，最简单的方法是加入工会。首先，工会维权有必要在最大多数的企业中建立工会组织；其次，入会率的高低能直接反映工会维权的力度。

（三）工会应积极推进和完善劳动法制建设，加大劳动执法监督力度

目前我国的法律还有很大的欠缺，工会的维权职能也相对减弱。我们应在法律的前提下，利用法律的武器来维护权益，这样才能更好地把敢于维护和善于维护综合起来，加大维权的力度，有效地维护职工的合法权益不受到侵害。

近几年来，工会参与国家立法100多项，参与制定涉及职工切身利益的法律

法规和政策1 264件，今后更要积极推进有利于调节劳动关系的相关法律制度的建设。① 首先，工会要推动和参与制定法律制度建设，如《劳动关系法》、《中华人民共和国劳动合同法（草案）》、《集体合同规定》、《劳动保障监察条例》、《最低工资规定》、《社会保险稽核办法》和《劳动争议仲裁法》等。其次，建立协调矛盾以及保障制度结合起来的完整的机制，同时，建立和完善内部制度，完善流程，更好地保障职工的权益不受到侵害。再次，加大工会对劳动执法情况的监督力度，建议劳动部门建立举报制度，并定期进行监察活动。最后，要认真研究国际劳动立法和发达国家的劳动立法，这样不仅可以借鉴国际社会的有益经验和成功做法，完善本国立法，而且也有利于在涉外企业中维护职工合法权益。

（四）加强工会的独立性

其他国家市场经济的发展经验证明，工会之所以可以平衡社会各阶层，在维护职工的合法权益中起到重要作用，关键在于工会是一个独立的组织，具有独立的主体资格（谢萌，2011）。工会是为保护劳动者合法权益，自发形成的群众组织，只有保障工会的独立性，才能有效实现其唯一宗旨——保护劳动者权益。

1. 保障工会的组织独立性

工会是企业中的人权组织，它的唯一职能是维护职工的权益。但是在许多企业中，工会被看成政府的行政助手，工会的目标出现差异化。这要求改变党组织视工会为党的部门的观念，党只对工会思想上领导，而不应该干预其工作。这就需进一步处理好党对工会工作的领导和工会工作独立性二者之间的关系。

2. 保障工会的经济独立性

按照《工会法》的规定，工会的经费应当是工会会员缴纳会费，行政按照工资的比率来缴纳，以及政府的补助汇集的，工会经济上的独立是工会功能得以发挥的前提。"在全球范围内，工会官员的工资开销无不是来源于工会经费。许多国家的工会立法都将此项支出列为工会基金的首项内容。如新加坡、缅甸、印度等国，其工资包括工会官员的工资、津贴和开支。"② 目前工会的主要经费及工会工作人员的工资、工会主席的工资主要来源于企业，使工会工作人员经济上受企业控制，不能完全反映劳动者的意愿。改变这种现状，保障工会的经济独立性势在必行。

---

① 参见沈琴琴：《中国劳动关系的变革与工会工作的主要目标》，载《工会理论与实践》，2003年第6期。

② 常凯、张德荣：《工会法通论》，中共中央党校出版社1993年版，第366页。

第四节 国际劳工组织与国际劳工标准

一、国际劳工组织

（一）国际劳工组织的历史及宗旨

国际劳工组织（International Labor Organization，ILO）1919年根据《凡尔赛和约》作为国际联盟的附属机构而成立。1919年4月，联合国和平大会通过了《国际劳工组织章程》（以下简称《章程》）。1946年12月14日ILO成为联合国的一个专门机构，目前总计有181个成员国。国际劳工组织的宗旨是："促进充分就业和提高生活水平，促进劳资合作，改善劳动条件，扩大社会保障，保证劳动者的职业安全与卫生，获得世界持久和平，建立和维护社会正义。"[①]

第一次世界大战末期，国际社会需要消除世界范围内工业化进程所带来的不利影响。因为，对于世界的人们来说，如果没有社会和经济上的公正，也就不可能有世界的和平。因此，根据《凡尔赛和约》，国际劳工组织应运而生。《国际劳工组织章程》序言鲜明地反映了人们对这种情况的关注，指出，"现有的劳动条件使大量的工人遭受不公正、苦难和贫困"。第一，出于政治目的。如果不改善工人的条件，随着工业化的进程，工人的人数将不断增长，可能因此产生社会动荡，甚至出现革命。序言指出，不公正"造成了如此巨大的不安，竟使世界和平与和谐遭受危害"。第二，出于经济目的。由于改善工作条件对生产成本不可避免地带来影响，任何进行社会改良的行业或国家可能会发现自己被置于与竞争对手不利的地位。序言指出，"任何一国不采用合乎人道的劳动条件，会成为其他国家愿意改善其本国状况者的障碍"。第二次世界大战中期，来自41个国家的政府、雇主和工人代表出席了在美国费城召开的国际劳工大会。代表们通过了《费城宣言》，它作为《国际劳工组织章程》的附件，至今仍然是关于国际劳工组织宗旨和目标的宪章。1969年，国际劳工组织在纪念其成立50周年之际，被授予诺贝尔和平奖。[②]

[①] 参见世界知识年鉴编辑部：《世界知识年鉴2011—2012》，世界知识出版社2012年版，第1063页。

[②] 参见百度百科："国际劳工组织"，http://baike.baidu.com/view/26147.htm? fr=aladdin。

（二）国际劳工组织的结构和职能

国际劳工组织由以下三部分组成：国际劳工大会，为最高权力机构，每年6月在瑞士日内瓦举行；劳工局理事会，为国际劳工组织的执行机构，每三年由大会选举产生，在大会休会期间指导该组织工作，每年召开3次会议；国际劳工局，常设秘书处，由理事会任命的局长领导。国际劳工组织还通过一些辅助机构，如地区会议和专家组开展工作。国际劳工组织是以国家为单位参加的国际组织，组织结构上按照独特的"三方代表"原则，即参加各种会议和活动的成员国代表团由政府、雇主组织和工人组织的代表组成，三方代表有平等独立的发言权和表决权。三机构的职能如下。[①]

1. 国际劳工大会

每年6月，国际劳工组织成员国聚集在日内瓦参加国际劳工大会。每个成员国派两名政府代表、一名雇主代表和一名工人代表参会。通常由各国负责劳工事务的内阁部长担任团长，并代表其政府在大会上发言，阐述其政府的观点。大会发挥着非常重要的作用，制定和通过国际劳工标准，作为一个讲坛讨论全球重要的劳工和社会问题，并通过本组织的预算和选举理事会成员。

2. 劳工局理事会

劳工局理事会是国际劳工组织的执行机构，每年在日内瓦召开3次会议，讨论决定国际劳工组织的政策。理事会制订计划和预算，再提交国际劳工大会讨论。理事会还选举国际劳工局长。目前理事会由56名成员组成，其中有28名政府代表、14名工人代表和14名雇主代表。10个重要产业国家的政府自动成为理事会的成员，这10个国家是：巴西、中国、法国、德国、印度、意大利、日本、俄罗斯、英国和美国。其他政府理事每三年由劳工大会在考虑区域平衡的基础上选举产生。雇主和工人分别选举自己的代表。

3. 国际劳工局

国际劳工局是国际劳工组织的常设秘书处和所有活动的联络处，受理事会监督准备有关活动并接受局长的领导，局长的任期每届为5年，可以连选连任。劳工局雇用的官员有1900多人，来自110多个国家，他们在日内瓦总部和全球40个办事处工作。国际劳工局负责准备各种文件和报告，这些文件和报告是国际劳工组织各项大会和各专业会议的重要的背景材料。国际劳工局还负责向各成员国政府部门以及雇主组织和工人组织提供技术援助。它还通过聘用技术合作专家在世界范围内为其技术合作项目提供指导。国际劳工局还致力于各种研究和宣传活动，并发行内容广泛的专业性出版物以及与劳动事务和社会问题相关的各种专业

[①] 参见李妮：《国际劳工法统一化进程研究》，湖南师范大学2005年硕士学位论文。

性期刊。

二、国际劳工标准

国际劳工标准，又称国际劳动立法，是指国际劳工组织制定的与劳动者权益有关的国际最低标准。国际劳工标准并不能直接适用于各个成员国，除非成员国批准公约或者将建议书的内容转化为本国国内法。

1. 国际劳工标准的主要形式

国际劳工标准的主要形式有两种：一种是国际劳工公约，另一种是建议书。两者虽然都属于国际劳动立法文件，但其法律效力是不同的。国际劳工公约经国际劳工大会通过后，提交成员国批准；公约一经批准，成员国必须遵守和执行。而建议书则是提供给成员国制定法律和采取其他措施时的参考，不需要成员国批准，因而没有必须遵守和执行的义务。[①]

到 2014 年 3 月，该组织共召开了 320 次理事会会议。从 1919 年第 1 届到 2013 年第 102 届的历届劳工大会已制定了 188 项公约和 199 项建议书。这些公约和建议书都是采取单行法的形式，每一个公约或建议书只包括某一项劳动问题或问题的某一方面的规定。

2. 国际劳工标准的核心和宗旨

国际劳工标准的核心和宗旨是确立和保障世界范围内的工人权利。工人权利又称劳工权益，是指法律所规定的处于现代劳动关系中的劳动者在履行劳动义务的同时所享有的与劳动有关的社会权益。工人权利是一个历史和发展的概念，在不同历史时期、不同的背景条件下，工人权利的内涵有所不同。

在《国际劳工组织章程》中，国际劳工立法的目标确定为"只有以社会正义为基础，才能建立世界持久和平"，在 1944 年第 26 届国际劳工大会上通过的《关于国际劳工组织的目标和宗旨的宣言》（即《费城宣言》）中进一步确立为"全人类不分种族、信仰和性别，都有权在自由和尊严、经济保障和机会均等的条件下谋求物质福利和精神发展"。因此，国际劳工组织需要通过制定和实施国际劳工标准的方式，来确立和保障世界范围内的工人权利，改善各国工人的劳动条件，以达到维护社会正义和世界和平的目标。

3. 国际劳工标准的内容和分类

国际劳工标准的内容涉及劳动和社会保障领域的方方面面。在第二次世界大战以前，国际劳工标准首先关注的是有关改善劳动条件、保护工人健康等内容，如限制工作时间，禁止妇女和未成年人做夜工，规定最低受雇年龄，规定星期日

[①] 参见林燕玲：《全球化下中国工人权利保护》，光明日报出版社 2013 年版，第 182 页。

休息，设立工厂监察制度，防止工业灾害，禁止使用有毒原料等事项；其次是关于实行社会保险、赔偿工人损失方面的，如规定工伤和职业病赔偿、疾病保险、失业保险以及工人赔偿的最低标准和争议处理等事项；最后是关于失业和工资方面的，如设立职业介绍所，规定最低工资等事项。

第二次世界大战以后，国际劳工标准逐步指向维护基本人权，进一步改善工人的劳动条件和生活条件，促进充分就业，以及诸如劳动行政管理、跨国公司、劳动环境、非全日制工作之类的新问题。公约和建议书规定的事项几乎涉及劳动问题的所有方面，形成了一个完整的国际劳动法体系。20世纪90年代以来，国际劳工组织高度关注经济全球化的社会层面问题，并陆续制定了新的国际劳工公约和建议书。

国际劳工标准可分为核心劳工标准、优先性劳工标准和一般性劳工标准，其中核心劳工标准最为关键。所谓的核心劳工标准又称为"工人的基本权利"。这一概念是1995年召开的社会发展问题世界首脑会议首先提出的。国际劳工组织在1998年国际劳工大会上通过的《国际劳工组织关于工作中基本原则和权利宣言及其后续措施》中，将核心劳工标准称为"工人的基本权利"，并将其规定为4个方面的内容：禁止强迫劳动和雇用童工，结社自由，自由组织工会和进行集体谈判，同工同酬和消除就业歧视。这4项基本劳动权利，主要体现在8项国际劳工公约中，这8项公约为：1930年《强迫劳动公约》（第29条）、1948年《结社自由与保护组织权利公约》（第87号）、1949年《组织权利与集体谈判权利公约》（第98号）、1951年《对男女工人同等价值的工作付予同等报酬公约》（第100号）、1957年《废除强迫劳动公约》（第105号）、1958年《（就业和职业）歧视公约》（第111号）、1973年《最低就业年龄公约》（第138号）、1999年《最恶劣形式的童工公约》（第182号）。①

---

① 第29号强迫劳动公约（1930）：要求废除所有形式的强迫或强制劳动。但允许某些例外，如服兵役、受到适当监督的服刑人员的劳动和紧急情况下的劳动，如战争、火灾、地震。第87号结社自由与保护组织权利公约（1948）：赋予所有工人和雇主无须经事先批准，建立和参加其自己选择的组织的权利，并制定了一系列规定，确保这些组织自由行使其职能，不受当局的干涉。第98号组织权利与集体谈判权利公约（1949）：对保护防止反工会歧视，保护防止工人组织和雇主组织之间相互干涉和促进集体谈判的措施做出了规定。第100号同工同酬公约（1951）：呼吁男女之间同等价值的工作给予同等报酬和同等津贴。第105号废除强迫劳动公约（1957）：禁止使用任何形式的强制或强迫劳动作为一种政治强制或政治教育手段，作为对发表政治或意识形态观点的惩罚，作为动员劳动力的手段，作为一种劳动纪律措施，作为参与罢工的惩罚或歧视的手段。第111号（就业和职业）歧视公约（1958）：呼吁制定一项国家政策，消除在获得就业机会、培训和工作条件方面任何基于种族、肤色、性别、宗教、政治见解、民族血统或社会出身等原因的歧视，促进机会和待遇平等。第138号最低就业年龄公约（1973）：旨在消除童工劳动，规定准予就业的最低年龄不得低于完成义务教育的年龄。第182号最恶劣形式的童工公约（1999）：呼吁立即采取有效措施确保禁止和消除最恶劣形式的童工劳动，包括奴役制和类似的做法，强迫征募儿童参与武装冲突，使用儿童卖淫和色情服务，任何非法活动，以及可能危害儿童的健康、安全和道德的工作。

三、国际劳工标准在中国的实践

中国是国际劳工组织的创始会员国之一。1949 年 10 月 1 日以前，中国政府批准过 14 项劳工公约。1949—1971 年，台湾当局还批准过 23 项公约。中国自 1983 年 6 月恢复在国际劳工组织的活动后，对前 14 项公约全部予以承认，对后 23 项公约的批准宣布为非法、无效，由国际劳工局予以撤销。截至 2013 年底，中国共批准了 25 项国际劳工公约，其中 4 项核心公约：第 100 号《对男女工人同等价值的工作付予同等报酬公约》、第 111 号《（就业和职业）歧视公约》、第 138 号《最低就业年龄公约》和第 182 号《最恶劣形式的童工公约》。①

中国自恢复在国际劳工组织的席位以来，本着务实、严肃和积极的态度继承、批准和实施国际劳工公约。我国长期以来将国际劳工标准视为"软法"，认为既然其生效需要成员国批准，因此除 8 项核心劳工标准外，各国对于其他国际劳工标准的执行应该是自愿的（朱莉莉，2011）。中国批准国际劳工公约，一般遵循以下立场和原则：②

（1）积极借鉴国际劳工公约。国际劳工公约中绝大部分都是技术性的，而且内容涉及的多是国内劳动问题，如工时、职业安全与卫生、社会服务、住房和闲暇时间、社会保障部门给予的保护儿童和未成年人的就业、特殊类别（如海员、渔民、码头工人、种植园工人等）。无论是资本主义制度还是社会主义制度都可以采用，唯一的条件是看有无引入的客观需要和实际可能。因此，只要我国劳动事业有需要，我们的物质基础允许，就应该积极与之接轨。

（2）批判式地吸收。我们借鉴国际劳工公约或者说与国际劳工标准接轨，是为了促进我国劳动立法的发展与完善，为劳动领域的改革开放和更好地维护劳动者的利益服务。但我们不能"拿来"就用，必须从我国的需要和现实出发，吸收好的、成熟的东西，拒绝或摒弃不符合国情的、错误的东西。随着我国劳动事业的发展和社会主义法制建设的进步，对国际劳工标准的批判性吸收也应当是发展的。

（3）实事求是，逐步接轨。根据国际劳工标准的一些特点，加上我国发展水平低，所以我国应该做到利用国际劳工公约的特点，量力而行，逐步接轨。

中国在恢复国际劳工组织活动初期，确定批准公约的原则是：尽力避开政治

---

① 参见朱莉莉：《国际劳工标准在中国的适用及启示——基于中国"民工荒"的现状分析》，广西财经学院学报，2011 年第 6 期。

② 参见余云霞：《中国入世与国际劳工标准》，载《中国党政干部论坛》，2002 年第 12 期。

性公约，选择技术性但又有一定政治影响的、我国立法和实践条件基本具备的公约加以批准，做到趋利避害、为我所用、稳步推进。2000 年前先后批准了 6 项公约，涉及就业、同工同酬、最低年龄、三方协商、残疾人职业康复和就业、安全使用化学品等 6 个方面。2001 年 10 月批准了 2 项公约。2002 年 6 月 29 日批准了第 182 号公约《禁止和立即行动消除最恶劣形式的童工公约》。对 1995 年至今的促进批准基本人权公约活动，中国投了赞成票，也就是说，承担了遵守 8 个基本公约中包含的原则和义务。

中国政府一直重视保护儿童权益，同样也非常重视童工问题，解决这个问题主要靠法制手段。中国一贯支持并积极参加国际上反对、禁止使用童工的活动。1999 年，中国政府批准了国际劳工组织第 138 号最低就业年龄公约，同年，还对国际劳工组织第 182 号公约投了赞成票，此外，劳动法、未成年人保护法、禁止使用童工的规定等都对童工问题做出了规定。中国政府对童工问题态度非常明确，一是禁止使用，二是禁止介绍，三是禁止允许。禁止使用，就是法律规定，所有机关、事业单位、企业、社会团体、个人都不准使用童工；禁止介绍，就是所有的中介机构、劳动机构都不准介绍童工到各个实体中去工作；禁止允许，就是儿童的父母或者儿童的收养人不能允许这些儿童到企事业单位或其他经营单位去工作。法律明文规定，违反者都要依法受到惩处。中国对使用童工的违法行为坚决依法打击。全国成立了专门负责执法的劳动保障监督机构，对机关、企事业单位的招工名册和劳动合同进行审查。有关部门还开展经常性的执法检查活动，以充分保障儿童的权益。

近年来，我国在积极加入、批准国际劳工标准，健全完善国内劳动立法方面已取得了新的成就。2008 年，我国先后颁布施行了《劳动合同法》、《劳动争议调解仲裁法和促进就业法》，使得国际劳工标准关于劳动合同的基本规制、促进就业、劳动争议的自愿调解和自愿仲裁等规定以转化的方式加以规定。同时，国务院及劳动部门又发布了一系列劳动法律、法规和规章。至今，我国已建立起适应市场经济发展需要的劳动法律体系，劳动立法与国际劳工标准的接轨向纵深发展。

现阶段，我国也正因为劳工标准问题，面临着国内外的双重压力，提高劳工标准是必然趋势；但是是否一定要通过由发达国家制定的国际劳工标准就不一定。在发展中国家，应该积极制定符合自己情况的国际劳工标准，才能有效减少资金外流，彻底改变国际劳工标准认证的被动局面。

第七章 企业社会责任与产品质量管理

企业的基本使命就是向社会提供多元化的产品和服务，同时获取经营利润，在满足广大人民群众物质和文化需要的前提下，为社会发展积累财富，为企业的可持续发展积累资本。本章从企业社会责任与产品质量管理的关系出发，分析生产企业和销售企业如何承担产品质量保证的社会责任等问题。

第一节 企业社会责任与产品质量管理的关系

一、质量管理思想与企业社会责任

（一）质量的伦理道德基础

在克劳斯比（Philip Crosby）、戴明（William E. Deming）、朱兰（Joseph H. Juran）和石川馨（Ishikawa Koaru）的质量管理思想体系中，都可以找到一些有关企业社会责任和产品质量极其密切地联系在一起的重要事例。克劳斯比（Philip Crosby，1997）曾论及这两者的一致性：企业高级管理人员首先要考虑的是消费者是否已经得到了企业承诺的好处；其次要坚信，只有当所有员工与企业管理人员步调一致时，企业才会兴旺发达起来，这时企业高级管理人员才能确信，消费者和员工将会获得应有的尊重。[1]

戴明（William E. Deming，1982）特别指出，在企业员工中要提倡打破障碍、"摆脱恐惧"，尽力去提出问题和表述观点，鼓励每个人以自己的技能和实现自我改进的业绩而感到自豪。戴明还推崇一种企业氛围，即管理者、员工和消费者之间的相处都要遵循伦理道德规范。按照戴明的理念，企业制度，尤其是报酬和奖励机制，必须是用来提升企业的价值而不是增加矛盾。这种充满伦理道德

---

[1] Crosby Philip. The absolutes of leadership. New York: John Wiley, 1997.

的社会责任文化最终将提高企业的社会形象。

朱兰（Joseph H. Juran，1951）也曾说过，价值、信仰和行为体系对企业的发展是非常重要的。企业要得到社会的公认，就必须关注员工的工作情况和满意度。

石川馨（Ishikawa Koaru，1985）为推崇社会责任而发表过非常中肯的观点，他认为企业首要考虑的问题应该是与员工和谐相关的事。如果员工在工作中感到厌恶，那么企业也就不值得存在下去了。

美国质量协会（ASQ）的道德规范的条文规定：会员要承诺"运用他们的知识和技巧，致力于人类社会安定的进步事业，投身于提高产品的安全性和可靠性的公众服务活动"。

里奥纳多和麦克亚当（Leonard & McAdarm，2003）也认为，只有在这样的道德规范基础上，才能建立起企业的社会责任和领导层的职责模式。如果企业的道德标准降低，全面质量管理成功的机会也会减少。如果管理者违背了他们对员工的承诺，同样也会使员工为违背对顾客承诺的行为找到借口。如果管理者为自己设置过多的短期利益，那么员工也就不会有动力去考虑顾客的长期满意度。

在一个成功的企业社会责任体系中，质量是一种固有的特征。美国质量协会主席利兹·凯姆（Liz Keim）指出：我们已目击到的那些企业垮台的事件提醒我们，如果我们对质量和道德规范问题光说不做，那我们就要承受长期的痛苦的后果。

（二）质量管理的环境的四个关键因素

以下四个关键因素组成了质量管理的环境：质量工具和技术，包括解决疑难问题的 ISO 9000 和 ISO 14000 管理体系；质量模式，用来协调和控制质量的工具；企业战略，为达到企业目标而建立的指导方针和手段，可以使质量工具和质量模式融为一体；哲学体系，这是质量管理的核心和最重要的要素。建立在戴明、朱兰和其他质量大师教育思想上的哲学体系，使得质量管理成为唯一能驾驭商业理论和实践的工具。它影响和指导着组织价值的构成以及企业的远景目标和宗旨的制定。它形成了质量的基础：道德规范或者企业社会责任。

（三）企业社会责任必然会影响企业的品牌和形象

实际上企业社会责任的理念在质量体系中已经应用多年，并且得到了社会的日益重视，这足以证明它的实用性和有效性。确切地说，质量提供的是"具有竞争力的产品、优良的服务和持久耐用的品质，并能在最短的时间内以最低的成本向市场提供产品",同时企业社会责任还强调人的尊严、工作满意度、企业和所有相关人员特别是员工之间的长期相互信任等。

(四) CSR 与 ISO 9000 和 ISO 14000

里奥纳多和麦克亚当在谈到 CSR 与 ISO 9000 和 ISO 14000 的关系时,认为已经实施相当一段时期的环境管理标准 ISO 14000 已经具备了实行 CSR 的结构方法。实际上,ISO 19011 标准已经把 ISO 9000 和 ISO 14000 的审核活动融合在一起。ISO 19011 反映了这两种标准之间的紧密关系;同时,它也反映了环境管理系统对质量管理的重视正日益加强。

二、产品质量保证是企业应该承担的重要社会责任

产品质量是指产品的使用价值,即产品的有用性。尽管具体产品的质量特性或多或少存在差异,但从性质上可归纳为性能、可信性、安全性、适应性、经济性和时间性六个方面。而在企业所承担的社会责任中,我们认为,产品质量保证是企业社会责任的基本体现,或者说是最根本的要求。质量是通过道德的方式超越经济效益,企业不仅只有创业目标,更要考虑社会和环境问题;融合社会责任与质量管理是商业成功的一种新方法,对于每一个公司,做好质量管理和社会责任才能确保一个可持续的未来。[1]

(一) 新的消费观念更加重视产品质量

随着经济社会的发展,消费需求和消费观念发生了重大的变化,消费者不仅要求企业能提供满足各种生活需要的多元化产品,同时还要求企业提供的产品质量是优良的。产品的有用性决定了企业能否进入市场或扩大市场,产品质量问题在这种新的消费趋势下成为了企业可持续发展的首要问题。

(二) 我国企业的产品质量问题相当突出

近年来,我国食品安全事件频频发生,如三鹿奶粉的"三聚氰胺事件"、老酸奶含工业明胶事件、黄酒含致癌物质事件,等等,"舌尖上的中国"正在经受食品安全问题的严峻考验。广大消费者越来越担心口中的食物,往往谈"食品

---

[1] Oana Staiculescu. Quality and social responsibility:A pathway to the future. Procedia-Social and Behavioral Sciences,2014 (109).

安全"色变。宁夏食品安全办公室发布的《2011年度宁夏食品安全状况报告》白皮书显示,84.6%的宁夏消费者在采购食品时最关注"食品安全",其关注程度远远高于价格、品种、包装等其他因素。而在以粤菜闻名的广州,超过46%的受访居民对食品安全不满意,超过37%的人说他们最近遇到过食品安全问题。一件件产品质量事件,可谓触目惊心。目前我国企业的产品质量问题突出表现在以下几方面。

1. 安全性能差

产品的安全性是产品质量高低的一个重要特性,特别是直接涉及人身健康和财产安全的产品,其安全性就更为重要。2013年国家质量监督检验检疫总局共抽查了16 021家企业生产的17 020批次产品,产品抽样合格率为88.9%。从近5年的抽查情况看,产品抽样合格率分别为87.7%、87.6%、87.5%、89.8%和88.9%,整体呈现稳定上升态势,2013年比2012年下降了0.9个百分点。从实施市场准入管理的产品抽查情况看,全年抽查了39种实施工业产品生产许可证管理的产品,覆盖6 222家企业的7 279批次产品,产品抽样合格率为89.8%。抽查了26种实施强制性认证管理的产品,覆盖2 637家企业的2 684批次产品,产品抽样合格率为90.1%。生产许可证产品和强制性认证产品抽样合格率均超过全年总体水平。从企业生产规模来看,全年抽查的大、中、小型企业数分别占抽查企业总数的13.7%、20.8%和65.5%,与往年抽查比例相当,产品抽样合格率分别为95.3%、92.0%和86.3%,与2012年相比均有不同程度下降,占产业主导的大、中型生产企业产品质量基本稳定,小型生产企业数量多,产品抽样合格率相对较低。从抽查地区分布来看,东部地区产品抽样合格率为89.2%,同比上年下降了0.9个百分点;中部地区产品抽样合格率为87.3%,同比上年下降了2个百分点;西部地区产品抽样合格率为89.3%,同比上年提高了0.5个百分点。东、中、西部地区产品抽样合格率水平基本持平。① 产品质量安全是指产品的质量符合顾客的要求,不会导致顾客拒绝购买和不满。当产品质量低于顾客的要求时,销售就会受阻。当产品质量有重大隐患导致顾客利益受损时,产品不仅无法实现销售,还会威胁到生产企业的生存。

2. 使用寿命短

根据GJB 451 A—2005的定义,使用寿命是"产品使用到无论从技术上还是经济上考虑都不宜再使用,而必须大修或报废时的寿命单位数"。更具体一些,产品的(可)使用寿命是指从产品制造完成到出现不能修复(或不值得修复)

---

① 参见国家质量监督检验检疫总局:《2013年全年产品质量国家监督抽查情况通报》,国质检监〔2014〕29号。

的故障或不能接受的故障率时的寿命单位数。① 使用产品寿命是指产品保持既定特性满足需要的时间，它主要是针对耐用品而言，是衡量产品质量高低和经济性的一个重要指标。我国产品的使用寿命短主要表现在首次故障时间短、可维修性差、报废早等问题上。

3. 科技含量低

我国产品科技含量低的突出表现就是高新技术产业产值占工业总产值的比重太低。2011年全国高新技术产业工业总产值超过10万亿元，工业增加值占同期全国第二产业增加值的比重达12.4%；2012年，我国国家高新区队伍扩容至105家，营业总收入达到16.1万亿元，工业增加值占全国工业增加值的13.6%。② 由于我国产品的科技含量低，造成产品在国际市场上缺乏竞争力，在国际大分工中，占据的大多是高能耗低产出的产业链，严重抑制了本国经济的可持续发展。

4. 产品的标识不规范

产品标识是用来识别产品及其质量、特征、特性和使用方法等的各种标识的统称。一般情况下，产品的标识是通过产品的标签作为文字、符号、数字、图案及其他说明性的标识载体，标明产品的质量、特征、特性或使用方法。然而，市场上的很多产品却经常被发现，在产品标识上，有的未标明产品的生产日期和有效期；有的无厂址，无中文警示说明；有的未标明产品的执行标准或标注内容与实际不符；更有甚者，还在上面标有欺诈性或误导性的说明。产品标识的不规范固然有法规宣传不力，使企业对产品标识的要求不清楚的原因，但最主要的还是因为企业的质量意识淡薄，未对产品标识的重要性予以足够的重视。

三、产品质量管理有助于企业承担社会责任

国际标准ISO 8402（1994）中对质量管理的定义是："确定质量方针、目标和职能，并在质量体系中通过诸如质量策划、质量控制、质量保证和质量改进使其实施的全部管理职能的所有活动。"③ 该定义包括了以下几层意思：

（1）质量管理是各级管理者的职责，但必须由最高管理者来领导。质量管理的实施涉及组织中的所有成员。一个组织要搞好质量管理，应加强最高管理者

---

① 参见何国伟、角淑媛：《寿命的可靠性综论（一）》，载《质量与可靠性》，2011年第1期。
② 数据来自中国科技部高新司。http://finance.jrj.com.cn/industry/2012/03/3117101264102/shtml。
③ 参见李铁男：《ISO 8402—1994 质量管理和质量保证—词汇》，载《工程质量管理与监测》，1995年第2期。

的领导作用，落实各级管理者职责，并加强教育，激励全体职工积极参与。

（2）质量管理包括下述管理职能中的所有活动：确定质量方针和目标，确定岗位职责和权限，建立质量体系并使其有效运行。

（3）质量管理是在质量体系中通过质量策划、质量控制、质量保证和质量改进一系列活动来实现的。企业可以通过建立和健全质量保证体系来实现质量管理。

（4）应在质量要求的基础上，充分考虑质量成本经济因素。质量管理是企业管理的重要组成部分，是企业围绕着质量而开展的计划、组织、指挥、控制和协调等所有管理活动的总和。质量管理必须与企业的其他管理活动，如生产管理、经营管理、财务管理、人力资源管理等紧密结合在一起，才能实现质量目标，并保证企业目标的实现。

质量管理是以满足消费者的需要，以提高顾客满意度为根本目标，企业的目标从单纯的利益最大化转变为确保包括顾客在内的各利益相关者的利益。产品质量管理的有效实施有助于企业承担社会责任。

（一）产品质量保证是企业生存和发展的基础

产品质量是企业的生命，企业生产的产品是否能得到消费者的认同决定了企业能否生存和发展，提高产品质量是保证企业经济效益和社会效益不断增长的源泉。吴迎春（2006）认为，产品质量提高可以扩大市场占有率，从而增加生产，增加销售，最终可以提高经济效益；产品质量提高，产品就可以较高的价格出售，从而给企业带来更多的利润，提高经济效益；产品质量提高，有利于企业资源优化配置和充分运用，从而减少消耗，降低成本，以最经济的手段生产出顾客满意的产品，为企业经济效益的持续提高奠定基础。

（二）产品质量保证是企业社会责任的保障

企业社会责任按照利益相关者理论即是企业对其利益相关者负有社会责任。所谓利益相关者是指"与企业的经营活动和经营绩效有利益关系的人或团体"，如企业的股东、员工、消费者、行业协会、社团组织、合作伙伴、政府等。

企业对其他相关者的利益，是以质量为保障的，没有质量就没有顾客，就没有市场，就没有生存的空间。就一个企业来说，顾客所要求的不仅仅是产品质量，还要求服务质量、形象质量，还有交货准时、价格合理等要求；对广大消费者来说，需求是多方面的，既有生理需求，又有心理需求；对员工来说，要得到合理的工作岗位，其劳务投入能得到合理的回报，希望有好的人际关系，得到生理和心理满足；对商务合作伙伴来说，不仅能在合作中获利，还希望长期维持业务关系；对社会来说，要求企业遵守国家有关法律法规，并履行纳税义务，为社会作贡献。企业要达到上述要求，质量是关键，质量是保障。反之，没有较好的质量保证，企业承担社会责任就是一句空话，也就不能落在实处。因而，较好的产品质量是企业社会责任的保障。

企业承担社会责任的能力和企业产品的质量成正比，两者关系如图7-1中的曲线所示。图中，横轴表示产品质量e，纵轴表示企业承担社会责任的能力s。如果企业产品质量超过e_0，则企业拥有承担社会责任的能力。如果产品质量小于e_0，则企业并不具有承担社会责任的能力，反而会给社会带来负面影响和危害。企业产品质量越差，如果产品流入市场，则对社会产生的危害越大。

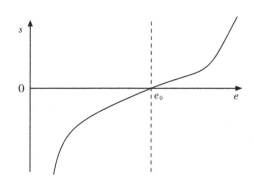

图7-1 企业承担社会责任的能力和企业产品的质量成正比

（三）提高质量可以提升企业素质，进而有助于企业社会责任的实现

企业承担社会责任表明企业对社会，对消费者，对环境负有一定的责任，从某种意义上讲，这是企业素质高的一种最集中的表现。产品质量是企业生产经营活动的综合成果，是企业各方面工作质量的综合反映。企业提高质量的过程就是提高企业每个部门和每个岗位工作质量的过程，因此，提高质量能有效地促进企业的计划管理、生产管理、劳动管理、物资管理、设备管理、财务管理等各方面工作的改进，就能从根本上改善企业管理，全面提高企业素质，从而有助于企业社会责任的实现。

第二节　企业应当承担的产品质量保证的社会责任

一、企业应承担的质量责任

产品质量管理是企业管理的重要组成部分，企业的质量责任指的是，企业在承担社会责任时，在产品质量上必须为行为负责。

（一）对产品质量本身

1. 产品的可靠性

可靠性是指产品在规定的条件和规定的时间内，完成规定的功能的能力。产品的可靠性是与规定的条件分不开的。这里所说的"规定的条件"，包括使用时的应用条件和环境条件，其中有气候因素（如温度、湿度、气压）、机械负载（如振动、冲击、加速度）、使用因素（如工作时间、供电电压），以及辐射条件、维护条件等。"规定的时间"是指产品预定寿命，在寿命期内，产品应能完成规定的任务。"规定的功能"是指产品应具备的技术性能指标。产品的质量指标是产品技术性能指标和产品可靠性指标的综合。仅仅用产品技术性能指标不能反映产品质量的全貌，只有既具备优良的技术性能指标又具备经久耐用、充分可靠、易维护、易使用等特点的产品，才称得上是一个高质量的产品。可靠性指标和技术性能指标最大的区别在于：技术性能不涉及时间因素，它可用仪器来测量；可靠性与时间紧密联系，它不能直接用仪器测量，要衡量产品的可靠性，必须进行大量的试验分析和统计分析、调查研究以及数学计算。

2. 产品的安全性

产品的安全性是指产品使用过程中的安全情况。其中，造成人员死亡、职业病、设备损坏或财产损失的一个或一系列意外事件叫事故，不发生事故的能力叫安全性。可导致事故的状态叫危险，导致某一种危险的事件发生的总可能叫危险的可能性，对某种危险可能引起事故的最严重程度的估计叫危险的严重性。某些危险尽管可能引起事故，可能很严重，但出现的概率很小，有时则不予考虑。

3. 产品的符合性

产品符合性指产品质量符合在产品或其包装上注明采用的产品标准，符合以产品说明、实物样品等方式表明的质量状况。

以上前两项是通常所说的生产者对产品质量的默示担保条件，即无须另行说明而应担保的条件；第三项则是生产者对产品质量明示担保条件，即生产者自身已经通过不同方式明确表示了其所生产的产品质量，应当成为自身的担保条件。凡产品符合以上三项要求的，即为基本上的合格产品，否则即为不合格产品。

（二）对产品或其包装上的标识

产品或其包装上的标识应当符合以下要求：有产品质量检验合格证明；有中文标明的产品名称、生产厂的厂名和厂址；根据产品的特点和使用要求，需要标明产品规格、等级、所含主要成分的名称和含量的，相应予以标明；限期使用的产品，标明生产日期和安全使用期或者失效日期；使用不当，容易造成产品本身损害或者可能危及人身、财产安全的产品，有警示标志或者中文警示说明。

（三）对特殊产品的包装

为了保证人身、财产安全，防止产品损害，国家对几类特殊产品规定了包装要求，即：剧毒、危险、易碎、储运中不能倒置以及有时有其他特殊要求的产品，其包装必须符合相应要求，有警示标志或者中文警示说明储运注意事项。

（四）对假冒伪劣产品

为了从源头上杜绝假冒伪劣产品，我国的《产品质量法》规定了对生产者的禁止行为，包括：不得生产国家明令淘汰的产品；不得伪造产地，不得伪造或冒用他人的厂名、厂址；不得伪造或者冒用认证标志、名优标志等质量标志；产品不得掺杂、掺假，不得以假充真、以次充好，不得以不合格产品冒充合格产品。

二、销售者应承担的质量责任

根据我国《产品质量法》的有关规定，销售企业应该承担如下的质量保障社会责任。

（一）关于进货检验

"销售者应当执行进货检查验收制度，验明产品合格证明和其他标识"。产品进货检验主要是检验产品自身是否符合默示担保条件和明示担保条件，即是否是合格产品。同时，也应检验产品或其包装上的标识是否符合规定要求。

（二）关于产品质量的保持

"销售者应当采取措施，保持销售产品的质量"。即销售者对于进货检验时确认合格的产品，有义务采取各种必要措施，保持产品原有质量，以防损害、变质。

（三）关于销售产品的标识

销售者所销售的产品，应当具备与生产者所规定的产品或其包装上标识完全一致的标识要求。

（四）关于失效、变质的产品

"销售者不得销售失效、变质的产品"，以防消费者的权益受到损害。

（五）关于假冒伪劣产品

我国《产品质量法》对销售者也规定了有关假冒伪劣产品的禁止性行为，包括：销售者不得伪造产地，不得伪造或冒用他人的厂名、厂址；销售者不得伪造或冒用认证标志、名优标志等质量标志；销售者销售产品不得掺杂、掺假，不得以假充真、以次充好，不得以不合格产品冒充合格产品。

三、产品的赔偿责任

（一）产品赔偿责任的概念

生产者和销售者不仅要承担保证其经营产品质量的责任，同时，对于产品在使用过程中出现质量问题引起的损失，还要进行赔偿，即承担产品的赔偿责任。所谓赔偿责任，就是消费者如果由于产品的质量问题受到伤害，那么作为产品的生产者或者销售者，应该根据具体情况给予消费者、使用者或者第三者一定的赔偿，以补偿消费者由于使用该产品而导致的损失。

（二）产品赔偿责任的条件

产品赔偿责任的条件有以下三个：产品责任是由产品的缺陷造成的，这类缺陷可能是设计上的缺陷、原料的缺陷、制造装配的缺陷或者是标示上的缺陷；产品赔偿责任是一种侵权责任，根据权责对等的原则以及公平互利的经济伦理原则，在交易中获益的一方有责任赔偿另一方的损失；产品赔偿责任是一种损害赔偿责任。产品的生产者或者销售者应该补偿其受害者的全部损失。损失包括过去的损失、将来的收益和实际的开支（比如说医疗费），还包括受害者的痛苦代价（精神赔偿等）。

在理解上述三个条件时，我们应注意以下几点：

第一，产品缺陷一般是由生产者造成的，因而产品责任一般由生产者承担。但是，由于销售者的过错使产品存在缺陷（如进货后未采取必要措施保持产品质量，导致产品失效、变质等），因而造成人身、他人财产损害的，销售者应当承担赔偿责任。如果产品缺陷是由于生产者或供货者的过错造成的，而销售者不能指明该产品的生产者或供货者（如销售的是匿名产品等），其侵权赔偿责任仍由销售者承担。

第二，我国《产品质量法》规定了生产者不承担赔偿责任的免责条件，生产者如能证明有下列情形之一的，就不承担赔偿责任：①未将产品投入流通的；②产品投入流通时，造成损害的缺陷尚不存在的；③将产品投入流通时，科学技术水平尚不能发现缺陷的存在的。对于这些免责条件，生产者负有提供证据的责任。如果生产者不能有效地证明符合上述条件之一的，就不能免除自身的赔偿责任。就销售者而言，如果要免除自己的赔偿责任，也必须有效地证明自身没有过错，即负有举证责任。如果销售者不能有效地证明符合上述条件之一的，就不能免除自身的赔偿责任。

第三，受害人（受到人身伤害或财产损失后有权要求获得赔偿的人，即权利主体，包括公民、法人和社会组织）可以向缺陷产品的生产者要求赔偿，也可以向销售者要求赔偿，有自由选择的权利。而先行赔偿人承担赔偿后，则有权向负有责任的人追还所支付的赔偿。

第三节　企业社会责任对产品质量管理的要求

一、积极推行质量认证工作

（一）质量认证的定义及其内涵

质量认证也称合格证（conformity certification），简称认证。在20世纪70年代前并没有统一的定义。1986年，国际标准化组织和国际电工委员会首次联合发布，把"合格认证"定义如下："由可以充分信任的第三方证实某一经鉴定的产品或服务符合特定标准或规范性文件的活动"（ISO/IEC指南2—1986的定义）。1991年，国际标准化组织和国际电工委员会对"合格认证"的定义又作了如下修改："第三方依据程序对产品、过程或服务符合规定的要求给予书面保证（合格证书）"（ISO/IEC指南2—1991的定义）。一般来讲，产品质量认证和质量体系认证统称为质量认证。

根据上述定义，可具体从以下五个方面来理解质量认证：

（1）质量认证的对象除产品、过程或服务之外，还涉及提供产品或服务的质量体系。

（2）标准是质量认证的依据。认证依据的标准应是经过标准化机构正式发布，由认证机构所认可的产品标准、技术规范、质量保证标准等。适合于相应认证对象的标准是开展质量认证活动的必要条件，因此也把标准视为认证的基础。通常情况下，国际标准、国家标准和行业标准可作为认证的标准，企业标准因适用性差，不宜作为认证用标准。

（3）鉴定的方法包括对产品质量的抽样检验和对企业质量体系的审核与评定。

（4）质量认证的证明方式有认证证书和认证标证。

（5）认证是第三方从事的活动。在质量认证活动中的第三方就是质量认证机构，它与第一方和第二方都不存在行政上的隶属关系和经济上的利益关系，地位中立。

质量认证是由第三方提供的，对产品质量的公正评价，可以为人们提供完全可以信赖的质量信息，因而对企业承担质量责任具有重要意义。

（二）质量认证的标准

1. 适合产品认证用的产品标准

（1）ISO/IEC导则《适用于产品认证的标准的要求》在产品要求、试验方法、质量控制、包装与标识和合格制定等方面都提出了一系列要求。

（2）我国《产品质量认证管理条例实施办法》对认证依据的标准有明确的规定，其要点如下：认证依据的标准应当是具有国际水平的国家标准或者行业标准。现行标准内容不能满足认证需要的，应当由认证委员会组织判定补充技术要求；我国的名、特产品可以依据国务院标准化行政主管部门确认的标准实施认证；凡经原国家技术监督局批准加入相应国际认证组织的认证委员会应采用该组织公布的，并已转化为我国的国家或行业标准的标准；经原国家技术监督局批准与国外认证机构签订双边或多边认证合作协议所涉及的产品，可按合作协议规定的标准开展认证工作。

2. 适合认证用的质量体系标准

自从 ISO 9000 标准系列发布后，世界各国普遍采取该标准系列中的 3 种质量保证模式标准（ISO 9001、ISO 9002、ISO 9003）作为认证用的质量体系标准。

（1）ISO 9000 系列标准简介。ISO 9000 不是指一个标准，而是一族标准的统称，根据 ISO 9000-1（1994）的定义：ISO 9000 标准指由 ISO/TC 176 制定的所有国际标准。TC 176 即 ISO 中第 176 个技术委员会，它成立于 1980 年，全称是"质量保证技术委员会"，1987 年又更名为"质量管理和质量保证技术委员会"。TC 176 专门负责质量管理和质量保证技术的标准。ISO 早在 1990 年的《2000 年展望》中，即确定了一个宏伟的目标："要让全世界都接受和使用 ISO 9000 族标准，为提高组织的运作能力提供有效的方法；增进国际贸易，促进全球的繁荣和发展；使任何机构和个人，都能从世界各地得到任何期望的产品，以及将自己的产品顺利销往世界各地。"①

（2）ISO 9000 系列标准的特点。ISO 9000 系列标准的特点包括：面向所有组织，通用性强；确立质量管理的八项原则，统一理念；突出顾客满意和持续改进；强化最高管理者的领导作用；强调过程方法，操作性强；考虑所有相关方的利益。

（三）质量认证是对企业是否承担质量责任的有效评定

前面我们对企业承担质量责任的必要性、内容进行了论述，那么，企业是否真正承担了质量责任，承担了多少，这需要有一个方法或工具去评定，而质量认证至少是目前一个最为有效的评定方法。也就是说，某一个企业所提供的产品若能通过质量认证，即可证明企业承担了质量责任，履行了应有的义务；反之，则不然。

（四）质量认证促使企业提高产品质量，积极承担社会责任

质量认证对企业承担质量责任是一个很好的促进，是一股不可或缺的推动力。这是因为，产品质量是企业的生命，有了质量信誉就会赢得市场，有了市场就会获得效益。一方面，实行质量认证制度者，市场上便会出现认证产品和非认证产品，认证便成为注册企业与非注册企业的一道无形界线，凡属认证产品或注册企业，都会在质量信誉上取得优势。因而企业要取得质量认证，唯一的途径是

---

① 《2000 年展望》又称为《90 年代国际质量标准的实施策略》，由国际标准化组织（ISO）质量管理和质量保证技术委员会（ISO/TC 176）在 1990 年举行的第九届年会上发布。

提高产品质量,而这恰好是企业质量责任的内容所在。另一方面,认证注册和认证标志能够指导买方、消费者从采购开始就防止误购不符合标准的商品,并且能使他们不会轻易地与未经体系论证的企业建立长期供需关系。这是对买方和消费者的最大保护。特别是涉及人们安全健康的产品实行强制性认证制度后,从法律上保证未经安全性认证的产品一律不得销售或进口,这就从根本上杜绝了不安全产品的生产和流通,极大地保护了消费者利益,从而实现了企业社会责任的真正目的。

(五) 质量认证实现消费者和企业双赢

通过质量认证的企业能够给消费者带来更多的购买信息,减少消费者搜寻信息的成本,增加消费者的使用效用,无论对企业,对消费者,还是对社会都是有利的事情。假设市场上有两种产品,一种是已经通过质量认证的产品 a,另外一种是没有通过质量认证的产品 b。假设市场上有很多消费者,消费者 i 从通过质量认证的产品消费中获得的效用为 v_{ia},从没有通过质量认证的产品消费中获得的效用为 v_{ib},限定 $v_{ib} < v_{ia}$,这两者对于每个消费者(以及潜在消费者)都不相同。消费者要购买该种产品的话,如果是通过质量认证的产品则为 s_a,如果是没有通过质量认证的产品则为 s_b,s_a 和 s_b 表示对应不同产品消费者所耗费的搜寻成本且 $s_a < s_b$。对于同一个消费者而言,如果两种产品销售的价格一样,那么必定有:

$$v_{ia} - s_a - p > v_{ib} - s_b - p \quad (7-1)$$

在这种情况下,产品 b 必定失去全部市场。同时,生产产品 a 的企业必须为产品通过验证付出提高产品质量的成本,记该企业生产没有通过质量认证的产品的单位成本为 c_1,生产通过质量认证的产品的单位成本为 c_2,$c_2 > c_1$。记该企业原来的市场份额为 x,新获得的市场份额为 x_a。企业为通过验证而付出努力并且保持价格不变的前提是新夺得的消费者市场能够弥补这部分的成本。因此必须有:

$$(p - c_2)x_a - (c_2 - c_1)x > 0 \quad (7-2)$$

只要该企业有较好的实力,通过验证并借此扩大市场份额从而增加利润是一件不难的事情。但是,一般情况下通过验证的企业的产品,其价格都要高于没有通过验证的产品的价格,假设通过验证的产品 a 的价格为 p_a,而没有通过验证的产品的价格为 p_b。当

$$v_{ia} - p_a - s_a > v_{ib} - p_b - s_b$$

且

$$v_{ia} - p_a - s_a > 0 \quad (7-3)$$

消费者 i 选择购买产品 a。当

$$v_{ia} - p_a - s_a < v_{ib} - p_b - s_b$$

且

$$v_{ib} - p_b - s_b > 0 \tag{7-4}$$

消费者 i 选择购买产品 b。之所以出现有些消费者偏好于购买通过验证的产品，有些消费者偏好于购买没有通过验证的产品，是因为尽管通过验证的产品提高了消费者的效用评价和搜寻成本，但价格的提高在一定程度上产生了抵消作用，一些对于价格特别敏感的消费者可能仍然偏好于购买低价的产品，即凑合着使用。但在现代社会，大部分的消费者更加注重高质量的产品消费和高信任度的产品消费，对于价格不会很敏感，所以企业努力使得产品通过认证，一方面可以从潜在消费者中引出新的消费者，另一方面可以从竞争对手手中抢夺市场份额，同时适当提高价格，仍然能够提高企业的盈利。

二、企业进行全面质量管理

（一）全面质量管理的含义

在全面质量管理的产生和发展中，其定义和解释也在不断发展。全面质量管理创始人之一的费根堡姆下的定义是：全面质量管理是为了能够在最经济的水平上，并在考虑到充分满足顾客要求的条件下，进行市场研究、设计、制造和售后服务，把企业内各部门的研制质量、维持质量和提高质量的活动构成一体的有效体系。在我国的早期定义中，全面质量管理是指一个组织或企业以质量为核心，以全体员工参与为基础，满足客户需求及使全体员工、社会得到成功的长期受益的管理途径，全面质量管理的中心思想是通过对人员、服务、产品及环境等方面不断地进行，进而提高企业的市场竞争力。①

（二）全面质量管理的特点

1. 目标以"适用性"为标准

传统的质量管理以是否符合技术标准和规范为目标，即"符合性"质量标准。全面质量管理以是否适合用户需要、用户是否满意为基本目标，即"适用性"标准。因此，全面质量管理首先强调产品要适合用户的要求，要按用户的要求来组织生产，并且全面质量管理还要处理好产品质量满足用户要求和企业经营效益两方面的关系。

2. 全面的质量概念

相对于广义的质量概念，全面质量管理是对全范围的质量进行的管理，因为

---

① 参见刘鹏举：《浅析如何深化企业全面质量管理》，载《经营管理者》，2014 年第 7 期。

每个环节的质量都会影响到产品（服务）的质量。它不仅要对产品质量进行管理，也要对工作质量、售后服务质量进行管理；不仅要对产品性能进行管理，也要对产品的可靠性、安全性、经济性、时间性和适应性进行管理。

3. 全过程的质量管理

产品质量有一个产生、形成和实现的过程。全面质量管理范围包括从市场调查开始，到产品设计、生产、销售等，直到产品使用寿命结束为止的全过程。为了使顾客得到满意的产品，并使产品充分发挥其使用价值，不仅要对产品的形成过程进行质量管理，还要对产品形成以后的过程乃至使用过程进行质量管理，把产品质量形成全过程的各个环节全面地管理起来，形成一个综合性的质量管理体系。

4. 全员参加的质量管理

企业的每个职工都直接或间接地与产品（服务）质量有关。全面质量管理不仅与质量管理部门或质量检验部门直接相关，更与包括设计、生产、供应、销售、服务过程中的有关人员直至所有员工有关。因为产品质量是职工素质、技术素质、管理素质、领导素质的综合反映，全面质量管理要求企业全体人员都来参加，并在各自有关的工作中参与质量管理工作。

5. 质量管理的方法是全面的

影响产品（服务）质量的因素是错综复杂而且来自各个方面，要把众多的因素系统地控制起来，全面地管好，就必须综合地运用不同的管理方法和措施，如科学的组织工作，数学方法的应用，先进的科学技术手段、技术改造措施和质量检验方法等。只有这样，才能使产品质量长期地、稳定地持续提高。

6. 突出质量改进的动态性质量管理

传统质量管理思想的核心是"质量控制"，这是一种静态的管理。全面质量管理强调有组织、有计划、持续地进行质量改进，不断地满足变化着的市场和用户的需求，是一种动态性的管理。

（三）全面质量管理的内容

现代企业为了保证产品质量，必须加强设计、研制、生产制造、销售使用全过程的质量管理活动。所以，全面质量管理的主要内容包括设计试制过程的质量管理、制造过程的质量管理、辅助生产过程的质量管理和产品使用过程的质量管理。

1. 设计试制过程的质量管理

设计试制过程是指产品（包括开发新产品和改进老产品）正式投产前的全部开发研制过程，包括调查研究、制订方案、产品设计、工艺设计、试制、试验、鉴定以及标准化工作等内容。设计试制过程的质量管理一般着重做好以下工作：根据市场调查与科技发展信息资料制定质量目标；保证先行开发研究工作的质量；根据方案论证、验证试验资料，鉴定方案论证质量；审查产品设计质量，包括性能审查、一般审查、计算审查、可检验性审查、可维修性审查、互换性审查、设计更改审查等；审查工艺设计质量；检查产品试制，鉴定质量；监督产品试验质量；保证产品最后定型质量；保证设计图样、工艺等技术文件的质量等。

2. 生产制造过程的质量管理

工业产品正式投产后，能不能保证达到设计质量标准，在很大程度上取决于生产车间的技术能力以及生产制造过程的质量管理水平。生产制造过程的质量管理，重点要抓好以下几项工作：加强工艺管理，组织好技术检验工作，掌握好质量动态，加强不合格品的管理。

3. 辅助生产过程的质量管理

辅助生产过程的质量管理一般说来包括：物资供应的质量管理、工具供应的质量管理和设备维修的质量管理等。

4. 产品使用过程的质量管理

产品使用过程的质量管理，主要应抓好以下三个方面的工作：积极开展技术服务工作，进行使用效果与使用要求的调查，认真处理出厂产品的质量问题。

（四）全面质量管理的组织实施方法

1. PDCA 循环

PDCA 循环即"策划—实施—检查—改进"工作循环的简称，也称"戴明圈"，它是国内外普遍用于提高产品质量的一种管理工作方法。它是一个动态的循环，可以在企业中展开，与产品实现和其他的质量管理体系的过程策划、实施、检查和持续改进紧密相关。通过在企业的各个层次应用 PDCA 循环，有助于保持和实现过程能力的持续改进。

2. QC 小组活动

质量管理小组（quality control group，简称 QC 小组）是职工参与全面质量管理，特别是质量改进活动中的一种非常重要的组织形式。1997 年中国质量协会联合有关部门发出了《关于推进企业质量管理小组活动的意见》，意见中指出质量管理小组是"在生产或工作岗位上从事各种劳动的职工，围绕企业的经营战略、方针目标和现场存在的问题，以改进质量、降低消耗、提高人的素质和经济效益为目标而组织起来,运用质量管理的理论和方法开展活动的小组"。① QC小组是团队工作方式中的一种,它是目标管理、行为科学在企业质量管理工作中的综合运用,是一种非常重要的群众性的质量管理方法。日本石川馨教授在《QC 小组活动的基本管理活动》一书中指出,QC 小组的宗旨是调动人的工作积极性,充分发挥人的能力,创造尊重人、充满生气和活力的工作环境,有助于改善和提高企业素质。

三、加大产品质量的监管力度,尤其要强化产品质量的行政监督

(一) 质量监督的含义

在国际标准 ISO 8402—1994 中,质量监督(quality surveillance)的定义是:为确保满足规定要求,对实体的状况进行连续的监视和验证,并对记录进行分析。对该定义可以从以下四个方面来理解。

1. 对象

质量监督的对象是实体。实体包括产品、活动、过程、组织、体系、人或者它们的任何组合。质量监督可包括为防止实体随时间推移而变质或降级所进行的观察和监视的控制。

2. 目的

质量监督的目的是为了确保满足规定要求。其中,企业对它的规定要求可以包括企业标准、技术规范、规程、质量手册、程序文件、各项制度,以及企业与顾客所签合同等对它的各项质量要求;社会对它的要求则包括法律、法规、准则、规章、条例以及其他考虑事项所规定的义务。

3. 方法

质量监督的方法是对监督对象进行持续的或一定频次的监视和验证工作,并对各项质量记录,包括企业的产品质量记录、质量体系内部审核记录、政府的产品质量抽查记录、第三方的产品质量检验报告、质量体系审核记录等进行分析。

4. 主体

质量监督的主体是顾客或顾客的代表。顾客代表是指顾客授权的代表(第三方的检验机构)或代表顾客利益的人或组织(国家通过立法授权的特定国家机关或社会团体,如消费者协会)。

---

① 参见财政部、经贸委、中质协等六部委《关于推进企业质量管理小组活动的意见》,国经贸〔1997〕147 号。

(二) 产品质量监督的分类

产品质量监督按照主体不同,可分为企业内部的质量监督和企业外部的质量监督。

1. 企业内部监督

企业内部监督是为了保证满足质量要求,由具备资格且经厂长授权的人员以程序、方法、条件、产品、过程或服务进行随机检查,对照规定的质量要求,发现问题予以记录,并督促责任部门分析原因,制定解决措施,直到问题获得解决。

2. 企业外部的质量监督

企业外部的质量监督包括国家监督、行业监督、社会组织监督、新闻媒体监督、顾客监督等。

(1) 国家监督。国家监督是一种行政监督执法,是国家通过立法授权的国家机关,利用国家的权力和权威来行使的,其监督具有法律的威慑力。这种执法是从国家的整体利益出发,以法律为依据,不受部门、行业利益的局限,具有法律的权威性和严肃性;只受行政诉讼的约束,不受其他单位的影响和干扰。国家质量监督和检验检疫总局统一管理、组织协调全国的质量监督工作。

(2) 行业监督。行业监督是指由行业的主管部门对所辖行业、企业贯彻执行有关国家质量法律、法规进行监督。主要任务和职责是根据国家产业政策,组织制定本行业或企业的产品升级换代计划,指导企业按国家或市场需求,调整产品结构,提高产品质量水平,推进技术进步,生产适销对路的优质名牌产品,提高产品在国内外市场的竞争能力。行业质量监督不能与国家监督等同,无权使用国家法律、法规对所辖行业、企业实施行政处罚。

(3) 社会组织监督。社会组织监督是指各级消费者协会、质量管理协会、用户委员会等保护消费者权益的社会组织,反映消费者的意见和呼声,处理质量问题的投诉,协助政府开展质量监督检查,以维护消费者的利益。

(4) 新闻媒体监督。新闻媒体监督是指各种新闻媒体,包括报纸、广播、电视等,通过对产品质量的表扬、批评甚至揭露曝光等方式,对产品和服务质量进行舆论监督。

(5) 顾客监督。顾客监督主要是指用户、消费者在购买前、购买中和购买后都可以就产品质量问题向生产者、销售者进行查询,或向有关部门反映情况,提出意见和建议;在使用过程中可以就质量问题向质量监督管理部门、工商行政管理部门及有关部门申诉,必要时还可以向人民法院起诉。

(三) 加强产品质量监督的措施

在目前国内企业社会责任意识不强，企业社会责任还未成为企业自我要求和自我行为准则的情况下，在我国产品质量状况不容乐观的情况下，需要国家行政职能部门提供一种具有权威性、严肃性的强制质量监督。而这种强制性监督是其他形式所不具有的。在我国，这种行政性监督在生产领域的实施机构是各级政府质量技术监督部门。加强产品质量监督，实质上是强化各级质监部门的职责和权力，健全质监部门的内部机制。当前来讲，质监部门应重点做好以下工作。

1. 加强执法，保障食品和特种设备安全

（1）强化食品生产加工环节质量卫生监管，包括：落实监督制度，健全标准体系，开展食品生产加工环节卫生监管，等等。

（2）落实特种设备安全监察责任，包括：健全特种设备动态监管体系；行政许可实现网上办理；实现各级质量监管部门实时交换数据、信息；完善专、兼职安全监察员网络，明确兼职监察员职责，加强培训，实行奖励制度；巩固简易电梯、气瓶、压力管道、厂内机动车等普查整治成果；严格实施特种设备行政许可；提高应对事故特别是重大事故的能力；推行特种设备安全监察责任制；等等。

2. 健全工作机制，强化生产领域质量监管和打假

（1）健全质量监督机制，包括：完善监督抽查制度，建立质量预警通报机制，试行电子监管制度，等等。

（2）健全打假和执法长效机制，包括：坚持专项打假制度；推进综合执法；完善预警制度；建立快速反应机制，提高行政执法和质量安全突发事件应急处置工作水平；完善打假责任制；等等。

3. 发挥标准化在提高产品质量水平、规范社会管理方面的基础作用

包括：实施技术标准战略，提高自主创新能力水平；加大农业标准化工作力度，促进农业化进程；加大服务业标准化工作力度，推进服务业现代进程；等等。

第八章 企业社会责任与环境保护

目前，西方社会在对企业进行业绩评估时，已经将社会责任作为一项重要指标。企业社会责任要解决的一个重要问题是环境保护。企业在发展过程中取得了辉煌的成就，但也导致自然环境在一定程度上受到破坏。人类在初尝环境遭破坏的苦果之后，着手在企业有效发展的同时进行环境保护，以求企业发展和环境保护的和谐统一，并以此作为企业应该承担的社会责任。本章在分析企业社会责任和环境保护两者关系的基础上，阐释企业所应承担的环境保护社会责任，研究企业社会责任对环境保护的具体要求。

第一节 企业社会责任与环境保护的关系

一、环境保护问题的产生与企业社会责任

（一）企业发展带来的环境问题

在市场经济条件下，企业通常以营利为主要目标，把获取最大利润作为最终目的，淡化其经营活动造成的外部负效应，忽视企业和环境之间的关系。企业发展可以说就是一个不断开发利用资源并把资源变成物质财富的过程。如果企业不注意企业活动对环境的破坏，选择粗放型增长、盲目地生产和开发等经营行为，就会导致资源枯竭、环境状况更加恶化。利肯斯（Likens，1987）就说："仅美国一个国家每年制造出的合法（根据《资源保护与恢复法案》）有害废物就达 2.5 亿～2.8 亿吨之巨，这还不包括 3.2 亿吨不合法的废物。（美国）国内有 3.7 万多个在册的有害废物场需要治理，每年还会有 2 000～3 000 个新的废物场出现。有 1 275 个毒性废物场对人类的健康危害极大，这些废物场已被环境保护局列入了国家优先治理项目的名单。"[①] 全球性的环境恶化趋势将使人类面临生存

---

① Likens G. Chemical wastes in our atmosphere: An economical crisis. Industrial Crisis Quarterly, 1987 (4): 13-33.

和发展的双重压力。生存是发展的基础和前提,发展则是在更高层次上求生存。

1972年,联合国人类环境会议(United Nations Conference on the Human Environment)通过的《人类环境宣言》(Declaration of the United Nations Conference on the Human Environment)指出:"在发展中国家,环境问题大半是由于发展不足造成的。因此,发展中国家必须致力于发展工作,牢记它们的优先任务和保护、改善环境的必要。在工业化国家,环境问题一般是同工业化技术发展相关的。"① 因而,环境问题实质上是经济问题和社会问题。环境问题除了纯粹由自然力产生的自然灾害以外,其他都是伴随国民经济和社会发展而产生的,与人类各种经济活动有着密不可分的关系。

(二) 西方理论界对环境问题的研究

根据关注的侧重点不同,西方理论界对环境问题的研究可分为两个阶段:第一次研究浪潮发生在20世纪60年代,西方主流经济学的相关研究主要集中在环境污染的成因及其解决方法上;第二次研究浪潮发生在20世纪70年代,经济全球化使得环境问题更多地具有全球性的特点,经济学研究方向逐渐转向环境因素对国际贸易的影响上。

1. 第一次研究浪潮

经济学对环境污染成因的分析通常借助外部性理论,并认为市场失灵与政府失灵才是环境问题的根源。阿罗(Arrow,1969)认为环境污染的外部性不过是不完全市场的一种经典案例。按照马歇尔(Marshall,1922)和庇古(Pigou,1932)的观点,环境具有典型的负外部效应,由于企业私人成本与社会成本相背离,私人追求个人利益最大化,使得环境污染物的排放超过社会最优的排放量,导致了污染的产生。哈丁(Harding,1968)发表的著名文章《公地的悲剧》(The Tragedy of the Commons)首先引起了人们对公共物品和环境问题产生机制的研究。以科斯(Coase,1960)为代表的产权学派的观点则更触及了问题的实质。科斯认为,环境问题产生的根源在于环境产权归属不清或缺乏一种制度性的安排,从而无法激励人们从事环保行动。如果按照奥尔森(Olson,1965)的集体行动逻辑观点,环境消费的不可分性产生了"搭便车"现象,使得人们没有动机去自愿保护环境。以上不同的解释是从公共物品不同特征的角度去考虑的。概括起来,由于环境产品的公共物品特性,其产权方面的缺失导致了外部性的发生,从而引起了一系列的环境问题。

---

① 《人类环境宣言》,斯德哥尔摩:联合国人类环境会议,1972年6月16日。http://legal.un.org/avl/ha/dunche/dunche.htm。

对导致环境问题因素的不同分析产生了解决环境问题的不同思路。按照庇古外部性的理论，解决环境问题，即是解决外部性的问题，他倡导用补贴或者课税来解决，也就是经济学理论里著名的"庇古税"。庇古（Pigou，1917）认为，政府应当充当社会和经济活动的调解人，对造成正外部性的活动者给予补贴，而对造成负外部性的活动者予以课税，并且补贴或课税的数额应当与外部性数额相等。在经济学里，这个过程被称为"外部性的内部化"。单纯从外部性的内部化角度看，庇古税是一种比较有效的手段。但由于衡量社会成本的制度框架实际上是不存在的，这使得它在操作上有一定的难度。另外，由于需要政府出面干预，很难排除人为因素的影响，如果没有对外部性充分的认识，可能会对经济活动造成扭曲。科斯（Coase，1960）认为，假如产权归属明晰，即使政府不干预，通过市场调节也能解决环境外部性的问题。科斯强调产权以及排污者—受害者之间讨价还价机制对于解决环境问题的重要性。他认为，在资源或环境产权明晰的前提下，应当由排污者和受害者谈判，通过补偿或贿赂来自行解决污染问题。科斯理论有着优越于庇古税的地方。首先，内部化借助市场的力量，排除了外来因素的干扰；其次，交易者由于直接与利益挂钩，使得最终的平衡点更加接近实际，这比由作为第三方的政府出面可能更好。①

2. 第二次研究浪潮

与第一次研究浪潮相比，20 世纪 70 年代的环境问题更多地具有全球性倾向。这一时期，许多跨国公司将环境污染进行了跨境转移，经济全球化的加速也使环境问题更多地具有全球性的特点。贸易与环境的关系更加密切，矛盾也更加突出了。关于贸易与环境的关系及其相互影响的研究层出不穷，跨国企业在环境保护中的作用越来越明显，角色越来越重要。

贝帝希（Petheg，1975）在没有环境政策的条件下，首先将具有稀缺性的环境因素纳入了 H-O 模型。② 他认为，如果将环境要素作为影响一国比较优势的一个生产要素，环境资源相对丰富的国家将出口环境密集型产品或污染品，而环境资源相对缺乏的国家将出口非环境密集型产品或清洁产品。这无疑是对 H-O 理论的推广与延伸。与环境要素有关的另一个因素是环境保护政策的介入。西伯特（Siebert，1990）对此做了研究，假定甲国环境资源相对于乙国丰富，环境政策

---

① 参见刘丹丹：《我国主要工业行业出口贸易对环境污染影响的实证研究》，北京林业大学 2009 年硕士学位论文。

② 赫克歇尔－俄林（Hecksche-Ohlin）的资源禀赋理论被称为新古典贸易理论，其理论模型即 H-O 模型。

的介入会提高甲国原本比较低的环境影子价格①，从而使得甲乙两国影子价格的高低变得不明确。如果甲国影子价格由低于乙国变为高于乙国，则环境政策使得在环境资源上的比较优势从甲国转向了乙国，直接导致了两国贸易模式的改变，此时，甲国将出口非环境密集型产品，而乙国将出口资源密集型产品。西伯特（1990）的研究结果还显示，发达国家的跨国企业在国际贸易中把高能耗、重污染的产业转移到发展中国家，给这些国家和地区造成了严重的环境问题。一些国家为了吸引外资，给外资企业以优惠的政策，包括环境保护上的低标准，这些都给环境保护造成了很大的困难。

（三）环境保护是企业社会责任的重要内容

现代企业之所以存在，就是为了向社会提供某种特定的产品或服务，与此同时进行获利和再生产。但它必须存在于社会之中，存在于一个社区之中，与其他机构为邻，在一定的社会环境中生产，同时必须从社会上雇用人员为其工作，因此不可避免地对社会产生一定影响。也就是说，企业的经营活动对周围社会、广大的用户和环境产生着不容忽视的影响。所以，企业不能对社会问题熟视无睹，企业的活动应对社会负责。

近几个世纪，由于经济的迅猛发展，资源与环境遭到过度的开采与破坏，同时世界人口急剧膨胀，人类面临的环境问题越来越多、越来越复杂多变：大气受污染、臭氧层遭到破坏、酸雨、温室效应、水污染、土地流失、草原退化、沙漠化加剧、森林急剧减少、珍稀动植物灭绝等。波特尔（Postel，1987）说："有害废物的扩散造成的后果已经随处可见：生态环境遭到破坏，人类健康受到威胁，大面积的植被被毁损等。尽管关于破坏的准确程度在科学上有很大的争论，但这一问题的现状已在政府、企业决策者、媒体及公众之间产生了强烈的反响。这种破坏还会带来有害废物场附近房地产价值的下跌，并且招致社区居民对在他们的居住地区建立新的废物场的抵制。"② 因此，保护环境，实现经济与资源环境的协调发展，已经成为世界各国的共识。

美国著名的经济伦理学家乔治·恩德勒（Georges Enderle，2006）提出，企业社会责任包含三个方面：经济责任、社会责任和环境责任，其中环境责任主要

---

① 关于影子价格，国内外有着不同的论述。国内一些项目分析类书籍中，认为影子价格是资源和产品在完全自由竞争市场中的供求均衡价格，国外有学者认为，影子价格是没有市场价格的商品或服务的推算价格，它代表着生产或消费某种商品的机会成本。还有学者将影子价格定义为商品或生产要素的边际增量所引起的社会福利的增加值。

② Postel S. Diffusing the toxics threat: Controlling pesticides and industrial wastes. Worldwatch Paper 79. Washington DC: Worldwatch Institute, 1987.

是指"致力于可持续发展——消耗较少的自然资源，让环境承受较少的废弃物"①。

环境保护是企业把节约资源、保护环境、有益于消费者和公众身心健康的理念融入企业活动的全过程和各个方面，转变企业的生产方式，使企业与自然社会和谐统一，促进经济社会的可持续发展，同时实现企业自身的可持续成长，这也是企业承担环境保护的社会责任所在。企业是资源和能源消耗量最大的社会组织，也是污染物排放量最大的社会组织，企业的经营行为对全球环境质量的好坏起着决定性的作用。另外，企业在各类社会组织中，最具有解决环境问题的重要技术力量和技术开发能力，因而有能力承担环境保护与治理的责任。其在环境保护方面能够起到重大作用，是其他社会经济主体所不能替代的。因此，企业应为保护环境做出应有的贡献。

（四）企业承担环境保护社会责任的意义

1. 环境保护通过影响公众的消费需求，进而引导企业的发展方向

随着社会经济的发展和人们环保意识的增强，人们的思维方式、价值观念乃至消费心理和消费行为都发生了巨大变化。由于生活水平的提高，物质需求得到满足，消费者在进入追求生活质量阶段后，开始转向向健康、舒适、协调方向发展，对无污染的需求和期望日益增长。同时，消费者从社会道德和社会责任感的角度出发，自觉或不自觉地承担起保护自身生存环境的责任，于是以适度消费、崇尚自然、返璞归真等为特征的绿色消费逐步风靡全球。这样，环境问题必然被作为一种消费需求，形成一种市场力量，从而直接对企业的生产过程和营销过程产生重要的影响。面对这样一种消费潮流，企业及企业家们不得不转变营销观念，实施以产品对环境的影响为中心的绿色营销策略，以便更好地适应社会发展和消费者的需要。

2. 环境保护能提高企业的经济效益和竞争优势

虽然企业注重环境保护会带来账面上的费用支出，另外，企业在生产中如发生大量污染，还须支付大量治理污染的成本，但是企业在资源稀缺、环境保护成本愈来愈高的现代社会中，在考虑环境的条件下，不应追求最大利润，而是追求合理利润，即企业在满足顾客要求和维护生态环境的前提下获取利润，实现可持续发展。同时，绿色产品的生产也会给企业带来可观的潜在效益，通过消费理念的变化使市场占有率增长。

---

① 参见 Georges Enderle：《公司社会责任究竟意味着什么——乔治·恩德勒教授在上海社会科学院的讲演》，陆晓禾编译，载《文汇报》，2006年2月19日第6版。

假设某一企业在是否为产品取得绿色标志进行选择。对于该种产品而言，如果没有取得绿色标志，产品的销售价格为 p_l；如果获得了绿色标志，既可以选择原有的低价格 p_l，也可选择高价格 p_h。低价格可以吸引更多的消费者，高价格吸引的消费者则相对少一些。假设企业原来的需求为 x，产品没有获得绿色标志，因此单位成本相对较低，为 c_l，企业获得的净利润为 $p_l x - c_l x > 0$。如果产品获得了绿色标志，则企业的单位生产成本上升为 c_h，该成本不随销售量变化而变化，另外，企业还需要付出固定成本 F。企业的产品获得绿色标志的好处是能够扩大产品的销售量。如果企业继续保持产品价格不变，则企业除了能够保有原有的消费者外，还可以在此基础上增加消费者 jx，其中 j 是一个大于零的正整数。所以企业此时的净利润为：

$$\pi = p_l(x + jx) - c_h(x + jx) - F \quad (8-1)$$

企业这样做的条件必须是该净利润大于零，并且

$$p_l(x + jx) - c_h(x + jx) - F > p_l x - c_l x \quad (8-2)$$

即：

$$(p_l - c_h)j > (c_h - c_l) + \frac{F}{x} \quad (8-3)$$

即必须有 $p_l - c_h > 0$，j 越大越好，即新增市场越大越好；x 越大越好，即企业原有市场越大越有利于企业进行绿色产品开发。企业的另外一种选择是投入成本使得产品获得绿色产品标志，并且将产品以高价 p_h 出售。虽然产品的质量提高了，但由于企业提高了价格，仍有部分原有消费者流失，剩下的原有消费者为 $tx < x$，不过由于产品质量提高了，另外一些新消费者进入，数量为原有消费者 x 的一个乘积 kx，限定 $k < j$。所以企业此时的净利润为：

$$\pi' = p_h(tx + kx) - c_h(tx + kx) - F \quad (8-4)$$

企业采取这种策略的条件是：

$$p_h(tx + kx) - c_h(tx + kx) - F > p_l x - c_l x \quad (8-5)$$

并且

$$p_h(tx + kx) - c_h(tx + kx) - F > p_l(x + jx) - c_h(x + jx) - F \quad (8-6)$$

即：

$$p_h(t + k) > c_h(t + k) + (p_l - c_l) + \frac{F}{x} \quad (8-7)$$

并且

$$p_h(t + k) - p_l(1 + j) > c_h(t + k - 1 - j) \quad (8-8)$$

企业采取何种策略取决于企业的原有市场大小、原有消费者对价格和质量的偏好以及新进入消费者对价格和质量的偏好程度、企业提高产品绿色质量的成本

控制能力。

重视环保问题的企业在竞争中往往可以获得较大的优势。企业生产绿色产品，实施绿色营销，虽然前期投入较高，但可获得较丰厚的回报，相应地，企业的经济效益和社会效益都会提高。在发达国家，消费者更重视产品的绿色程度，企业重视绿色营销就更加有利可图。

如图 8-1 所示。记企业的产品的绿色营销程度为 g，发达国家的企业因此面对的收益曲线为 $b_0(g)$，$b_0'(g) > 0$，$b_0''(g) = 0$，发展中国家的企业因此面对的收益曲线为 $b_1(g)$，$b_1'(g) > 0$，$b_1''(g) = 0$，$b_0'(g) > b_1'(g)$。无论是哪个企业，要进行产品绿色营销都需要付出固定的成本 f，此后随着绿色营销程度不同而具有不同的边际成本，其中发达国家企业具有的总成本曲线为 $c_0(g)$，$c_0'(g) > 0$，$c_0''(g) = 0$，发展中国家企业具有的总成本曲线为 $c_1(g)$，$c_1'(g) > 0$，$c_1''(g) > 0$，对于相同的 g 有 $c_0'(g) < c_1'(g)$。两家企业都根据边际成本等于边际收益的决策原则确定最优的绿色营销程度，其中发达国家的产品的最优程度为 g_0，发展中国家的产品的最优程度为 g_1，$g_1 < g_0$，即发达国家企业生产的产品具有更高的绿色营销程度。如果发展中国家企业的总成本曲线更陡峭或者总收益曲线更平坦，发展中国家企业进行绿色营销可能就无利可图，企业就会放弃这样做。不过，随着发展中国家经济的发展，情况只会与发达国家越来越相近。

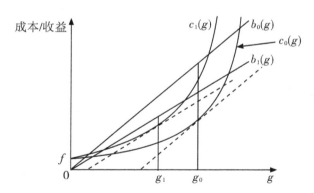

图 8-1 发达国家与发展中国家的产品最优绿色营销程度

3. 环境保护能增加企业的发展机遇

全球环境的恶化直接影响到人们生活，消费者的购买偏好已经发生变化，消费者对绿色产品的需求也演化为现实需求，于是形成巨大的市场需求动力，构成一种能带来巨大利益的潜在市场。在 21 世纪，企业之间的竞争不再局限于产品性能、质量、促销手段等方面，环境问题已成为一个竞争新要素。环保产业作为新兴产业,已与生物技术、通信技术一起,并列为当今最被看好的三大技术领域。据世界权威环保产业研究咨询公司美国 EBI(环境商业国际公司)的数据,2008 年全球环保产业的市场规模为 6 000 多亿美元,是 1996 年的 1.4 倍。据估计,目前的市场规模超过 7 000 亿美元。① 在我国,自"十一五"中国实施前所未有的"节能减排"计划以来,环境治理投资迅速上升,环保产业发展速度也空前加快。在未来的很长一段时间内,环保产业将成为真正的"朝阳"产业,成为引领绿色经济发展的支柱产业。据环境保护部环境规划院预测,我国"十二五"环保投资约为 3.1 万亿元,占同期 GDP 的 1.35%,环保产业产值为 4.92 万亿元,带动治理设施运行服务费用 1.05 万亿元,环保产业就业 512 万人。② 环保产业是一个大有发展前途的产业,机会多、潜力大,各国政府都有财政、税收、信贷等方面的优惠政策。我国企业应抓住机遇,依靠政府的力量,积极发展我国的环保产业。

新市场同样需要开发。假设开发一种新的绿色产品要投入一定的固定成本 F,尽管它不随销售量变化,但是仍然随新产品的绿色质量 h 变化,$F'(h)>0$,$F''(h)<0$,在开发新产品上,固定成本具有对企业有利的性质。但是,新的绿色产品的开发能够从原有产品的绿色程度的提高中受益,在这里,原有产品的绿色程度 g 越大,对于一定的 h 而言,$F(h)$ 越小,即 $F'(g)<0$,$F''(g)>0$。新绿色产品的销售量 x 随绿色质量 h 的上升而上升,$x'(h)>0$,$x''(h)\geq 0$,即产品的市场处于开发阶段,市场竞争小,从而质量越高市场扩大越快,并且销售量在初始阶段不受价格影响,这是因为初始进入的消费者一般比较重视产品本身的绿色效用,对价格不敏感,所以作此假设。新绿色产品的价格 p 随绿色质量 h 的上升而上升,$p'(h)>0$,$p''(h)\leq 0$,此外消费者消费具有关联效应,如果企业原有产品的绿色程度 g 较高,对于相同的 h 消费者会给出更高的价格,即 $p'(g)>0$,$p''(g)<0$。在新产品的单位成本上,原有产品的绿色程度同样能够带来正面效应,这是企业开发绿色产品经验的好处。$c'(h)>0$,$c''(h)>0$,对于相同的 h,有 $c'(g)<0$,$c''(g)>0$。对于新的绿色产品,企业的目标是最大化

$$\pi_1 = p(h,g)x(h) - c(h,g)x(h) - F(h,g) \qquad (8-9)$$

对于给定了原有产品的绿色程度 g 的情况下,企业决定最优的产品质量 h,如果 π_1 是关于 h 的凹函数,则最优的 h 由下面的条件决定:

$$p'(h)x + px'(h) - c'(h)x - cx'(h) - F'(h) = 0 \qquad (8-10)$$

---

① 参见张国徽:《环境污染治理设施运营研究》,辽宁科学技术出版社 2012 年版,第 1 页。
② 参见王金南、逯元堂、吴舜泽等:《国家"十二五"环保产业预测及政策分析》,载《中国环保产业》,2010 年第 6 期。

否则的话，企业可以一直提高产品的绿色质量 h。此外，企业在改进已有产品的绿色质量时，应该考虑到这样做能够提高企业在开发新的绿色产品方面的效率和效益，而不仅仅是关注已有产品带来的收益。所以，企业有足够的资金能力的话，应该既提高原有产品的绿色性能，又积极开发具有高绿色质量的新产品，开拓新市场。

（五）强化企业环境保护的社会责任的紧迫性

虽然目前我国环境污染加剧的趋势开始得到基本遏制，部分城市和地区的环境质量有所改善，但总体看来，我国环境污染的结构正在发生变化，工业污染比重趋于下降，生活和农业污染比重正在上升，环境形势仍然相当严峻。具体表现在以下几个方面。

1. 环境污染依然严重

（1）企业主要污染物排放总量虽然得到一定程度的控制，但仍处在相当高的水平，远远高于环境承载力。2001 年 5 月 23 日，我国签署了《关于持久性有机污染物的斯德哥尔摩公约》，公约中确定了首批禁止使用的有毒有害化学品名单 12 种，这些化学品在我国的环境介质中多有检出，危害较为严重。与 2011 年相比，2012 年，全国化学需氧量以及氨氮、二氧化硫、氮氧化物排放量分别下降 3.05%、2.62%、4.52%、2.77%。但是环境形势依然严峻，环境风险不断凸显，污染治理任务依然艰巨。2012 年，全国废水排放总量 684.8 亿吨。其中，工业废水排放量 221.6 亿吨，占废水排放总量的 32.3%；城镇生活污水排放量 462.7 亿吨，占废水排放总量的 67.6%；集中式污染治理设施（不含污水处理厂）废水排放量 0.5 亿吨，占废水排放总量的 0.1%。2012 年，全国废气中二氧化硫排放总量 2 117.6 万吨。其中，工业废气中二氧化硫排放量 1 911.7 万吨，占二氧化硫排放总量的 90.3%；生活二氧化硫排放量 205.7 万吨，占二氧化硫排放总量的 9.7%。集中式污染治理设施（不含污水处理厂）二氧化硫排放量 0.3 万吨，废气中氮氧化物排放总量 2 337.8 万吨。[①]

（2）近海岸海水污染严重，四大海区污染由重到轻依次为东海、渤海、南海、黄海。我国海域中发生赤潮频次增加，面积扩大。2012 年我国海洋赤潮灾害多发，海洋环境突发事件风险加剧。全海域共发现赤潮 73 次，累计面积 7 971 平方公里。赤潮发现次数为近 5 年最多，但累计面积较近 5 年平均值减少 2 585 平方公里。赤潮多发区仍集中于东海近岸海域。黄海绿潮发生规模为近 5 年最

---

① 参见国家环保总局：《全国环境统计公报（2012 年）》，2013 年 11 月。http://zls.mep.gov.cn/hjtj/aghjtjgb/201311/t20131104_262805.htm。

小。渤海滨海平原地区海水入侵和土壤盐渍化依然严重。我国沙质海岸和粉砂淤泥质海岸侵蚀严重。①

（3）大气污染十分突出。2012年，监测的466个市（县）中，出现酸雨的市（县）215个，占总数的46.1%；酸雨频率在25%以上的133个，占28.5%；酸雨频率在75%以上的56个，占12.0%。地级以上城市中，4个城市二氧化硫年均浓度超标，占1.2%；43个城市二氧化氮年均浓度超标，占13.2%；186个城市可吸入颗粒物年均浓度超标，占57.2%。环保重点城市中，2个城市二氧化硫年均浓度超标，占1.8%；31个城市二氧化氮年均浓度超标，占27.4%；83个城市可吸入颗粒物年均浓度超标，占73.4%。②

2. 未来环境污染形势预计

（1）工业源污染物产生量将持续增加，污染治理形势依然严峻。自2000年以来，工业源废弃物（固体废弃物、废水）总量持续增加。经过了"十五"和"十一五"两个阶段的治理，工业源的废水、废物中的主要污染物排放量已经基本得到抑制。当前我国仍处在工业化的中期阶段，重、化工业仍处在快速发展阶段，可以预见，工业源的水污染物、大气污染物、固体废弃物污染物产生量在未来仍呈上升态势，工业污染治理形势依然严峻。

（2）非常规污染物问题日益凸显，治理难度加大。随着我国重化工业的快速发展，一些新的环境问题逐步显现，非常规污染物③的问题日益显现，并呈恶化态势。在一些特殊行业，如纺织印染行业、有色金属行业、化工行业等，产生的非常规污染物的种类、数量越来越多，严重威胁着生态环境和人类健康。未来，存在尚未得到控制的传统污染物的同时，新型污染物问题凸显，不仅治理难度大，而且处理成本更高，管理也更加错综复杂。

3. 面临国际环境问题的挑战

全球气候变暖、臭氧层消耗、危险废物越境转移、生物多样性锐减等全球性环境问题成为国际社会关注的热点。为此，世界各国签署了一系列国际环境条约，共同采取行动保护地球。我国已批准了30多项国际环境公约。

近年来，我国由于沙尘暴和酸雨污染、跨界河流污染、越境野生动物保护等问题，不断与周边国家发生环境摩擦。如中俄阿穆尔河、中泰湄公河存在跨界河流污染问题，中蒙边界存在自然保护区域野生动物保护问题等。

---

① 参见国家海洋局：《2012年中国海洋环境质量公报》，国家海洋局网站2013年3月20日。
② 参见国家环保总局：《2012年中国环境状况公报——大气环境》，环境保护部网站2013年7月2日。
③ 非常规污染包括重金属、挥发性有机污染物、颗粒物、电子垃圾、污泥、脱硫石膏等六类。

从以上可以看出，目前我国环境形势不容乐观。诚然，造成生态和环境破坏的原因是多方面的，但环境污染的主要源头是企业。据估计，我国工业企业污染约占总污染的70%，而工业企业排放的污染50%是因为企业管理不善造成的。对化工、石油等部门的一些重点企业调查发现，污染物排放总量中大部分是管理不善造成的，有的废料流失率高达86%。企业管理存在的问题，固然有产权不清、市场机制不灵等因素的影响，但企业社会责任的缺失也是其中不可忽视的因素。由于缺乏可持续发展的社会责任观，企业没有自觉控污减排的意识，在很大程度上加剧了我国环境与资源的压力。因此，加强企业的社会责任，使企业从可持续发展的要求出发，在管理上下工夫，控制污染的源头显得更加具有紧迫性。

二、企业社会责任是环境保护的推动力

企业作为一种社会经济组织，一方面，它是社会资源和能源最大的消耗者，因而其生产经营行为对环境质量的改善和生态系统的恢复起着决定性的作用；另一方面，企业在各类社会组织中具有解决环境问题的技术力量，有能力承担环境保护与环境治理的责任。因此，相对其他社会组织和社会成员而言，企业在环境保护方面所能起到的重要作用，是其他社会经济主体所不能替代的。

（一）企业环境保护的压力增大

从外部条件来看，企业环境保护压力的增大主要来自三个方面。

1. 社会公众环保意识的提高和绿色消费观念的增强

在过去很长一段时间内，民众的环保意识比较薄弱，大多数人只是关心企业产品的数量和质量，对产品生产过程中造成的环境污染和生态破坏却很少关心。因为那些污染和破坏没有直接从产品中体现出来，产品本身也没有侵害到消费者的直接利益。但进入21世纪以来，随着绿色浪潮席卷全球，以节约资源、减少污染、健全生态和保证经济社会持续发展为主要内涵的绿色文明正成为新世纪世界文明的主流，甚至可以说，"21世纪就是绿色世纪"。以绿色生产、绿色消费、绿色产品、绿色产业、绿色技术和绿色市场等为主要内容的现代生产方式和消费方式正成为现代绿色文明的具体表现。因而在今天，即使企业生产的产品本身对自然环境和人体健康没有任何负面影响，但只要企业在生产过程中造成了环境污染，影响了居民的生活，同样会受到社会舆论与公众的批判和谴责，使造成环境污染的企业的产品因公众抵制而逐渐失去市场。

2. 来自政府的规制

生态环境属于公共物品，它具有非排他性、竞争性和非独占性的特点。天然

的自然物，如河流、大气等自然环境，总是因为难以界定产权而人人都可以享用，这就决定了政府在环境保护方面必须履行其管理与调控的职能。我国自1979年颁发《中华人民共和国环境保护法（试行）》以来，先后制定了《中华人民共和国环境保护法》等6部环境法律和《中华人民共和国森林法》等9部资源法律。修改后的《中华人民共和国刑法》也增加了"破坏环境与资源保护罪"的条目。同时，国务院公布了《自然保护区条例》等28个行政法规，国家环保总局制定了375项环境标准，各省、自治区、直辖市颁布了900余个地方性环境法规，初步形成有中国特色的环境法律法规体系。同时还加大了环境执法检查的力度，查处了一批违法案件，关停了一批治理污染不达标的企业。随着一些环境新问题的涌现，政府推出了新的环保标准，自2012年2月新修订的《环境空气质量标准》发布，执行新的空气质量标准以来，我国城市空气中的细颗粒物（$PM_{2.5}$）污染问题逐步显现。因此，政府环境规制的完善和执法力度的不断加大，将迫使企业高度重视环境保护问题，努力减少生产过程中的环境污染。

3. 来自国际市场的贸易壁垒

随着世界的一体化，特别是我国"入世"后，世界市场的大门已向我国企业打开，这是我国企业走向世界的重要历史机遇。然而，在贸易壁垒被"拆除"的同时，环境保护又成为一种新兴的非关税壁垒，即"绿色贸易壁垒"，且这种绿色壁垒还在不断加大。人们原以为加入WTO之后，我国企业的对外出口会一帆风顺，其实这仅仅是一厢情愿的良好愿望。事实上，发达国家凭借自身的技术和经济优势，在游戏规则许可的范围内，以环境标准、绿色标志等作为市场准入条件，通过制定烦琐的环境技术标准和技术法规，形成"绿色壁垒"，对其他国家企业的出口贸易进行限制，力求达到垄断贸易的目的。

（二）企业社会责任对加强环境保护的作用

虽然上述三个方面对企业实行环境保护具有一定的决定性作用，在规范企业行为、促成可持续发展的方面功不可没。但我们必须认识到的一点是，上述三个因素是外在条件的改变而促使或要求企业实行环境保护，是外因。外因是变化的条件，内因才是变化的根本。前面我们已经分析了目前我国环境现状不容乐观。尽管各级政府近些年对环境问题十分重视，出台了一系列法律法规，但仍没有达到预期效果，根本性的原因是企业对进行环境保护缺乏一种内因的推动。而企业进行环境保护的内因即是企业承担的社会责任，也就是说，进行环境保护是企业的一种内在行为，而主要不是由外因生成的。这主要是由企业社会责任对企业进行环境保持所特有的作用或功能所决定的。

1. 企业社会责任的自律作用

企业从事生产经营活动时，时时要与生态环境发生联系。企业的社会责任促使它从人与自然和谐共处的社会需要出发，自觉减少污染物排放，保护生态环境。企业社会责任所导致的企业自律行为无须外部力量的强制，是企业出于社会利益考虑而产生的一种自觉、主动的行为。它使企业的环保行为从"要我做"变为"我要做"。这既可以大大降低政府干预中由于信息不对称而产生的"道德风险"，又一定程度上减少了政府监管的成本，对保护环境具有不可估量的作用。

2. 企业社会责任的广泛渗透作用

企业社会责任往往与企业文化融为一体，产生潜移默化的柔性影响，渗入到每个成员的价值取向中。当前，企业文化对企业行为的影响已经越来越受到人们的关注。在企业中，如果每一个成员都树立可持续发展的观念，他们就会自觉遵守企业的环保规章，主动贯彻企业的环保措施，从而减少企业内部的管理成本。

3. 企业社会责任的持久激励作用

企业社会责任的培育和形成是一个复杂和渐进的过程。但它具有可重复性，会影响一代又一代的企业成员，为企业改进技术和管理，控制污染提供持续的激励，成为规范企业长期行为的基本准则。

第二节　企业应当承担的环境保护责任

一、企业在环境保护方面应承担的责任

我国在清洁生产、污染物防止与控制、能源节约等方面制定了一系列的法律法规，明确了企业在环境保护、生态安全方面应承担的责任。

《中华人民共和国环境保护法》（以下亦简称《环境保护法》）[①] 相关规定如下：①一切单位和个人都有保护环境的义务，并有权对污染和破坏环境的单位和个人进行检举和控告。②产生环境污染和其他公害的单位，必须把环境保护工作纳入计划，建立环境保护责任制度，采取有效措施，防治在生产建设或者其他活动中产生的废气、废水、废渣、粉尘、恶臭气体、放射性物质，以及噪声、振动、电磁波辐射等对环境的污染和危害。③新建工业企业和现有工业企业的技术

---

① 《中华人民共和国环境保护法》由1989年12月26日第七届全国人民代表大会常务委员会第十一次会议通过，1989年12月26日中华人民共和国主席令第二十二号公布，自公布之日起施行。

改造，应当采取资源利用率高、污染物排放量少的设备和工艺，采用经济合理的废弃物综合利用技术和污染物处理技术。④建设项目中防治污染的设施，必须与主体工程同时设计、同时施工、同时投产使用。防治污染的设施必须经原审批环境影响报告书的环境保护行政主管部门验收合格后，该建设项目方可投入生产或者使用。防治污染的设施不得擅自拆除或者闲置，确有必要拆除或者闲置的，必须征得所在地的环境保护行政主管部门同意。⑤排放污染物的企业事业单位，必须依照国家环境保护行政主管部门的规定申报登记。⑥排放污染物超过国家或者地方规定的污染物排放标准的企业事业单位，依照国家规定标准缴纳排污费，并负责治理。水污染防治法另有规定的，依照水污染防治法的规定执行。⑦对造成环境严重污染的企业事业单位，须限期治理。⑧禁止引进不符合我国环境保护规定要求的技术和设备。⑨因发生事故或者其他突然性事件，造成或者可能造成污染事故的单位，必须立即采取措施处理，及时通报可能受到污染危害的单位和居民，并向当地环境保护行政主管部门和有关部门报告，接受调查处理；可能发生重大污染事故的企业事业单位，应当采取措施，加强防范。⑩生产、储存、运输、销售、使用有毒化学物品和含有放射物质的物品，必须遵守国家有关规定，防止污染环境。⑪任何单位不得将产生严重污染的生产设备转移给没有污染防治能力的单位使用。

《中华人民共和国清洁生产促进法》① 相关规定如下：①在中华人民共和国领域内，从事生产和服务活动的单位以及从事相关管理活动的部门依照本法规定，组织、实施清洁生产。②新建、改建和扩建项目应当进行环境影响评价，对原料使用、资源消耗、资源综合利用以及污染产生与处置等进行分析论证，优先采用资源利用率高以及污染物产生量少的清洁生产技术、工艺和设备。③企业在进行技术改造过程中，应当采取以下清洁生产措施：一是采用无毒、无害或者低毒、低害的原料，替代毒性大、危害严重的原料；二是采用资源利用率高、污染物产生量少的工艺和设备，替代资源利用率低、污染物产生量多的工艺和设备；三是对生产过程中产生的废物、废水和余热等进行综合利用或者循环使用；四是采用能够达到国家或者地方规定的污染物排放标准和污染物排放总量控制指标的污染防治技术。④产品和包装物的设计，应当考虑其在生命周期内对人类健康和环境的影响，优先选择无毒、无害、易于降解或者便于回收利用的方案。企业应当对产品进行合理包装，防止材料的过度使用和包装废物的产生。⑤生产大型机电设备、机动运输工具以及国务院经济贸易行政主管部门指定的其他产品的企

---

① 《中华人民共和国清洁生产促进法》由中华人民共和国第九届全国人民代表大会常务委员会第二十八次会议于2002年6月29日通过，自2003年1月1日起施行。

业，应当按照国务院标准化行政主管部门或者其授权机构制定的技术规范，在产品的主体构件上注明材料成分的标准牌号。⑥农业生产者应当科学地使用化肥、农药、农用薄膜和饲料添加剂，改进种植和养殖技术，实现农产品的优质、无害化和农业生产废物的资源化，防止农业环境污染。禁止将有毒、有害废物用作肥料或者用于造田。⑦餐饮、娱乐、宾馆等服务性企业应当采用节能、节水和其他有利于环境保护的技术和设备，减少使用或者不使用浪费资源、污染环境的消费品。⑧建筑工程应当采用节能、节水等有利于环境与资源保护的建筑设计方案、建筑和装修材料，建筑和装修材料必须符合国家标准。禁止生产、销售和使用有毒、有害物质超过国家标准的建筑和装修材料。⑨矿产资源的勘查、开采，应当采用有利于合理利用资源、保护环境和防止污染的勘查、开采方法和工艺技术，提高资源的利用水平。⑩企业应当在经济技术可行的条件下，对生产和服务过程中产生的废物、余热等自行回收利用，或者转让给有条件的其他企业和个人利用。⑪生产、销售被列入强制回收目录的产品和包装的企业，必须在产品报废和包装使用后对该新产品和包装物进行回收。

此外，我国还制定了一系列法律法规对企业应承担的环境保护、生态安全责任作了明确规定，主要包括：《中华人民共和国固体废物污染防治法》、《中华人民共和国水污染防治法》、《中华人民共和国大气污染防治法》、《中华人民共和国环境噪声污染防治法》、《中华人民共和国海洋环境保护法》、《中华人民共和国节约能源法》、《中华人民共和国水土保持法》、《中华人民共和国野生动物保护法》、《化学危险物品安全管理条例》、《中华人民共和国防治陆源污染物污染损害海洋环境管理条例》、《建设项目环境保护管理法》、《中华人民共和国自然保护区条例》、《电磁辐射环境保护管理办法》、《环境保护行政处罚办法》、《废物进口环境保护管理暂行规定》、《中华人民共和国水污染防治法实施细则》、《化学矿山环境保护管理暂行规定》、《饮用水水源保护区污染防治管理规定》等，这些法律法规对企业承担的环境保护责任分类作了规定。

二、企业违反相关的环境保护法应承担的法律责任①

（1）企业者违反国家有关环境保护的法律规定，有下列行为之一的，环境保护行政主管部门或者其他依照法律规定行使环境监督管理权的部门可以根据不同情节，给予警告或者处以罚款：①拒绝环境保护行政主管部门或者其他依照法

---

① 引自《中华人民共和国环境保护法》第五章第三十五条至第三十九条、第四十一条、第四十三条和第四十四条。

律规定行使环境监督管理权的部门现场检查或者在被检查时弄虚作假的;②瞒报或者谎报国务院环境保护行政主管部门规定的有关污染排放申报事项的;③不按国家规定缴纳超标准排污费的;④引进不符合我国环境保护规定要求的技术和设备的;⑤将产生严重污染的生产设备转移给没有污染防治能力的单位使用的。

（2）建设项目的防止污染设施没有建成或者没有达到国家规定的要求,投入生产使用的,由批准该建设项目的环境影响报告书的环境保护行政主管部门责令停止生产或者使用,可以并处罚款。

（3）未经环境保护行政主管部门同意,擅自拆除或者闲置防治污染的设施,污染物排放超过规定的排放标准的,由环境保护行政主管部门责令重新安装使用,并处罚款。

（4）对违反规定,造成环境污染事故的企业事业单位,由环境保护行政主管部门或者其他依照法律规定行使环境监督管理权的部门根据所造成的危害后果处以罚款;情节严重的,对有关责任人员由其所在单位或者政府主管机关给予行政处分。

（5）对经限期治理逾期未完成治理任务的企业事业单位,除依照国家规定加收超标准排污费外,可以根据所造成的危害后果处以罚款,或者责令停业、关闭。

（6）造成环境污染危害的,有责任排除危害,并对直接受到损害的单位或者个人赔偿损失。赔偿责任和赔偿金额的纠纷,可以根据当事人的请求,由环境保护行政主管部门或者其他依照法律规定行使环境监督管理权的部门处置,当事人对处理决定不服的,可以向人民法院起诉。完全由于不可抗拒的自然灾害,并经及时采取确实合理措施仍然不能避免造成环境污染损害的,免于承担责任。

（7）违反《环境保护法》规定,造成重大环境污染事故,导致公私财产严重损失或者人身伤亡的严重后果的,对直接责任人员依法追究刑事责任。

（8）违反《环境保护法》规定,造成土地、森林、草原、水、矿产、渔业、野生动物等资源破坏的,企业及相关责任人依照有关法律的规定承担法律责任。

第三节 企业社会责任对环境保护的要求

一、积极推广和实施 ISO 14000 系列标准

（一）ISO 14000 系列标准概述

ISO 14000 是国际标准化组织（ISO）第 207 技术委员会（TC 207）从 1993

年开始制定的系列环境管理国际标准的总称,它同以往各国自定的环境排放标准和产品技术标准等不同,是一个国际性标准,对全世界工业、商业、政府等所有组织改善环境管理行为具有统一标准的功能。它由环境管理体系(environmental management systems,EMS)、环境行为评价(environmental performance evaluation,EPE)、生命周期评估(life cycle assessment,LCA)、环境管理(environmental management,EM)、产品标准中的环境因素(environment aspects in product standards,EAPS)等7个部分组成。其标准号从 ISO 14001 至 ISO 14100,共 100 个。

ISO 14000 环境管理系列标准提出以后,国际标准化组织蒙尔曼主席对环境管理标准作了如下评价:可以提高环境意识,改进环境标准行为和绩效;可以建立环境管理和促进持续改进的有效机制;可以减少环境责任损失,合理利用资源;可以使环境保护标准化,造福下一代。

实施该系列标准的目的是帮助企业实现环境目标与经济目标的统一。支持环境保护和污染预防,既是国际标准化组织起草和实施这一系列标准的根本出发点,也是企业实施、建立体系的最终目标。该标准不仅强调企业应该达到什么要求,重要的是为企业建立一个持续改进的管理体系。同时,这一标准是以各国法律法规为基础的环境管理标准,有利于改变国际贸易中环境管理各自为政的局面,为发展中国家在体系的建立与认证方面提供了较大的空间,也为发展中国家企业的环境行为提供了较高的目标,为发展中国家跟上国际环境管理发展趋势提供了契机。

国际上建立较为统一的环境管理标准具有重要意义。在全球化不断扩大的今天,各国在经济、文化和环境等方面的交流越来越紧密频繁,如果各国各自为政实行差别过大的标准,将大大提高交流成本,减少各国在交流中得到的利益,甚至会产生摩擦引起冲突。在图 8-2 中,纵轴表示环境管理标准实行的严格标准 h(高度),而横轴各条竖线之间的距离则表示各国标准的差异程度 d,两条竖线距离越大则标准差异越大。假设国家 1 在 L_1 的标准框架下实行环境管理,而标准则达到了 A 点的高度;国家 2 在 L_2 的标准框架下实行环境管理,标准达到了 B 点的高度,低于国家 1 的高度;国家 3 在 L_3 的标准框架下实行环境管理,标准达到了 C 点的高度,是 3 个国家中最低的高度,即对环境管理最松弛。国家 1 的标准框架处于国家 2 和国家 3 的框架中间。此时,如果国家之间需要进行环境方面或者涉及环境方面的交流,就需要就环境方面的差异进行协调,例如在国际贸易方面就有这种情况,协调成本一方面依赖于环境管理的高低程度,另一方面依赖于环境管理的标准差异程度。国家 1 如果和国家 3 进行交流,协调成本与 AC 长度成正比,如果和国家 2 交流,协调成本和 AB 长度成正比;国家 2 如果和国家3交流,协调成本和 BC 长度成正比。这3个国家可以通过建立更加统一的环境管理标准框架来增强各国的协调程度,降低交流协调成本。因为国家1的标准处于中间,因此最有可能成为标准,而且这里该国的环境管理高度最高,能够引导其他国家向这方面努力。如果3个国家完全实行以国家1的标准为框架的环境管理标准,那么3个国家之间的协调成本将大大降低,成本 AC 减少为 AE,成本 AB 减少为 AD,成本 BC 减少为 DE。通过一个简单的图形,我们看出了建立较为统一并且具有包容性、开放性的国际标准的好处。当然,各国难以做到标准完全一致,但减少差异是个可行的努力方向。

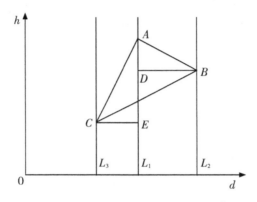

图8-2　较为统一的环境管理标准的建立

(二)我国推行 ISO 14000 系列标准对企业承担环境保护社会责任的意义

以环保为主题的绿色浪潮席卷全球,据联合国有关部门统计,带有绿色标志的产品日益获得消费者青睐,77%的美国消费者表示企业环保形象会影响其购买意向,40%的欧洲人购买绿色产品,其中67%的荷兰人、80%的德国人表示在购物时考虑环境因素。预计未来10年,国际绿色贸易将以年均12%～15%的速度增长。因此,更多的企业需获得 ISO 14000 认证以占领更大的市场。[①]

我国政府同样对 ISO 14000 认证的工作非常重视,积极鼓励企业执行 ISO 14000 系列标准,同时许多企业对 ISO 14000 系列标准产生了浓厚兴趣,目前我国有几百家企业已建立或正在建立 ISO 14000 环境管理体系,这些企业的工

---

① 参见崔亚伟、梁启斌、赵由才:《可持续发展——低碳之路》,冶金工业出版社2012年版,第222页。

业总产值之和超过 1 000 亿元。获认证企业中不仅有跨国集团在华的投资企业，还有我国著名的大型企业和一些私营企业。除了一部分是迫于跨国公司总部要求实施 ISO 14000 认证的被动型企业外，更多的是属于主动实施的企业，这些企业非常注重产品的质量和企业的社会形象，它们接受 ISO 14000 系列标准，将 ISO 14000 标准认证作为提高企业竞争力的有效工具，并实现预期目的。实施 ISO 14000 标准，对企业承担环境保护社会责任具有十分重要的意义，具体体现在以下几方面。

1. 实施 ISO 14000 标准促使企业主动承担环境保护社会责任

实施 ISO 14000 标准，是环境管理观念的重大改革，也是标准国际化工作的重大突破。在企业内部建立环境管理体系，首先要求对企业全体员工进行系统的环境方面的培训并起到实质性的效果——员工在观念、思考过程和行为方式等方面有所改变；另外，企业需要知道面临的环境问题，并采取措施。项进（2002）认为，环境标准制度的实施，以市场需求导向，向企业反馈信息，使企业在调整产品结构、实施技术改造时，自觉采用"无废少废"、节水节能和综合利用的新技术、新工艺、新设备，客观上加快了科技成果转化为污染防治能力的步伐。而不是像过去靠强制性法律规定和行政命令迫使企业承担一定的义务。这种将强制性和指导性相结合的环境保护管理方式，使企业由被动治理逐步转变为主动防治，在市场经济条件下强调商品的环境价值观，使企业承担环境保护社会责任由被动变为主动。更重要的是，广大的企业员工和管理者了解并重视环境保护工作，促使全民的环境保护意识逐步提高。

2. 实施 ISO 14000 标准是企业承担环境保护社会责任的一个重要标志

企业在获得环境标准认证时，将产品生产使用过程中的物耗和能耗指标作为一个重要参数，促使企业在这方面努力，在防治污染的同时降低了生产成本。另外，企业获得环境标准认证本身就是一种很好的促销广告，它向公众表明，自己的产品除了有使用价值外，还有一般商品不具备的环境价值，以此昭示企业在环境保护方面承担了社会责任，为企业带来荣誉。

企业获得环境标准认证，虽然会给企业带来一定的成本，但是能够使得企业在生产过程中减少物耗能耗成本，并且使得企业取得进入国际市场的基本条件。假设企业 1 现在在国内市场进行产品销售，市场对该企业的产品需求为 x_1，该产品的国内销售价格为 p_c，产品的生产成本是 c_n，所以企业 1 取得的净利润 π_{1n} 为：

$$\pi_{1n} = (p_c - c_n)x_1 > 0 \tag{8-11}$$

另外一家企业 2 也在国内进行产品销售，尽管其生产成本与企业 1 相同，但该企业由于品牌等因素销售量 x_2 小于企业 1 的销售量，但面对的市场价格仍然相同，所以企业 2 的净利润为：

$$\pi_{2n} = (p_c - c_n)x_2 > 0 \quad (8-12)$$

假设企业的产品获得了环境标准认证，在国内的市场销售价格仍然不变，但是企业能够增加国内的销售量，并且能够开拓国际市场。如果该企业原来的国内销售量为 x，则国内销售的增加量为 ax，即原有市场越大新市场就越大，每单位产品的生产成本变为 c_s。通过环境标准认证一方面降低了物耗成本，另一方面增大了产品生产的严格程度从而增加了成本，这里简单假定生产成本不变，

$$c_s = c_n \quad (8-13)$$

对于开拓的国际市场的大小，也与该企业原有的国内市场大小成比例，如果该企业原来的国内销售量为 x，则国际销售量为 mx，另外国际市场的销售价格为 p_f，大于国内的价格 p_c。无论是哪个企业要通过环境标准认证，都需要付出固定成本 F。企业 1 如果通过环境标准认证，获得的净利润为：

$$\pi_{1s} = (p_c - c_n)(1 + a)x_1 + (p_f - c_n)mx_1 - F \quad (8-14)$$

只有 $\pi_{1s} > \pi_{1n}$，即：

$$(p_c - c_n)a + (p_f - c_n)m > \frac{F}{x_1} \quad (8-15)$$

企业 1 才有动力去获得环境标准认证。不难看出，国际市场价格 p_f 越高，国内和国际市场份额扩大的乘数 a 和 m 越大，以及原有的国内市场份额越大，都有利于企业争取获得环境标准认证。企业 2 如果通过环境标准认证，获得的净利润为：

$$\pi_{2s} = (p_c - c_n)(1 + a)x_2 + (p_f - c_n)mx_2 - F \quad (8-16)$$

只有 $\pi_{2s} > \pi_{2n}$，即：

$$(p_c - c_n)a + (p_f - c_n)m > \frac{F}{x_2} \quad (8-17)$$

企业 2 才有动力去获得环境标准认证。可以看出，由于企业 2 原来的国内市场份额小于企业 1 的份额，所以在通过环境标准认证并且开拓国际市场方面也处于劣势，这也是为什么一般通过国际标准认证并且成功打入国际市场的产品都是大型名牌企业的产品的缘故。

3. 实行 ISO 14000 标准有利于促进国际贸易，推动全球企业社会责任运动

实施 ISO 14000 认证是国际贸易发展的需要，有利于消除贸易壁垒，促进国际贸易的发展。在国际市场上，在绿色消费的压力下，有些国家规定，不得进口未获环保认证的企业产品。同时，这些国家的企业由于害怕与没有承担环境保护责任的企业做生意而损害自己的形象，有可能终止与这些企业的往来，这样会严重阻碍国际贸易的发展。因此，要求供应商取得 ISO 14000 标准认证这一做法将成为政府和跨国公司采购时的基本要求，绿色壁垒将日益突显，ISO 14000 的

认证是通向未来国际贸易市场的通行证。贸易自由化通过合理配置资源来提高资源的利用率，降低产业能耗，非绿色产品的国际竞争力越来越小，各国环保投资相应拉升。先期进入国际市场的企业，在为环保作出贡献的同时，也可为企业争得良好的经济效益。

（三）我国企业推行 ISO 14000 系列标准面临的问题及对策

1. 我国企业推行 ISO 14000 系列标准面临的问题

当前，我国企业推行 ISO 14000 环境管理系列标准的积极性之所以不高，企业外部的原因固然不可低估，但企业内部的原因更应引起我们的重视。内部问题主要集中在以下三个方面：

（1）企业环保意识差，思想认识滞后。要在企业内部推行 ISO 14000 环境管理系列标准，企业环境意识是基准条件。我国现代企业起步较晚而且是自负盈亏的经济实体，没有把环境保护与经济建设放在同等重要的位置，这就决定了很多企业领导主要追求的是通过产品创造经济效益，对环境保护的认识仅限于降低污染物产生、达到污染物排放标准及环境品质标准。企业仍处于政府强制和法规导向型的环保概念中，没有形成环境保护与企业发展相辅相成的经营理念。此外，企业全员参与力度不够，他们认为环境问题只是企业环保职能部门的管理工作。因此，在这样的企业建立 ISO 14000 环境管理体系实属不易。

（2）受财力、物力及技术水平制约。首先，取得环境认证需要大量资金。同取得管理体系认证所需费用相比，取得环境管理体系认证的费用约是前者的三四倍。其次，环境管理体系的有效运作不仅仅依靠文件系统，还要求有坚实的物质技术基础，否则环境管理体系只是停留在文件化的形式上，不能产生真正的效用。最后，企业对 ISO 14000 系列标准及相关技术还缺乏了解，缺少清洁生产工艺的开发和研究，目前尚处于学习和探索阶段，缺乏实际动作。企业建立 ISO 14000 环境管理体系必须具有进行环境管理的技术设备基础，如果企业没有物质基础，就必须投巨资添置所需设备，培训技术人员。所以，如果企业不具备足够的财力、物力及技术条件，就会制约企业建立 ISO 14000 环境管理体系。

（3）标准化工作薄弱。我国企业编制的环境管理标准仍然严重不足，且大部分局限于安全操作规程，在企业标准化体系中，环境管理标准是薄弱环节。另外，我国目前实行的是以"预防为主"的一系列管理制度，实际上对企业污染物的排放仍然只能做到"末端控制"，而不是全过程控制。ISO 14000 主要包括环境管理标准、环境审核标准、环境行为标准和产品生命周期评价标准等，这几个主要标准相辅相成，相互紧密联系，往往一个标准的工作没有到位，就会影响到其他标准。

2. 我国企业推行 ISO 14000 系列标准应采取的措施

针对企业目前存在的问题，要在企业内建立和实施 ISO 14000 标准，我们须注意以下几点：

（1）提高企业和员工的环境意识。通过 ISO 14000 环境管理体系标准的学习和培训，激发全体员工的环境保护意识，培养绿色的组织文化，牢固树立预防、控制、审核的思想。其中，预防是环境管理体系核心；培训是环境管理体系的保障，目的是提高全体人员的环保意识和技能；审核是环境管理体系的执行，通过建立完善的内部审核，内容应能覆盖 ISO 14000 环境管理体系中的所有标准，以及要求认证的所有部门在企业进行连续有效的审核。企业通过不断地对员工进行环境保护基础知识的培训，让企业运营突破不重视环保建设的瓶颈，使全体员工环保意识不断增强，形成崇尚自然、保护环境、节能减排的价值理念。

（2）加大科技创新力度，实施清洁生产。实施清洁生产是企业追求节能减排，满足人们绿色需求，将环境保护延伸到生产整个过程的一种方法，它通过采用环境管理体系、生态设计、生命周期评价、环境标志、环境管理会计等工具，将环境保护渗透到生产、营销、财务和环保等各个领域，与生产技术、产品、服务等生命周期紧密结合。① 为此，政府应该应用并制定清洁生产标准，对不符合清洁生产标准的企业，可以采取经济、行政和法律手段，对相关单位和个人进行惩罚和引导。企业应该正视 ISO 14000 认证的长期回报：ISO 14000 认证可以给企业带来长期的利益和无形资产增值等回报，通过引入环保投资，强化技术改造资金的投入，组织好生产和科研攻关，淘汰技术工艺落后、资金消耗高、严重污染环境、产品品质低劣的生产设备，按 ISO 14000 标准要求在内部建立起立足于生态文明的现代科学技术管理体系和生产环境，通过其生产经营行为向社会展示自身所遵循的环境标准，提高企业信誉度和知名度，增强企业的市场竞争力。

（3）建立完善的环境管理机制。环境管理机制包含环境管理组织机构及环境管理制度。要按照 ISO 14000 系列标准的要求，在企业内部建立管理目标明确、管理层次清楚、管理职能分明的生态环境管理体系，加强企业生产环境工作管理，保证环境方针、目标和指标的实现。环境管理组织机构是建立和健全 ISO 14000 的组织保证。首先，企业在建立 ISO 14000 环境管理体系之初进行初始环境评审时就需要企业内环境管理组织的合作与支持。初始环境评审是企业明确环境管理现状的一种手段，是对企业的环境问题、环境因素、环境影响、环境行为及有关管理活动进行初始综合分析，以作为企业建立 ISO 14000 环境管理体

---

① 参见秦海虹：《实施 ISO 14000 环境管理体系的意义与措施》，载《经营管理者》，2014 年第 28 期。

系的基础。企业如果没有一定的环境管理组织机构，就很难进行初始环境评审，建立 ISO 14000 环境管理体系也就比较困难。其次，企业建立 ISO 14000 环境管理体系的其他工作都必须有一定的职能部门来承担，建立 ISO 14000 环境管理体系后，就更需要比较完善的职能部门来完成这一系统的环境管理工作。另外，环境管理体系是具体指导企业人员进行环境管理的可操作性规程。虽然企业建立 ISO 14000 环境管理体系后将有系统的环境管理的操作性文件，但这些文件的建立是以企业以往的环境管理制度为基础的。

二、建立保护环境的经济技术体系

用经济技术方法研究分析环境保护问题，并建立相应的经济技术体系，是节约和综合利用资源，充分发挥资源效益，防止和控制污染生产的必由之路，是经济效益与环境效益兼顾与统一的必然选择，也是企业承担环境保护社会责任的客观要求。较为完整的经济技术体系应包括清洁生产、资源综合利用、配套技术三个方面。

（一）清洁生产体系

1. 清洁生产的概念

关于清洁生产的概念，国际上尚未做出统一的定义，各国在不同的发展阶段有不同的称谓。如"污染预防"（pollution prevention）、"废物量最小化"（waste minimization）、"清洁工艺"（clean technologies）、"源头控制"（source control）等。如美国环保局（united states environmental protection agency，EPA）对污染预防的定义为："污染预防是在可能的最大限度内减少生产厂地所产生的废物量。它包括通过源削减（源削减指在进行再生利用、处理和处置以前，减少流入或释放到环境中的任何有害物质、污染物的排放或污染成分的数量；减少与这些有害物质、污染物的排放对公共健康与环境的危害）、提高能源效率、在生产中重复使用投入的原料以及降低水消耗量来合理利用资源。常用的两种方法是改变产品和改进工艺（包括设备与技术更新、工艺与流程更新、产品的重组与设计更新、原材料的替代以及促进生产的科学管理、维护、培训或仓储控制）。污染预防包括废物的厂外再生利用、废物处理、废物的浓缩或稀释以及减少其体积或有害性、毒性成分从一种环境介质转移到另一种环境介质中的活动。"现在统一称为清洁生产。对清洁生产目前主要有如下一些定义：

（1）清洁生产是在产品生产过程中和产品预期消费中，既合理利用自然资源，把对人类和环境的危害减至最小，又充分满足人们的需要，使社会、经济效益最大的一种生产方式。

（2）清洁生产是将污染预防战略持续地应用于生产全过程，通过不断改善管理和技术进步，提高资源综合利用率，减少污染物排放以降低对环境和人类的危害。

（3）清洁生产是一种新的创造性思想，该思想将整体预防的环境战略持续应用于生产过程、产品和服务中，以增加生态效率和减少对人类及环境的风险。

（4）联合国环境规划署（United Nations Environment Programme，UNEP）在综合了各种说法后，对清洁生产定义为：清洁生产是一种新的创造性的思想，该思想将整体预防的环境战略和减少对人类及环境的风险结合起来。在生产过程中，要求节约原材料和能源，淘汰有毒原材料，减降所有废弃物的数量和毒性；对于产品，要求减少从原材料提炼到产品最终处置的全生命周期的不利影响；对服务，要求将环境因素纳入设计和所提供的服务中。

（5）我国在《中国21世纪议程——人口、环境与发展白皮书》中对清洁生产的定义是："清洁生产是指既可满足人们的需要，又可合理使用自然资源和能源并保护环境的实用生产方法和措施，其实质是一种物料和能源消耗最少的人类生产活动的规划和管理，将废物减量化、资源化和无量化，或消灭于生产过程中。同时对人类和环境无害的绿色产品的生产也将随着可持续发展进程的深入而日益成为今后产品生产的主导方向。"① 虽然与UNEP对清洁生产的概念有不同的表述，但其基本内涵是一致的，都是对产品及其生产过程采用预防污染的策略来减少污染物的产生。其定义中都包含了两个全过程控制：生产全过程和产品整个生命周期全过程，强调在产品、生产全过程及其相关服务中的各个环节、各个方面寻求节能、降耗、减污、增效，以提高效率和降低对人类和环境的危害，实现经济、社会、健康、安全及环境的效益。因此，清洁生产与以往的末端治理的方式相比，具有非常积极的意义，它要求引起产品的研究开发者、生产者、消费者，即整个社会对工业产品的生产和使用全过程对环境影响的关注，使污染物的产生量、流失量和治理量达到最小，资源得到充分利用。它是一种积极、主动的管理态度，因而被认为是一种新的、持续的、创造性的思维。自1989年清洁生产计划开始推广以来，它迅速发展成为国际环保主流思想，被越来越多的国家所认识并付诸实施。1992年联合国环境与发展大会通过的《21世纪议程》更明确地指出，工业企业实现可持续发展战略的具体途径是实施清洁生产。今天已经很难找到一个没有开展过清洁生产的国家和地区了。有人预言，清洁生产是21世

---

① 中华人民共和国国务院：《中国21世纪议程——人口、环境与发展白皮书》，载《中华人民共和国国务院公报》，1994年第16期。

纪工业生产的基本模式。现在清洁生产已不再仅仅是作为一种生产手段，而是作为一种新的环境战略、新的思维方式、新的观念为人们所接受，是人类走向现代文明的象征，也是人与自然和谐的标志。

2. 积极推进企业实行清洁生产

我国政府部门非常重视清洁生产。1996年国务院颁布的《关于保护环境若干问题的决定》再次说明新建、改革、扩建项目技术起点要高，尽量采用能耗小、污染排放量少的清洁生产工艺。2012年2月29日，全国人民代表大会常务委员会第二十五次会议通过并颁布了《中华人民共和国清洁生产促进法》修订版，该法第三条规定："在中华人民共和国领域内，从事生产和服务活动的单位以及从事相关管理活动的部门依照本法规定，组织、实施清洁生产。"[①] 随后国家环保总局制定了中国推行清洁生产的对策。

（1）工作思路。加大推行清洁生产工作的行政管理力度，结合管理部门职能，以源头削减和全过程控制为工作的核心内容，建立比较完善的清洁生产管理体制和实施机制，按照培训人员、建立示范、总结推广的步骤开展工作，切实为所有工业污染源控制达标提供有效的保证手段。继续加强国际交流，扩大国际合作，为推行清洁生产奠定更好的基础工作。

（2）工作原则。包括以下几项具体原则：

第一，联合经济综合部门，依靠行业主管部门，加强部门之间的合作，明确各自在推行清洁生产中的职责。

第二，清洁生产与主要污染物排放总量控制结合。通过推行清洁生产，帮助企业优化环保投入，实现达标排放和总量控制相结合，提高企业竞争力。

第三，清洁生产与改革和完善现行的环境管理制度相结合。现行的环境管理制度如环境影响评价、"三同时"、排污收费、排污许可证等制度基本是针对污染生产以后进行的，制定和建立促进清洁生产和全过程控制的政策和制度，要以逐步改进和完善现行的环境管理制度为基础，从末端治理延至过程控制，对管理方法和方式、人员结构和素质等进行相应的调整，逐步建立适应我国环保目标要求的工业污染防治管理体系。

第四，清洁生产与实施 ISO 14000 系列标准相结合。在清洁生产审核的基础上，建立企业环境管理体系，是国际标准化组织 ISO 14000 系列标准的核心内容，也是实现清洁生产战略目标的重要措施。ISO 14000 系列标准的实施为企业持续进行清洁生产提供组织和管理保障。

[①]《中华人民共和国清洁生产促进法》由中华人民共和国全国人民代表大会常务委员会第二十五次会议于2012年2月29日通过，2013年1月1日起施行。

目前，冶金行业、化工行业、汽车行业、轻工业行业、纺织行业、饮食行业等 10 多个行业协会和政府管理部门纷纷制订了本行业的清洁生产行动计划。

3. 清洁生产的具体措施

清洁生产作为一种控制环境污染的企业生产方式，在我国得以迅速推广和发展，取得了一定的成绩。但与发达国家相比，我国仍显落后，有一定差距。这就要求我们采取必要的措施，积极推进清洁生产在我国的进一步实施和推广。

（1）完善宏观经济政策，促使和鼓励企业实施清洁生产。清洁生产是一种全新的污染控制战略，在当前以建立市场经济体制为目标的形势下，应建立市场机制运行的环境经济政策体系，诸如价格、税收、投资、信贷等，以保证清洁生产的顺利实施。

第一，改革排污收费制度。我国的排污收费制度对拓宽环境保护资金的来源、约束排污者行为起到了积极作用，但由于排污费远低于为达到标准排放治理所需要的边际费用，致使许多污染者宁愿交排污费甚至罚款而不愿投资建设处理装置。而且，目前的单因子收费方法无法限制企业从生产环节减少污染物产生量，从而无法鼓励企业实施清洁生产。另外，目前的排污费主要通过低息贷款给企业进行末端治理，不利于推行清洁生产。国务院〔1996〕31 号文明确要求："要按照排污费高于污染治理成本的原则，提高现行排污收费标准，促使排污单位积极治理污染"。①

用 Q 来表示企业生产过程中的控污程度，如果 $Q=0$ 就表示企业在生产过程中完全不控污，只是到了污染产生后再缴纳污染费。假设无论哪个企业要开展控污，都需要首先支付 F 的固定成本（如图 8 − 3 所示），控污的可变成本随着控污规模的增大而上升，企业 1 的控污总成本曲线用 C_0 表示，企业 2 的控污总成本曲线用 C_1 表示。企业控污也有好处，就是受到了控制的那部分污染不再需要缴纳污染费（污染费是政府部门制定的，对所有企业都一样）。假设初始时企业因控污而节省污染费的总收益曲线为 R_0。对于企业 2 而言，由于控污成本曲线完全在收益曲线上方，所以企业 2 不会进行任何的控污，而是宁愿缴纳污染费。对于企业 1 而言，最优的控污程度为 Q_0。我们想说明的是，政府如果加大污染费的征收强度和力度，即增大每单位污染所收取的污染费，企业将增强在生产过程中控污的积极性。假设现在企业因控污而节省污染费的总收益曲线上升为 R_1，此时企业 1 的最优控污程度上升为 Q_1，而企业 2 控污也变成一件好事，最优控污程度为 Q_2，大大高于原来的 0 控污。因此，提高现行排污收费标准可以促使排污单位积极治理污染。

---

① 中华人民共和国国务院：《关于进一步贯彻实施中国 21 世纪议程的通知》，国办发〔1996〕31 号文。

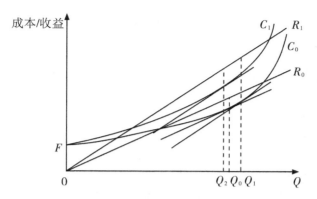

图 8-3 提高排污收费标准可促使企业控污

第二,建立和实施税收差异或优惠政策。从国外推行清洁生产的成功经验看,税收优惠是一项有效的政策。实际上,中国在推行清洁生产时,也有一些优惠的税收政策。如进行"三废"综合利用的企业,可以自定产品价格而不受国家调控,自项目运行起 5 年内减免税收,进口技术设备和零部件享受技改项目减免税政策等。因此,国家不但要对"三废"的综合利用,而且也要对利用清洁能源、无污染或少污染的清洁工艺、高效的设备、清洁的产品等实行上述优惠。特别是对有环境管理标志的产品,国家应在流通渠道上降低各种税率,集团或政府应优先购买。

政府加强对企业保护环境的政策和行动支持,能够增强企业保护环境的积极性。假设企业不特别开展环境保护管理时的市场销售量为 x_L,面对的市场价格为 p_L,每单位产品的生产成本为 c_L,企业面对的税率为 t_H,则企业的净利润为:

$$\pi_0 = x_L(p_L - c_L)(1 - t_H), \quad \pi_0 > 0 \qquad (8-18)$$

如果企业为减少企业产生的污染而努力,譬如采用清洁生产技术、获取环境管理标志等措施,首选需要支付固定的成本 F,这部分固定成本主要用来采购和安装相关的清洁生产设备,此外每单位的生产成本会从原来的 c_L 上升到 c_H。关于好处,首先企业产品的清洁程度提高,能够增加消费者的好感,所以企业面对的市场价格上升为 p_H;产品的清洁程度提高,同样能够增大市场销售量并且政府和其他企业也优先购买,所以销售量上升为 x_H;此外企业还可以享受税收税率上的优惠,税率下降到 t_L;最后在清洁生产设备采购上也能够享受优惠,成本下降到 fF,其中 $0 < f < 1$。则企业采取环境保护措施后的利润为:

$$\pi_1 = (p_H x_H - c_H x_H - fF)(1 - t_L) \qquad (8-19)$$

当 $\pi_1 > 0$ 且 $\pi_1 > \pi_0$ 时,企业会积极保护环境,即需要满足:

$$\frac{1-t_L}{1-t_H} > \frac{x_L(p_L-c_L)}{x_H(p_H-c_H-\frac{fF}{x_H})} \qquad (8-20)$$

可以看到，当政府从多方面给予企业更多的支持和鼓励时，企业越容易满足这一条件，税率优惠越大、优先购买数量越大、定价自由度越大、采购优惠越大，都使得企业越有积极性改进环境保护管理。

第三，清洁生产投资和信贷优先政策。发达国家一般通过资助和补贴政策鼓励企业进行清洁生产。目前，国家对于企业推行清洁生产需要的资金能否给予优惠是现阶段清洁生产在企业中能否顺利推行的关键之一。国家在推行"三废"综合利用上规定，专业银行必须提供长期贷款政策使"三废"综合利用得到长足的发展。因此，对清洁生产中确需要硬件投资者，应优先获得贷款，并在利率上给予优惠；对排污费的低息贷款应优先集中给予企业开展清洁生产全过程控制。

（2）建立清洁生产审计制度。清洁生产审计是企业识别清洁生产机会的有效工具。从国内企业进行清洁生产的示范项目及国外的成功经验看，企业通过清洁生产审计，既可以减少污染物排放，又可以增加经济效益。因此国家主管部门对国有企业经济责任制考核中，除现有利税、资产增值等考核指标外，还要增加企业是否进行清洁生产的审计指标。对于申请使用污染防治基金或排污费贷款进行污染治理的企业，应首先要求企业在立项前进行清洁生产审计，在审计基础上产生的治理方案才能予以批准。

（3）广泛开展清洁生产的宣传、教育、培训和信息交流。我国尚处在清洁生产示范和推广阶段，社会各界对清洁生产的认识还很肤浅，因此要大力宣传清洁生产，提高人们对清洁生产的认识，将清洁生产纳入对工程设计人员、大专院校学生和企业领导人进行培训的内容中。利用多种方式，如出版清洁生产手册、案例介绍、专题研讨会、媒介宣传等，对清洁生产进行广泛宣传，并加强信息交流，尤其是要加强国际信息交流，推进国际合作。

（二）资源综合利用体系

资源综合利用是我国经济和社会发展的长远战略方针，是保证资源永续利用的现实需要和必然选择，是"废物"资源化、防治污染、改善环境、促进可持续发展的重要措施。

资源综合利用主要包括：在矿产资源开采过程中，对共生、伴生矿进行综合开发与合理利用；对生产过程中产生的废渣、废水（液）、废气、余热、余压等进行回收和合理利用；对社会生产和消费过程中产生的各种废旧物资进行回收和再生利用等。以往我国在资源综合利用方面在国家的倡导和政策鼓励下取得了很大成就,在缓解资源紧缺状况、提高企业经济效益等方面取得了很大成绩。但与国际先进水平相比仍有很大的差距,主要表现在资源消耗高、利用率低,矿产资源总回采率仅为30%左右,比世界平均水平低20个百分点以上;单位国民生产总值所消耗的矿物原料比发达国家高2~4倍;能源效率只有30%左右,比世界平均水平低20个百分点以上;废弃物综合利用和无害化处理程度低,二次资源利用率仅相当于世界先进水平的30%左右。① 随着全球可持续发展战略的普遍认同与实施和环境保护目标的确立,以及我国社会主义市场经济体制的建立,资源的综合利用是经济与环境协调发展的必由之路,这既是挑战,也是机遇。我们在坚持"因地制宜、鼓励利用、多种途径、讲求实效、重点突破、逐步推广"方针的同时,必须从整体上推进资源的综合利用。

一是增强资源意识。可再生资源增长的有限性、不可再生资源的耗竭性与需求的无限性的矛盾决定了我们必须走珍惜资源、节约资源、保护资源和永续利用资源的可持续发展之路,将搞好再生资源的综合利用作为经济和社会可持续发展的战略措施。再生资源已成为工农业生产资料的重要来源。在一些发达国家,很多重要工业部门的生产原料主要来源于再生资源。例如,法国每年铜产量的80%来自废铜再生,日本塑料产量的一半来源于废塑料,美国1/3的新闻纸是用废纸生产出来的。再生资源的综合利用效益十分显著,如利用1吨废纸,不仅可以造纸800千克,而且相当于节约4立方米的好木材,相对于木浆造纸,还可以节约碱40千克、电512千瓦时、水47吨。② 由此可见,资源的综合利用是经济社会发展必须遵循的一条重要原则,是世界经济发展到今天的一种必然选择。

二是增强环境意识。环境容量的有限性、环境污染对经济社会发展的严重制约性已不允许我们以牺牲环境为代价来换取一时的经济发展和社会进步。环境本身就是一种宝贵资源,牺牲环境实际上就是牺牲我们生存与发展所需要的宝贵资源和基本条件。浪费资源必然导致环境污染。而搞好再生资源的综合利用是防止环境污染、维护生态平衡的重要措施。据测算,每回收1吨废旧物资,相当于平均减少了4吨垃圾的处理量。农膜的使用是农作物获得增产的一项重要措施,但如对废旧农膜不加以回收,残留在地里,有的上百年也不能分解,就会破坏土壤结构,引起土壤板结。因此,大力开发利用再生资源,可以化害为利,改善环境。

三是增强统一意识。在传统观念上,我们往往把经济发展与保护环境从对立

---

① 参见翟青:《节约资源:可持续发展的保障》,载《学习时报》,2004年8月2日。
② 参见王爱兰:《发达国家推进再生资源产业的经验及启示》,载《经济纵横》,2007年第5期。

的方面看得较多，而从统一方面看得太少。世界上许多环境保护工作相当出色的国家，同时也是经济发达国家；具有严重污染行业的城市同时又是一个"花园式的城市"，"变废为宝"、"变害为宝"收到了经济与环境的双重效益。这些都表明，经济发展与环境保护可以有效地兼顾统一起来。奥地利处理垃圾的方法就是一个具有借鉴意义的具体实例。奥地利把垃圾治理提升到垃圾经济学的理论高度，以科学的思想和理论做指导，研究垃圾处理的经济科学和社会科学，逐步形成了目前的综合处理垃圾的程序和办法：将有用的废品分类回收；将生物垃圾焚烧并经处理后填埋；在垃圾焚烧时回收利用热能发电和供暖，做到经济效益与环境效益的有机统一，使奥地利这个"音乐之邦"更具魅力。

四是增强机制意识。从根本上来说，资源综合利用关键在于建立一个有效的机制，如何从资源价格以及政策、法律和管理等方面建立一个有效的机制，是改革的一大重要目标与任务，是资源综合利用落到实处的治本之策。

五是增强绿色意识。如何才能对资源真正做到物尽其用呢？还是要从根本上增强人们的绿色意识。欧洲各国新制定的法律条文将迫使所有的生产厂家回收包括汽车和电话机在内的所有旧产品。这场运动的发起者是德国，政府明确规定，各生产厂家必须对某产品零件及其包装物的"命运"负责到底。这是风靡全球的产品绿色革命。现代科技飞速发展，对产品的更新换代似乎已到不可思议的地步。按美国卡内基大学学者的说法，现在个人电脑出厂后不到一年的时间就会过时。今天每卖3台电脑，同时就会有2台旧电脑报废。这就意味着我们回收电脑的速度将跟制造电脑一样快，为了做到物尽其用，需要对产品进行绿色设计。所谓绿色设计，就是技术人员在设计产品时就考虑到产品淘汰时可被重复利用，或可被安全处理。在世界这股汹涌的绿色大潮面前，我们的企业应未雨绸缪，增强绿色意识，重视产品的绿色设计，这既是出于资源综合利用的考虑，更是出于企业生存与持续发展的需要，无论是国家、企业还是消费者都将长期受益。

（三）配套技术体系

清洁生产技术、资源综合利用技术等保护环境的科学技术具有综合性、先进性、实用性的特征。要实现环境保护科学技术的配套发展，必须重点开发无污染技术、绿色技术等。

在工农业生产和环保设备生产中，要立足于无污染技术的研究开发与应用，以防止产生大规模污染。在现代科技发展中，应高度重视绿色技术的开发与应用。所谓绿色技术，就是指根据环境价值标准而利用现代科技全部潜力的技术，这是一个保护环境的综合型新技术体系，是现代科技发展的重要取向。

假设开发一项新的环保技术需要成本 C，该技术开发成功后可以为全社会所采用，由于开发成本巨大，任何企业都不可能单独完成研发。该技术能够给社会上的每个企业带来收益 π_p，无论企业是否为开发支付了成本，即该技术具有外溢性和非排他性；此外，该技术能够给除企业外的全社会带来收益 π_s，假设社会上企业数目为 n。在理想状态下，只要

$$\pi_s + n\pi_p > C \qquad (8-21)$$

该技术就会得到开发。不难看出，企业数目越大，该条件越容易成立，这暗示一个大经济体在这方面具有优势。由于单个企业无法完成研发，所以如果企业需要开发，就必须通过合作来完成。假设合作的协调成本为 $k(n)$，$k'(n) > 0$。当

$$n\pi_p > C + k(n) \qquad (8-22)$$

企业会进行合作来开发新技术，企业决策并不考虑对社会的影响。企业合作研发，最优的企业参与数目并不一定等于社会上的全部企业数目，这依赖于 $k(n)$ 的二阶导数性质。单个企业的目标是最大化 $\pi_p - \dfrac{C}{n} - \dfrac{k(n)}{n}$，一种情况是最优的合作研发企业数目小于全部企业数目 n，此时由于不参与研发合作的企业同样能够在技术开发成功后采用该技术，所以最后每个企业都有搭便车的动机，导致合作研发失败。一种情况是 $k(n)$ 是关于 n 的线性函数，此时参与合作的企业数目越大越好，即全部企业参与研发最好，但是此时同样存在搭便车问题，研发往往会告吹。最后的策略是政府进行研发。政府如果要进行研发，需要从企业处收取税收用于支付开发成本，假设对每个企业进行收税引发成本 j，$j < k$，所以当

$$\pi_s + n\pi_p > C + nj \qquad (8-23)$$

政府会着手进行新技术开发，当全部成本由企业通过税收支付时，每个企业的收益为 π_p，成本为 $\dfrac{C}{n} + j$。当

$$\pi_s + n\pi_p > C + nj \qquad (8-24)$$

即使

$$\dfrac{C}{n} + j > \pi_p \qquad (8-25)$$

政府仍会通过它的强制力量收取税收开发新技术，最大化社会福利。所以，对于一些具有弱排他性和全社会受益性质并且开发成本巨大的技术，政府可以主动进行开发。

正如未来学家罗伯特·奥尔森（Robert Orson）所指出的，现在人们认为的科学技术，到50年后或许就成为博物馆里的"古董"了，而绿色技术将充满生机。因此，瞄准目标，立足开发，适当引进，消化提高，重点突破，坚持配套，发展产业，优化体系，逐步普及，是环境保护科学技术发展的方向与可能选择。

三、完善环境保护法律法规，加大环境执法力度

完善法律法规，加大执法力度就是对违反环境保护法律法规的行为施加制度化的惩罚。康德（I. Kant, 1965）阐述了一个抵偿理论，他认为惩罚既不应该是为了促进罪犯的利益，也不应该是为了促进社会的利益，既然犯罪阻碍了自由（康德标准），它应该遵循罪行本身的特性而定。黑格尔（G. W. F. Hegel, 1952）也赞成康德的观点，他认为"否定之否定"能够"消除"犯罪。这样的对等过程带有同态复仇的特征。在契约里经常发生用到"对等"的措施，比如，如果一方发生交货延迟或施工延误，另一方就按规定递减付款金额（惩罚）。尤因（A. C. Ewing, 1970）一方面赞成康德关于要首先确定谁应当受到惩罚的观点，但另一方面他并不赞成康德和黑格尔对错误行为实行形而上学的对等惩罚的观点，因为错误行为是永远不可能"消除"的。贝道（Bedau, 1978）也指出，在某些情况下，同态复仇是毫无意义的，例如强奸。威慑的理论基础是由伯卡利亚（Beccaria, 1963）提出来的，他认为惩罚的唯一目的是为了防止罪犯再度犯罪，并通过施以适当的惩罚对其他人产生威慑作用。因此，我们当前完善法律法规，加强环境执法力度的目标应该明确而具体，既要对违反环境保护法律法规的企业经营行为予以严厉的打击，使非法行为罪有应得，同时也要对其他企业有明显的威慑作用，引导企业走遵纪守法的经营道路。

（一）现行环境管理制度为环境保护打下了良好基础

随着经济迅速发展，我国生态破坏和环境恶化的问题日益突出，近年来，环境污染问题已经引起社会各界的广泛关注，环境执法的力度也不断加强。"九五"期间，国家从优化产业结构、全面提高经济效益、合理调整生产力布局的目标出发，积极扶持高新技术产业和第三产业的发展，大力限制资源消耗大、污染重、技术落后产业的发展，压缩其生产能力，并取缔、关停了8.4万家污染严重、技术落后的小企业，淘汰了一大批小煤矿、小钢铁、小水泥、小玻璃、小炼油、小火电企业，从源头上减少了这些企业对资源的破坏和对环境的污染，这一行动在世界环境保护史上也是绝无仅有的。

20世纪90年代以来，适应民主法制建设和环境保护的要求，我国大大加强了环境保护法制建设，先后制定了《中华人民共和国水土保持法》、《中华人民共和国固体废物污染环境防治法》、《中华人民共和国环境噪声污染防治法》、《中华人民共和国节约能源法》、《中华人民共和国防震减灾法》等，并对《中华人民共和国水污染防治法》、《中华人民共和国大气污染防治法》、《中华人民共

和国海洋环境保护法》、《中华人民共和国森林法》、《中华人民共和国土地管理法》、《中华人民共和国矿产资源法》等作了重大修改。在这些法律中，把可持续发展、清洁生产、资源综合作用、生态环境保护等方面的政策要求以法律形式加以肯定。另外，我国还建立了环境影响评价、城市环境质量整治定量考核、领导环境目标责任制、淘汰落后技术等管理制度，以适应越来越高的环境要求。为了加大对违法行为的打击力度，已将破坏环境资源保护罪列入《中华人民共和国刑法》的有关法律条文，对严重破坏资源和环境的违法者施以刑法惩治。上述措施已经对企业有所触动，使各个企业在各种经营活动中越来越重视环境问题。这些均为企业环境管理体系的建立打下良好的基础。

（二）进一步完善环境立法，加强环境执法

当前，我国在完善环境保护法律法规的过程中，应在原有法律法规体系的基础上，把重点放在填补立法空白上，进一步完善整个法律体系。当前应加大如下方面的立法工作：制定和实施环保产业法律法规；制定与 ISO 14000 系列标准相配套的及适合我国国情的环境标志法律法规；制定有关化学品污染防治、生物安全管理等内容的法律法规；制定农药环境安全、转基因生物体进口管理等规章，强化环境影响评价制度在外商投资项目中的实施力度，以此促进环保产业和环保技术的发展。而且，在针对企业环境问题的法律规范中，应将具体的法律规范分为四个层次：

（1）禁止性规范。主要对那些工艺已过时或被淘汰、环境污染严重、资源浪费的生产企业和行业在法律规范中明确予以禁止。

（2）倡导性规范。有些在实践中已经被证明具有高效、节能、降耗等特征的生产工艺，由于其先进性尚未被认识，或者因为企业政策等原因而未能被及时采用的，对这类技术应该通过法律倡导的方式，提倡采用并制定相应的推广措施。

（3）鼓励性规范。对那些能带来明显经济效益和环境效益的生产技术，制定鼓励性规范，如奖励、优先贷款、优先审批扩大生产等，尤其是对那些采用工业生态学或循环经济原理的工艺技术应给予特殊的鼓励。

（4）强制性规范。对那些技术落后、污染严重、效益低下的生产工艺和设备，应明确予以强制性淘汰或改造。由于我国目前市场还不能给企业的行为形成足够的压力，国家在运用刺激性、鼓励性措施引导企业进行有利于环境的生产经营活动时，也必须同时加强法律的强制性。

总之，在立法方面除了填补空白以外，在具体的法律规范上还需要予以明确的规定，使企业能通过这些法律规范明确哪些是法律所提倡的，哪些是法律所禁止的，哪些是法律所鼓励的，哪些是法律所反对的，从而建立一个符合法律规范的行为准则。同时也要提高我国环境政策法律的透明度，及时、全面地公布相关法律法规，使环境管理建立在较为完善的法律法规基础上。

完善的环境法律体系仅仅是为资源的永续利用提供了依法的前提与现实基础。只有将各项环境政策、法规落实到经济社会生产、生活中去，才能有效地贯彻执行，从而使人们的生产、生活行为符合可持续发展的要求，切实维护人们的环境权益，促进环境质量的改善。而法律法规、政策及制度的落实和实施，主要取决于执法力度的大小，这点正是我国所缺少的。就当前而言，应特别强调两点：一是要切实强化政府的执法职能。各级政府及有关部门是环境执法的主体。在环境保护日益受到重视、环境法制日益健全的今天，却有某些环境管理职能部门职权有限，难以担负起相应的管理职能。更有甚者，有些部门对破坏资源环境的行为姑息放任，打击处罚不力。因此，环境保护工作进展顺利与否，关键是要强化政府及有关职能部门的执法力度。对任何违反环境保护政策与践踏国家法律的行为，都应予以严惩，对以身试法者予以痛击。同时应加强执法队伍的自身建设，提高执法队伍本身的环境意识与职业素养，提高政府及职能部门的执法水平与能力。二是要进一步完善环境执法的监督机制。各级人大应加大检查力度，督促政府及有关部门执法的工作，确保各项环保法律、政策、方案的实施及各种违法行为的查处，使各项法律法规落到实处。此外，必须充分发挥新闻媒体、社会团体、妇女组织、青年组织的监督与参与作用，使保护环境做到外在的刚性约束与内在的自省自律相结合。

第九章 跨国公司与企业社会责任

20世纪后半叶以来,跨国公司日益成为国际经济活动的重要主体。短短数十年的时间,跨国公司发展成为全球投资与世界贸易的主导者。时至21世纪初,全球一半以上的贸易额和对外直接投资的绝大部分为跨国公司所掌握,而在全球技术革新与企业管理创新方面,跨国公司的地位更加重要。但另一方面,人们对跨国公司单纯追求经济效益最大化的目标提出质疑。在全球企业社会责任运动兴起的背景下,跨国公司理应在追求经济目标的同时,承担一定的社会责任。

第一节 跨国公司的产生和发展

一、跨国公司的产生和发展概述

跨国公司又称多国公司（multi-national company）,是指跨越一国国境投资经营的企业。1983年,联合国跨国公司中心在拟订《跨国公司行为守则》中,将跨国公司定义为具备以下特征的公司：由分设在两个或两个以上国家的实体组成的企业,而不论这些实体的法律形式和活动范围如何;这种企业的业务是通过一个或多个活动中心,根据一定的决策体制经营的,可以具有一贯的政策和共同的战略;企业的各个实体由于所有权或别的因素相联系,其中一个或一个以上的实体能对其他实体的活动施加重要影响,尤其可以与其他实体分享知识、资源以及分担责任。①

跨国公司不同于国内公司的实质特征有：跨国性、经济统辖管理和法律责任独立。②

首先是跨国性。构成跨国公司的实体分布于两个或两个以上的国家,这些依

---

① 参见陈翩：《涉及跨国公司的五大法律问题》,载《国际法学》,2002年第1期。
② 参见孔隋：《跨国公司社会责任承担机制研究》,中国海洋大学2011年硕士学位论文。

据所在国法律设立的法律实体，所有制形式不同，法律形式和活动范围也不同。但是这些设立于不同国家的法律实体又通过统一的决策系统相互联系，拥有共同的战略。

其次是经济统辖管理。如余劲松教授所指出的，在经济上，跨国公司是在母公司控制下的一个整体，母公司统辖管理不同分公司整体的经济活动。这个整体有一个或者数个决策中心，在经济上有一个整体的统辖，在此之下整个跨国公司在共同的战略上一致执行策略。

最后是法律责任独立。跨国公司的实体之间在法律上往往是相互独立的实体。母公司和子公司、子公司之间基本都是独立的法人的关系。法人是独立承担法律责任的实体，所以跨国公司的不同实体之间独立承担其相应的法律责任。

现代意义的跨国公司产生于19世纪60年代。1868年，美国的胜家缝纫机公司（Singer）在苏格兰的格拉斯哥投资建立了一家分公司，在当地制造并销售产品。一般认为，这是第一个具有跨国公司特征的企业，标志着世界第一家跨国公司诞生，至今已近146年之久。一百多年来，跨国公司的发展经历了两个高潮和一个低潮，呈现出三个大的阶段。第一个高潮掀起于19世纪末20世纪早期，为跨国公司初步崛起阶段。跨国公司一经产生便显示出强大的生命力，到第一次世界大战前夕的1913年，全球跨国公司已逾百家，其海外分公司超过400家。第二个高潮掀起于20世纪后半叶，是跨国公司迅猛发展的阶段。在这两个高潮之间，即两次世界大战大萧条时期，跨国公司发展曾一度步入低潮。

经过20世纪后半叶的超高速发展，跨国公司日益成为全球经济的主导因素。20世纪60年代末，跨国公司的数量突破7 000家；70年代突破1万家，在全球经济中初步占据支配地位；80年代末，跨国公司在全球贸易与国际资本流动中的支配地位最终确立。当时，全世界6万家跨国公司，控制着世界生产总值的1/3，国际投资总额的70%，国际贸易总额的2/3和世界技术转让的80%；在目前世界100家最大的经济实体中，跨国公司有51个，主权国家只占49个。① 跨国公司的发展已经成为经济全球化的首要标志。整个20世纪后半叶，尤其是80年代以来，全球跨国公司对外直接投资持续大幅度增长，到2000年，跨国公司对外直接投资的总量已经超过15 000亿美元。进入21世纪以来，伴随着世界经济发展呈现的多极化格局，国际区域间的分工形式也发生巨大变化，跨国并购趋势减弱，跨国公司数量进入稳定期。

根据联合国贸易发展会议（United Nations Conference on Trade and Development，UNCTAD）《世界投资报告2013》（*World Investment Report 2013*），2012年

---

① 参见张昌兵：《当代跨国公司发展的新情况》，中国人民大学复印报刊资料，2000（3）。

全球对外直接投资（FDI）流入量达到1.35万亿美元，是1990年（2 020亿美元）的6倍多，由于全球经济的脆弱性和政策的不确定性，全球FDI下降18%。UNCTAD预计，2013年全球FDI基本保持2012年的水平，可能小幅上涨至1.45万亿美元，这相当于危机前2005—2007年的平均水平。发展中经济体的FDI达到了4 260亿美元，占全球FDI流出总量的31%。2012年流入发达经济体的FDI下降了32%，为5 610亿美元，相当于10年前的水平。①

二、战后跨国公司迅猛发展的原因

尽管跨国公司的产生和发展不到一个半世纪，但是时至今日，跨国公司在全球经济中的地位和作用完全不可替代。在生产、销售、直接投资等各个领域，跨国公司都扮演着举足轻重的角色。跨国公司迅速发展的根本原因在于资本的高度垄断。战后主要资本主义国家，特别是美国，生产和资本进一步集中，垄断规模不断扩大，垄断程度日益提高，由此而产生了巨额的"过剩资本"。为了攫取最大限度的垄断利润，争夺势力范围，这些"过剩资本"必然要向外寻找出路，这就为跨国公司的急剧膨胀创造了前提条件（任廷祚、王光振，1981）。赵少钦（2014）认为，战后资源供需矛盾可以通过一定的制度调节，由资源争夺转向资源共享，从军事竞争转向经济竞争，逐步成为战后各国的共识，这在实际上便构成了跨国公司化在战后迅速发展的深层次认识的基础；另外，科学技术革命和生产力的迅速发展又为跨国公司发展提供了经济基础。这两个基础共同引发了跨国公司的蓬勃发展。系统地考察起来，导致战后跨国公司迅速发展的原因主要体现在以下几个方面。

1. 技术进步

20世纪80年代以来，信息技术和通信技术开始兴起并迅速结合。运输和通讯成本下降的同时伴随着电信和互联网的改进，这再一次引起企业所在市场的扩张，为企业在世界范围内管理生产体系提供了物质技术前提。

2. 金融自由化

20世纪80年代开始的国际资本市场自由化和层出不穷的金融工具创新，为企业融资提供了前所未有的便利，为跨国公司的国际投资扩张提供了重要的资金来源。例如，证券市场上股份置换等方式的发展使得跨国公司可以更加便利地进行融资，外国投资者持股自由化推动了通过股票互换进行的国际并购。

---

① UNCTAD, World Investment Report 2013: FDI from developing and transition economies. United Nations, New York and Geneva, 2013.

3. 对外直接投资管制的自由化和规范化

跨国公司生存和发展的国际法律、政策环境有了极大的改善，已经形成了一个由各主权国家的国内法规、国家间的双边协议、地区性投资协议、多边投资协议组成的多层次的国际投资法律框架。

自第二次世界大战以来，尽管局部地区的冲突时有发生，国家间的摩擦也一直没有停止过，恐怖主义迅速蔓延，但从世界范围来看，全球经济的发展始终处于一个相对和平稳定的环境中，这无疑为战后跨国公司的迅猛发展创造了良好的外部环境。

第二节 跨国公司的发展与发展中国家的利益关系分析

随着发展中国家经济的发展，世界经济、政治、文化格局发生了重大变化：对外投资来源国逐步由少数垄断帝国主义国家变为多源多向和多元化国家。广大发展中国家政治上的独立、经济上的自强，使跨国公司对发展中国家投资的种种附加条件和强权掠夺受到抵制，跨国公司的发展对发展中国家的影响出现两极化。

一、跨国公司的发展对发展中国家的积极影响

理论研究和实证分析已反复证明，跨国公司对外直接投资的外溢效应是非常明显的，这不但体现于生产力的提高和技术转移上，而且还体现在制度、文化、观念等方面。随着时间的推移，跨国公司成为东道国制度变革的力量。[①] 在跨国公司谋取自身利益，利用发展中国家的各种资源的同时，客观上也对发展中国家经济的稳定带来了积极影响。

（一）有助于发展中国家的经济稳定

根据"哈罗德—多马"模型（即 Harrod – Dormar growth model）和"双缺口"模型，对发展中国家来说，存在两个缺口：一个是 I-S，即储蓄缺口；一个是 M-X，即外贸缺口。跨国公司的资金流入可以弥补束缚发展中国家经济发展的

---

① Kwok Chuck C Y, Tadesse Solanon. The MNC as an agent of change farhost-country instihztion FD I and corruption [J]. Journal of internationalBusiness Shidies, 2006 (6): 767 – 785.

两个缺口。发展中国家发展产业，需要建设资金，但是储蓄水平太低；另一方面，由于发展高科技和改变产业结构需要购买大量的外国机器和设备，引进高科技技术和人才，便会出现外贸逆差问题。所以，跨国公司有利于发展中国家经济的稳定增长：弥补发展中国家建设资金的不足；缓解发展中国家外贸逆差，扩大发展中国家出口，改善发展中国家出口产品结构；促进发展中国家总体技术水平的提高和科技进步；拉动发展中国家产业结构的升级和经济进一步发展。另外，跨国公司有利于完善发展中国家的经济稳定调控机制。跨国公司的大量进入，使发展中国家的经济活动变得更加复杂，带来了许多国际惯例与规则，这就要求发展中国家根据跨国公司的经验提升自己，学习这些国际惯例与规则，建立自由化市场，同时政府运用利率、汇率、税收等各种手段进行宏观调控。反过来，为了吸引跨国公司的投资，发展中国家必须保持国民经济稳定。

（二）有助于发展中国家的政治稳定

正如罗伯特·吉尔平所说，"跨国公司因为掌握了世界投资资本、技术和全球市场份额的大部分，所以这些公司不仅在国际经济中唱主角，而且在国际政治中也是不可或缺的角色"。①

政府是国家利益的代理人，是对外交往中国家利益的维护者。当发展中国家与发达国家产生利益冲突时，发展中国家政府应当承担起维护国家利益的责任，通过政府间沟通解决冲突。然而，政府之间的直接沟通并非维护国家利益的唯一方式，有时候甚至不是一种好的方式。跨国公司的出现使发展中国家政府多了一种选择：利用跨国公司的母国政治影响力来实现发展中国家的利益诉求。② 对母国来说，跨国公司可以通过其巨大的影响力，左右政府政策安排，成为母国对外政策的幕后决策者和操纵者。

"政府间、公司间、政府与公司间的三维外交"构成了当代国家之间交往的特征，跨国公司是一种潜在的力量，它可能、有时确实想方设法对一国的法律和政治政策施加影响，而且它对一国的政治环境确实影响很大。③ 在当今全球化的时代中，由于跨国公司经营生产的需要，在跨国公司的影响下，国家间越来越稳定。首先，跨国公司由于要追求本身的利益和利润的稳定，避免由于国家间政治

---

① （美）罗伯特·吉尔平：《全球资本主义的挑战》，杨宇光、杨炯译，上海人民出版社2001年版，第22页。

② 参见周学森：《外商直接投资与发展中国家利益的国际政治经济学分析》，复旦大学2012年博士学位论文。

③ Strange S. States firms and diplomacy. International affirms, 1992, 68 (1).

冲突而给自己带来损失，必定千方百计通过各种方式与渠道来游说双方国家政府。其次，跨国公司的母国及所在国为了顾及跨国公司的利益，均会在制定政策的时候尽量避免造成两国之间的冲突，这样就在客观上起了一种缓冲与稳定的作用。

同时，跨国公司通过社会责任树立的良好形象，赢得的社会声誉，培养的信任关系，催生的社会理念等影响着那些习惯于通过腐败来解决商务问题的东道国企业和政府人员，使他们越来越认识到，在一个信任和清廉的环境中，商务活动会更加有效（陈利霞和刘守亮，2013）。为了在国际社会中树立国家清廉的形象，增强本国的国际声誉和吸引更多的商业活动，东道国政府和企业往往以那些社会责任型的跨国公司作为自己的榜样，效仿跨国公司的行为，逐步改变他们传统的商业实践做法，提高自己的清廉程度。也就是说，跨国公司有助于减少发展中国家政府腐败行为的发生，营造一个清廉的环境，从而进一步维护政治稳定。

（三）有助于发展中国家的社会稳定

在社会结构上，有学者通过研究指出，跨国公司进入发展中国家将与这些国家的内部因素共同作用，造就一个新兴的中产阶级，而非仅是一个"白领阶层"。这个中产阶级的产生、发育与示范作用，将带动更多的社会群体努力奋斗，积极竞争，从而为整个发展中国家的经济发展与社会进步作出贡献。[①] 因此，跨国公司将对发展中国家社会结构的改造起到积极作用，通过培育中间阶层，构建社会稳定的前提与基础。同时，就业效应是跨国公司在发展中国家溢出效应的重要部分。就业效应是指跨国公司的对外直接投资给东道国带来原来没有的就业机会，就业效应可以是直接的，也可以是间接的。外国跨国公司在发展中国家经营，就要雇用一定数量的东道国居民，就形成了直接效应。而作为这项投资的结果，当地供应商以及跨国公司员工在当地消费所创造的就业机会则是间接效应。间接效应即使不比直接效应大，但至少与直接效应相当。如此，就减轻了发展中国家由于人口众多而产生的就业压力，这样就起了稳定社会的作用。

二、跨国公司的发展对发展中国家的消极影响

理查德·德乔治（Richard T. DeGeorge, 1993）曾经说过："第一世界的跨

[①] 参见杨敏凯：《跨国公司与发展中国家的社会稳定——兼论对中国的影响》，载《理论观察》，2003年第1期。

国公司是第三世界的希望,也是第三世界的灾害。"① 跨国公司推行其全球战略,其目的当然是为了谋取利益的最大化。在全球化这种不确定性与国际政治的复杂性这二重条件共同作用下,跨国公司也必然会不同程度地给发展中国家的经济社会稳定带来一些负面影响。

经济全球化强化了西方大国在世界经济中的主导地位。西方跨国公司的迅速扩张进一步增强了西方大国的实力,使世界经济力量进一步向美欧发达国家倾斜,而发展中国家的地位则进一步被弱化与边缘化。如今,一个国家的经济实力和国际竞争力,已集中体现于企业的实力和竞争力上,而国家与国家间的竞争,更是成为各国大企业之间的竞争,经济全球化的消极影响可能导致发展中国家的小公司纷纷倒闭,而发达国家的大公司则不断强大。② 正如迈克尔·波特(1990)所说:"市场竞争实际上不是发生在国与国之间,而是在公司与公司之间进行。迄今为止,我不曾看到哪个国家未拥有强大的公司就能在全球经济中占先的。没有强大的公司,也就不会有持续的经济增长。"③

(一) 对发展中国家的经济稳定造成威胁

以美国为首的西方大国利用跨国公司作为其推动全球战略利益的重要工具,发展中国家面临"分化"、"西化"以及"边缘化"的危险。西方发达国家正在利用经济全球化的机会重新洗牌,并利用跨国公司重新制定全球经济新规则,谋求在21世纪加强对世界经济的"控制",以西方发达国家共同认可的速度和规则将发展中国家尽快融入西方市场,达到西方发达国家共同掌控国际经济"游戏规则",并使该"规则"固定化的目的。最后,发展中国家被纳入西方的新体系,成为西方大国的附庸,造成国内经济结构"单一化"、"空心化"与"依附化",一旦外部经济环境出现动荡,发展中国家的经济很容易失去稳定而引发"外发型"经济危机。④

跨国公司凭借强大的经济实力、先进的科学技术、灵活多变的经营策略、四通八达的信息网络,可以摆脱东道国的控制,进而控制东道国的某些产业甚至整个国民经济。例如,墨西哥在20世纪80年代末,跨国公司等外商在该国通信设备这个产业中所占市场份额为86%,在家电产业中占71%,在办公设备中占

---

① DeGeorge Richard T. Competing with integrity in international business [M]. New York:Oxford University Press,1993.
② 参见黎友焕:《企业社会责任概论》,华南理工大学出版社2013年版。
③ Porter Michael E. The competitive advantage of nations. Boston:Harvard Business School Press,1990.
④ 参见王湘林:《论全球化时代的民族竞争》,广西师范大学2002年硕士学位论文。

80%，以跨国公司为首的外商牢牢控制了这些产业的命脉；20世纪50年代和60年代，美国的跨国公司绿色果品公司甚至控制了中美洲小国危地马拉的整个国民经济的命脉。跨国公司可以从其他地区调拨资金对东道国子公司的成本提供补贴，最终将东道国本国的企业赶出市场，从而垄断该市场。而跨国公司一旦在市场上获得垄断地位，就会提高价格，使之高于竞争市场条件下的价格，对东道国的经济福利产生不利影响，尤其是对于那些本国大企业较少、经济不发达的发展中国家来说，这种消极影响会更严重。如果一国在某个特定的产业有潜在的比较优势，那么允许外商直接投资进入该产业就意味着本国的企业将不再有发展机会。

另外，在国际金融市场上流动着大量的发达国家的游资，这些资本流速快、投机性强、金融风险突出。金融全球化趋势的加强，要求各国放宽金融业的限制，取消外汇的管制，扩大金融市场开放，而发展中国家经济发展水平低，大多监控体系不健全，经济结构不合理，再加上宏观政策失当，这就为投机资本炒作提供了可乘之机[①]，进一步威胁到发展中国家的经济稳定。

（二）对发展中国家的社会稳定造成冲击

同样从社会结构来看，跨国公司的存在会导致东道国新的财富分配不均，造成严重的两极分化，进而导致社会结构失衡。首先，跨国公司支付给各类雇员的工资都比东道国的企业高，因此扩大了工人收入水平的差距，从而间接地引起了经济发展的不平衡。其次，跨国公司往往集中于基础设施比较完备的大城市，这就加剧了农村和城市发展的不平衡。不可否认，跨国公司加快了东道国经济的发展，增加了国民收入。但是，国民收入的增加并不是全国性的平均上涨，而是局部地区的飞速增长；工资增加并不是所有的人工资收入都在增长，而是与跨国公司经营活动有关的人在增长，而且增长很快。所以，这种增长的局部化和个人化，就导致了东道国新的贫富分配。中国的东南沿海省市与内陆省市工资收入的差异就是一个例证。

跨国公司通过各种手段，可以直接参与东道国的政治活动，影响发展中国家的主权独立，要么直接施加压力，要么培植代理人。此外，跨国公司常常采用"公司公民"的管理策略和"公司外交"的国际战略，在全球员工中培植对公司的忠诚优于对国家的忠诚的思想，使他们成为"公司公民"。因此如果发展中国家缺乏对跨国公司的实际控制能力，就会使跨国公司的直接投资威胁到自己国家

---

① 参见黎友焕：《企业社会责任概论》，华南理工大学出版社2013年版。

的主权与独立。

跨国公司有时还能成为破坏发展中国家社会稳定的工具，直接导致社会危机。如美国长期以来就把跨国公司看作全球经济发展的工具和传播美国自由企业制度思想的途径，甚至看作美国的外交工具。在这种"工具论"的指引下，在它认为某个发展中国家"不听话"的情况下，就会直接利用跨国公司插手别国事务，导致他国社会动乱。

（三）对发展中国家的生态环境造成破坏

经济全球化使世界进行了新一轮的社会大分工，由于发达国家具有更多的资金和技术的优势，因此大多数发达国家都生产一些利润空间很大的资本和技术密集型的产品；而广大的发展中国家却在国际分工中生产加工廉价的初级劳动力密集型产品。以跨国公司为媒介，发展中国家逐步沦为了发达国家的原材料基地，这就给发展中国家的环境造成了不同程度的破坏。更严重的是，跨国公司一般将耗能高、污染大的产业建立到发展中国家，从而加剧了发展中国家资源的消耗和生态的破坏。

三、跨国公司的发展对中国的影响

随着我国整体竞争力的提高，特别是后续市场开放，人员素质提升，我国对外国投资者更加有吸引力。大多数的跨国公司，包括世界500强企业，都已经在中国开始了更好地利用中国的大市场以及劳动力资源，加快在华发展。

（一）跨国公司在中国的发展状况

改革开放以来，中国在经济发展领域突飞猛进，庞大的消费群体、廉价的劳动力、政府的招商引资策略吸引了跨国公司的目光，中国成了世界关注的焦点，也成功地吸引了大批跨国公司。统计数据表明，目前世界500强企业中有400多家在中国投资，美国最大20家工业公司中的19家、日本最大工业公司中的19家、德国最大10家工业公司中的9家均已在华投资。①

2014年上半年，中国实际吸收外资633亿美元，新设企业超过了1万家，合同外资超过了1 173亿美元，这3个数据分别同比增长了2.2%、3.2%和9.5%。从2002年以后，我国吸收外资的新设企业数和合同外资是下降的，到

---

① 参见宝胜：《哲学视野中的科学技术与社会》，东北大学出版社2011年版，第205页。

2014 年上半年，这两个数据才有所回升。2014 年 3 月 1 日，国务院关于工商登记制度的改革是个利好消息，促进了投资者对华投资的信心。因为投资的便利化，从以前对企业的实缴变成认缴，从以前的先给证再有营业执照，到现在先给营业执照，再根据企业经营需要提供相关的许可证，这些措施非常有力地促进了新设企业数的增长，特别是 3—6 月份。①

（二）跨国公司对中国的影响

跨国公司在华投入为其带来了巨大的经济利益，然而进行同类型生产的国内企业尤其是中小型企业却遭遇到了残酷甚至是毁灭性的打击。跨国公司实施核心技术锁定，向我国转移的大多是相对边缘和次要的技术，而为了满足跨国公司的战略规划，作为世界工厂的中国正面临着严重的环境污染、能源枯竭。随着媒体争相报道跨国公司区别设置产品在华标准与国际标准，人们对跨国公司也出现了信任危机。②

跨国公司全球扩张战略对包括中国在内的发展中国家的影响是两方面的。我们在深刻认识和充分发挥跨国公司积极作用的同时，也不能忽略它所带来的负面影响。面对跨国公司直接投资逐年增加的现实，我们要以对立统一的思想认真探索应对策略，主动调整经济发展战略，积极合作、勇于竞争。只有这样，才能在跨国公司先进技术和管理经验的带动下，实现国民经济的有效增长和国际地位的快速提高，才能迎来中华民族 21 世纪的新辉煌。

第三节 跨国公司应当承担社会责任

一、跨国公司承担社会责任的原因分析

作为全球化的浪潮中最重要的推动者和受益者，跨国公司直接参与经济过程，具有重要的地位。相伴而生的是人们对于跨国公司承担相应社会责任的期待。作为企业的一种特殊形式，跨国公司无疑应承担一定的企业社会责任，而不管这些企业经营的范围和导向是国内的还是国际的。跨国公司承担社会责任的原

---

① 参见邱丽新（商务部外国投资管理司副长）于新浪财经的专访，2014 年 8 月 7 日。http://finance.sina.com.cn/china/20140807/103919940409.shtml。

② 参见陈芳：《浅谈跨国公司对中国的影响》，载《中国外资》，2013 年第 18 期。

因可以从东道国和跨国公司自身两方面来分析。

(一) 跨国公司承担社会责任源于东道国的压力

1. 跨国公司社会责任弱化影响东道国经济发展

跨国公司到东道国投资,凭借其更强的垄断优势和竞争优势,能够抢占东道国更多、更优良的诸如人力、资本、物质等社会资源,从而比其在母国投资获取更多的超额利润。而这些资源的耗费往往成为制约东道国国内企业发展的"瓶颈"因素。无论从经济还是从企业伦理与责任的角度来看,获得了高收益和高市场份额的跨国公司都应该更主动地给予东道国社会适当的回报。

跨国企业能够抢占东道国更多、更优良的诸如人力、资本、物质等社会资源,是因为它有更强的竞争优势。假设某一东道国的市场大小为 x,产品价格为 p,在跨国公司进入之前,国内企业占有全部市场。国内企业此时的单位生产成本为 c_c,这是在国内企业占有全部的相关的人力、物质资源 R 的情况下达到的生产成本。所以,国内企业的利润为:

$$(p - c_c)x > 0 \quad (9-1)$$

跨国企业开始进入东道国市场。跨国企业一旦进入,就会抢占部分国内资源 R,而国内企业和跨国企业占有的比例和它们此前取得的利润成正比,国内企业此前的利润为:

$$\pi_{c0} = (p - c_c)x \quad (9-2)$$

跨国企业此前在东道国之外取得的利润为 π_{f0},假设 $\pi_{f0} > \pi_{c0}$,跨国企业取得总资源中的

$$h_f = \frac{\pi_{f0}}{\pi_{f0} + \pi_{c0}} \quad (9-3)$$

国内企业取得总资源中的

$$h_c = \frac{\pi_{c0}}{\pi_{f0} + \pi_{c0}} \quad (9-4)$$

此外,两个企业所取得的市场份额是它们各自取得竞争资源的份额的线性函数。假设每个企业的成本依占有资源的多少而变化,$c'(h) < 0$,$c''(h) > 0$,由于跨国企业具有竞争优势,所以当 h 相同时,$c_f(h) < c_c(h)$。跨国企业进入后,它在东道国所取得的利润为:

$$\pi_{f1} = ph_f x - c_f(h_f)h_f x = [p - c_f(h_f)]h_f x \quad (9-5)$$

而国内企业此时取得的利润为:

$$\pi_{c_1} = p(1 - h_f)x - c_c(1 - h_f)(1 - h_f)x = [p - c_c(1 - h_f)](1 - h_f)x \quad (9-6)$$

毫无疑问，由于生产成本上升并且市场份额缩小，国内企业的利润下降了。在图 9-1 中，国内企业的成本曲线为 c_c，跨国企业的成本曲线为 c_f，跨国企业取得资源份额为 h_f，国内企业取得 $1-h_f$，各自对应的生产成本皆低于价格，但是国内企业的生产成本远远高于跨国企业的生产成本，所以跨国企业在单位产品上已经赚取了比国内企业更多的利润，同时跨国企业还占有了更大的市场份额。如果这里是一个动态模型，即设置多个时期，如果资源分配持续按照利润比例来进行，最终国内企业的生产成本会不断提高，市场份额会不断缩小，最终会陷入亏损，被迫退出市场。所以，跨国企业在东道国赚取了超额利润，应该通过主动地参与社会责任活动的方式返还部分给东道国。

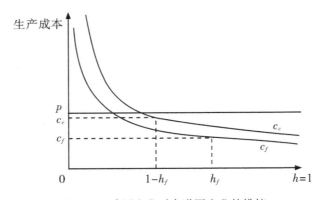

图 9-1　跨国企业对东道国企业的排挤

2. 跨国公司社会责任弱化影响东道国环境保护

跨国公司凭借雄厚的经济实力主导着世界经济前进的方向，但是它们的经济活动也对其他国家尤其是发展中国家的环境和生态系统造成污染和严重破坏。一些跨国公司将达不到母国环境标准的生产项目转移到东道国生产，东道国尤其是发展中国家的东道国由于急于发展经济，对企业环境标准要求较低，这给了希望转嫁环境风险的跨国公司可乘之机。这样的项目不仅污染了东道国的土壤、水流、空气，而且破坏了东道国整个的生态环境，危害东道国居民的身体健康。当然，我们无须因噎废食，东道国政府在与跨国公司谈判的过程中，有理由要求跨国公司采取积极的姿态做出适当的补偿。

假设跨国企业要生产一种产品，但是该产品生产过程中所产生的环境污染是其在母国所不允许的，因此跨国企业只能到其他国家进行生产，否则就只能放弃该项目。假设东道国的环境保护标准相对较低，所以跨国企业可以在东道国进行生产从而获得利润。该产品生产的成本曲线为 TC，收益曲线为 TR，如图 9-2

所示。由于净收益是凹函数,根据边际收益等于边际成本的决策原则,企业决定每期的最优生产量为 Q_0,成本为 A,利润为 B。不难想象,环境受污染程度与企业的生产量成正比。另一方面,东道国也从该跨国企业的生产中得益,例如跨国企业在该国雇用了劳动力,所以在成本 A 中大概有 2/3 的部分为东道国的劳动者获得,这也代表跨国企业的投资帮助东道国解决了一定的就业问题。此外,如果企业生产的产品在国内销售,能够满足国内消费者的需求;如果产品出口,则能够提高东道国的出口能力。如果跨国企业不在东道国生产,则非常可能失去这个项目,所以利润 B 成为东道国和跨国企业谈判中讨价还价的筹码。与其在东道国压力下被动地返还部分的利润,跨国企业还不如积极主动地将部分利润通过承担东道国社会责任的形式返还,不但可以建立和东道国政府的良好关系,也能够在东道国社会中建立良好的企业形象。

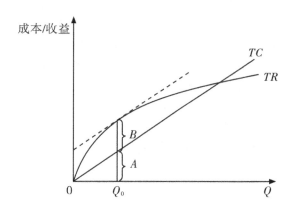

图 9-2 跨国企业向东道国污染转移

3. 跨国公司社会责任弱化影响公平公正

在不合理的国际分工格局下,跨国公司母国多集中在少数发达国家,与它们相比,发展中国家明显处于弱势地位。跨国公司在争夺世界市场的过程中具有先发优势、垄断优势和竞争优势,而广大发展中国家所能得到的利益仍十分有限,结果是跨国公司母国获取了"蛋糕"中较大的一块,留给东道国的只是相当小的一部分。有人认为,如果跨国公司不到发展中国家投资,凭借东道国自身的发展所得收益或许还不如那小块"蛋糕",因此没有理由要求跨国公司承担更多的社会责任[①]。但是经济全球化下南北差距越来越大,跨国公司本身的发展也受到影响。此外,发展中国家大多处于向市场经济转轨时期,存在着市场机制不健

---

① 参见李爱玲:《论跨国公司的社会责任》,载《南通职业大学学报》,2004 年第 1 期。

全、行政效率低下和法律制度不完善等诸多制度性缺陷，经济往往易于波动或不稳定，因此多领域对跨国公司开放也意味着更大的风险，鉴于此，发展中东道国也有理由要求跨国公司承担更多的社会责任。

国际范围内的经济利益存在着如何分配的问题，发达国家和发展中国家都极力想在"蛋糕"中获得更多。假设当前经济利益分配可能曲线为 U_0，横轴表示发展中国家得到的利益，纵轴表示发达国家得到的利益。假设当前发展中国家得到了 u_1，发达国家得到了 u_2，如图 9-3 所示。假设实际上发展中国家应该得到更多一些，这样不但有利于发展中国家发展，也有利于发达国家的长远利益。但是现在发达国家和发展中国家各自为政，力求使得自己得到更多，发展中国家希望自己能够得到 u_4 这么多，而发达国家则希望得到 u_3 这么多，由于是各自斗争，所以无论谁达到了目的都会使得现实分配的利益点落到利益可能性曲线以内。双方的斗争使得最后发展中国家实际只得到了 u_6，而发达国家只得到了 u_5，甚至比原来的水平更差。考虑另外一种情况，假设现在发达国家不与发展中国家进行利益争斗，而是合理地满足发展中国家的要求，使得发展中国家顺利拿到 u_4。尽管这样使得发达国家短期内有所损失，但是这样更加均衡的利益分配给予了发展中国家更大的发展支持，增强了全球经济的发展后劲，使得经济利益可能性曲线外移到 U_1，最后发展中国家拿到 u_8，而发达国家获得 u_7，u_7 大于其一开始获得的 u_2。所以，作为发达国家的利益引擎的跨国企业到东道国进行经济活动的时候，积极承担社会责任是利己利人的事情。

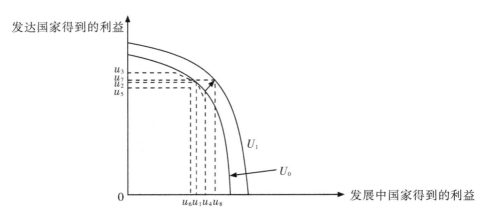

图 9-3 跨国公司社会责任弱化影响公平公正

（二）跨国公司承担社会责任有利于自身发展

跨国公司是规模巨大的企业，大多属于寡头垄断者，占据行业领袖的有利地位，控制着世界巨大部分的技术资源、物质资源、财务资源和贸易渠道，是全球化主要的推动者和最大的受益者，全球跨国公司生产总值已占西方发达国家总产值的40%。从经济和企业伦理的角度来看，获得了更高收益的跨国公司理应承担更大的社会责任，履行社会责任可看作企业对于占用社会资源获取利润的一种回报。另一方面，在消费者及其他的利益相关者的要求的驱使下，企业为了获取长远利益而被动地去承担社会责任。而跨国公司承担了社会责任之后，便树立了良好的企业形象，得到社会的认同，获得政府支持，将增强企业的竞争力，从而实现良性循环。

二、跨国公司承担社会责任的具体内容

刘恩专（1999）认为，所谓跨国公司承担社会责任，是指在特定的法律框架、社会规范和经营环境下，企业在履行其基本经济职能的同时，需要从其长期利益和社会公共利益出发，自觉、主动地采取符合社会目标和公众利益、适应社会预期变化的各种社会性行动方案，为社会发展做出积极贡献。跨国公司社会责任的内涵比较清晰，但在外延上，不同时期、不同学派从不同的理论角度出发，会有不同内容。对于跨国公司的社会责任，从广义上讲，应该包括对国际社会、对东道国和对母国的社会责任三个层面；从狭义上来说，一般跨国公司的社会责任，大多是指其对东道国的社会责任。从经济与合作发展组织金融、财政和企业事务理事会2001年2月提交的一份有关公司责任的调查报告来分析，"在所有被调查的246个公司行为守则中，涉及劳工标准的有148个，环境管理的145个，消费者保护的117个，打击行贿的56个，反不正当竞争的50个，信息披露的45个，科学技术的26个，税收的1个"。[①] 由此可见，跨国公司社会责任的外延范畴比较宽广。具体来看，跨国公司社会责任主要有以下几方面。

（一）跨国公司在劳工方面承担的社会责任

在跨国公司中，股东雇用劳动者进行生产，有权收取剩余价值，劳动者也应该服从股东权威，合格地进行生产劳动并且获得相应的工资。但如果跨国公司在东道国的行为不符合最基本的国际法条约规定，那么它在获得高额利润的同时也会丧失劳动者在该企业的成就感和认同感。这样的企业不会在东道国长期取得成功。一个尊重劳动者人格尊严的企业才能获得劳动者的尊敬同时获得社会的好

---

① 参见曹梦飞：《跨国公司社会责任法律分析》，复旦大学2008年硕士学位论文，第23页。

评。企业要想让劳动者发挥他们的潜力，不能简单依靠粗暴的强制性劳动，合适的激励政策和安全健康的工作环境可以更好地发挥劳动者的劳动积极性。2010年中华英才网通过调查发布的《第八届中国大学生最佳雇主调查报告》中，微软中国、谷歌、联想集团、宝洁分别位于第 4、第 6、第 7、第 8 位，公司员工在职业发展、薪酬福利、企业文化和品牌实力方面给予它们很高的评价。随着公司治理方式的不断转变，劳动者已经从以前的人力资本慢慢向公司的所有者转变，劳动者作为企业最密切的利益相关者，与企业的发展息息相关，关心劳动者的权益是跨国公司在东道国长期发展的基础。

（二）跨国公司在发展中国家社会公益活动中承担的社会责任

发展中国家经济发展水平的落后决定了其发展社会公益事业要远比发达国家艰巨得多，承担这一角色的虽主要是发展中国家政府，但发展中国家的企业（包括跨国公司）作为社会的"细胞"，也应在社会公益活动中带头承担一定的社会责任，为整个社会这一生命机体服务，而这对跨国公司更具有特殊的意义。不能否认，一些跨国公司所选择的社会公益活动并不注重商业回报或宣传价值，更多的是出于一种道德感，来为发展中国家人民生活质量的提高做出积极的贡献。但跨国公司往往通过其所做的社会公益活动来提高它们的品牌形象和企业形象，使东道国人民对其产品产生较强的亲和力，形成一种良性循环，这其实也成了一种无形资产投资，可谓是"一箭双雕"。这不仅是跨国公司在发展中国家承担社会责任的一种非常可行、有效的形式，而且符合它们自身的长远利益。

跨国企业积极参与社会公益活动不仅能够帮助发展中国家解决许多社会难题，并且能够培养企业在东道国的良好形象，获得更大的长远收益。

（三）跨国公司对改善东道国的环境质量承担的社会责任

跨国公司在东道国投资的很多是污染严重和危害性大的行业，对这些跨国公司，更应当要求它们有更多的治理环境投入，它们也有义务为弥补其所造成的环境污染而更多地参与东道国的环境质量改善项目，即便是那些造成污染较少的跨国公司，更多地参与东道国的环境保护项目，无疑也是它们在东道国承担社会责任的一种非常有效的形式。发展中国家面临的环境问题一直是比较棘手的，而跨国公司在环境保护领域能够发挥其技术和资金的优势。在同一个"地球村"，跨国公司理应以强烈的公共责任感，与当地政府和社团密切合作，加速制定公司保护环境和自然资源的规划，支持环境保护运动，保持发展中国家的可持续发展。跨国公司如果能够积极参与环境保护项目，将能够帮助东道国更好地治理环境，提高社会福利。

（四）跨国公司对发展中国家的经济和安全承担的社会责任

发展中国家大多处于经济转轨时期，最易受到来自包括跨国公司在内的外部力量的冲击。当这种冲击危及社会经济稳定和国家安全时，东道国和跨国公司的利益都会受到影响。"20世纪八九十年代，拉美国家如巴西、阿根廷走了一条'外资主导型'的开放道路，依靠大量廉价劳动力和开放国内市场等比较优势吸引大量外国资本，尤其是西方发达国家资本进入，拉动本国经济发展。外资的进入的确令拉美国家的GDP在短时间内高速增长，但是当全球产业的风向转变，跨国公司纷纷把投资从拉美抽出转向其他劳动力更为低廉的国家后，这些国家迅速出现金融危机和经济衰退。"[1] 因此跨国公司在制定投资和经营政策时，应密切配合东道国政府的各项货币政策、财政政策、产业政策等宏观政策，这也是跨国公司在东道国投资所承担的一种社会责任。这种社会责任虽较难度量，但对发展中国家而言甚为重要。只有在该方面切实履行社会责任的跨国公司，才是真正具有社会责任感的公司，才是成熟和值得信赖的跨国公司。亚洲金融危机期间，许多跨国公司撤离东道国，就是不尽社会责任的表现。跨国公司的经营一旦使东道国社会受到损害，那么就可能面临巨大的经营风险，尤其是政策的变化所引起的风险与困难。

三、跨国公司社会责任标准

基于跨国公司承担社会责任自身动力的不足和对其国际活动的约束，国际层面上出现了一系列与跨国公司有关的社会责任制度。

（一）国际组织制定的跨国公司标准

许多国际组织多年来一直致力于跨国公司社会责任准则、跨国公司行为守则等的制定工作。一些著名的跨国公司也纷纷制定了自己的社会责任准则或行为守则。在众多的准则中，最引人关注的主要有四个：经济合作与发展组织（以下简称"经合组织"）的《跨国公司指引》[2]、国际劳工组织的《关于多国企业和

---

[1] （美）乔治·恩德勒：《发展中国经济伦理》，陆晓禾译，上海社会科学院出版社2003年版，第169页。

[2] OECD. Declaration on international investment and multinational enterprises. Guidelines for multinational enterprises. Department of State Bulletin, 1976（83）.

社会政策的三方原则宣言》①、联合国的《全球协定》以及联合国经济和社会委员会的《跨国公司和其他工商企业在人权方面的责任准则》②。具体介绍如下。③

1.《跨国公司指引》

该指引是由经合组织 30 个成员国及另外 7 个非成员国政府签署的旨在规范跨国公司活动的政府间协议，其目标是确保跨国公司的业务符合政府各项政策，强化企业与其营业所在地的社会之间相互信任的基础，帮助改善外国投资环境，加强跨国公司对可持续发展作出贡献。加入国政府希望通过该指引鼓励跨国公司对经济发展、环境和社会进步做出积极贡献，并尽可能减少跨国公司各种业务可能遇到的困难。

该指引的内容十分广泛，几乎涉及跨国公司活动的各个方面，是目前各种有关跨国公司责任准则中最为详细的一个。该指引对跨国公司的概念和活动原则、一般政策、信息披露、劳资关系、环境、打击行贿、消费者利益、科学技术、竞争、税收等进行了详细的规定。为了促进指引的实施，2000 年 6 月经合组织理事会对其进行了修订，增加了实施程序，要求各国设立国家联系点，对指引的实施进行咨询和报告。

2.《关于多国企业和社会政策的三方原则宣言》

国际劳工组织多年来一直致力于探寻与跨国公司活动有关的社会政策，特别是基于其独特的三方结构（政府、雇主、工会代表）以及在社会领域长期丰富的经验，国际劳工组织在制定指导政府、工人组织和雇主组织以及跨国公司自身的原则方面发挥了积极的作用。1977 年，国际劳工局理事会通过了《关于多国企业和社会政策的三方原则宣言》（以下简称为《三方宣言》），并在 2000 年进行了修正。

该宣言的目的主要是鼓励跨国公司对经济和社会进步做出积极贡献，尽可能缩小和解决这些企业的各类活动引起的困难，指导各国政府、雇主组织、工人组织以及跨国公司采取可能促进社会进步的，包括以国际劳工组织章程和有关公约以及建议书中规定的原则为基础的措施、行动和社会政策。宣言的内容主要涉及劳工保护，包括就业（促进就业、机会和待遇平等、就业保障）、培训、工作和

---

① ILO tripartite declaration of principles concerning multinational enterprises and social policy. Hoboken：Wiley，2007.

② Economic and Social Council. Economic, social and cultural rights – Norms on the responsibilities of transnational corporations and other business enterprises with regard to human rights. Commission on Human Rights, Sub-Commission on the Promotion and Protection of Human Rights, Fifty-fifth session, Agenda item 4, Adopted at its 22nd meeting, on 13 August 2003.

③ 参见《跨国公司的社会责任及其立法》，中国法院网。http：//www.chinacour.

生活条件（工资和福利、最低年龄、安全和卫生）、劳资关系（结社自由和组织权利、集体谈判、协商、对申诉的审议、劳资纠纷的解决）方面的原则。

3.《全球协定》

联合国《全球协定》是由联合国秘书长直接发起设立的。1999年1月31在达沃斯世界经济论坛上，当时的联合国秘书长科菲·安南（Kofi A. Annan）促请与会的工商界领袖们一起加入一项国际性倡议——《全球协定》，与联合国、劳工和市民组织一起支持普遍的环境和社会原则。2000年7月26日，《全球协定》正式实施。目前已有数百个来自世界各地的企业、国际劳工组织和市民社会组织加入到《全球协定》。《全球协定》力图通过集体行动的力量，塑造负责任的企业公民，以实现一个更具可持续发展性和包容性的全球经济。

《全球协定》包括人权、劳工、环境和反腐败领域的10项原则：①支持和尊重国际社会的人权保护；②确保企业本身不卷入对人权的侵犯；③支持结社自由和有效承认集体谈判的权利；④根除各种形式的强迫劳动；⑤有效废除童工；⑥根除雇佣和职业中的歧视；⑦支持采取预防原则应对环境挑战；⑧主动承担更大的环境责任；⑨鼓励环境改进技术的开发和传播；⑩禁止包括勒索和贿赂在内的各种形式的腐败。

4.《跨国公司和其他工商企业在人权方面的责任准则》

2003年8月13日，联合国促进和保护人权小组委员会通过决议，批准了《跨国公司和其他工商企业在人权方面的责任准则》。准则的通过被认为是在认定跨国公司对侵犯人权负有责任的道路上的一个里程碑。准则对跨国公司活动所涉及的国际法原则进行了一次全面的论述，所涉范围涵盖人权、人道主义法、国际劳工法、环境法、消费者权益保护法、反腐败法等。

准则列举了跨国公司和其他工商企业在人权方面所承担的责任和义务的国际法渊源，并明确指出尽管国家（或政府）负有尊重、增进、保护国际法和国内法承认的人权的首要责任，但跨国公司和其他工商企业在其各自的活动和影响范围内，也有义务尊重、增进、保护国际法和国内法承认的人权，包括土著人民和其他易受害群体的权利和利益。准则分别对平等机会和非歧视待遇权、人身安全权、工人的权利、尊重国家主权和人权、保护消费者的义务、保护环境的义务进行了详细的论述；并设专章规定了跨国公司践行其社会责任的实施机制，包括定期汇报和披露社会责任的执行情况，监督和核查对受到企业活动不利影响的个人、团体和社区的赔偿，通过合同的签订促使供应商、分销商尊重和保护人权等。

（二）民间组织制定的跨国公司社会责任准则

随着参与、协商和可持续发展的原则在规范国际争端方面的作用被越来越广泛地接受，民间组织逐渐成为国际经济政策形成过程中的一种重要力量，并制定了一些规范跨国公司社会责任行为的原则。

1.《苏利文全球原则》

20世纪70年代，南非的种族隔离政策引起很多美国企业不满，导致大量外企从当地撤资。1977年3月，时为通用汽车公司董事会成员，曾在南非致力于抵抗种族分裂的苏利文，制定了一份通用汽车公司在南非开展业务的行为准则，即后来的《苏利文全球原则》（Sullivan Principles），主要是呼吁企业应遵从法律及负责任，并将原则长期性地整合到企业内部的经营策略上。1999年11月，在联合国总部举行的一个仪式上正式宣布了《苏利文全球原则》。《苏利文全球原则》的内容包括公司政策、程序、训练及内部报告制度等，以便促进人与人之间的和谐及谅解，提升文化与维护世界和平。

《苏利文全球原则》在很大程度上来源于企业社团，不像经合组织的跨国公司准则是由各国政府代表制定的，受到众多跨国公司的欢迎。《苏利文全球原则》包括苏利文教士所说的"对社会负责的公司，无论大小都可以作为目标来调整内部政策和惯例的参照标准"，其目的是吸引全世界的跨国公司在人权、改善劳动条件和保护环境方面做出努力。

2.《色列斯原则》

《色列斯原则》于1989年9月由15个主要的环保团体起草和颁布。《色列斯原则》包括保护生物圈、维护自然资源和减少污染、保护能源、减少危险和销售安全产品等，该原则要求公司恢复环境以改善可能由其造成的环境破坏，披露公司经营可能造成的公害，使公司高级管理层和董事会对环境问题负起更大的责任，利用标准的色列斯报告对公司经营进行年度环境稽查并将结果公之于众。

（三）行业制定的跨国公司社会责任标准

随着企业社会责任运动的发展，企业社会责任的理念逐步深入到各个行业。由花旗银行、荷兰银行等世界几家著名的银行和国际金融公司在2003年推出的《赤道准则》，就是金融机构承担社会责任的一个自愿性约束。

一直以来，一些著名的大银行寻求在项目融资方面建立一套统一的环境和社会政策体系，作为对项目融资的决定、评估和管理的金融行业基准（financial industry benchmark）。2002年10月，少数银行连同世界银行集团的国际金融公司（International Financial Corporation，IFC）在伦敦开会讨论这个问题。在它们共同努力下，起草了第一版的《赤道原则》，建立了针对融资项目对环境和社会的影响的风险评估体系。2003年6月4日，由国际著名的银行包括花旗银行（Citigroup Inc）、荷兰银行（ABN AMRO Bank NV）、巴克莱银行（Barclays plc）、西德银行（West LB）等10家银行共同发起的第一版《赤道准则》在美国华盛顿正式推出。随后一些重视企业社会责任的金融机构，如汇丰银行（HSBC Group）、渣打银行（Standard Chartered Bank）、苏格兰皇家银行（The Royal Bank of Scotland）、美洲银行（Bank of America）、JP摩根（JP Morgan Chase）、瑞士信贷集团（Credit Suisse Group）等纷纷加入，接受这个准则。至2007年7月，已经有51家金融机构承诺履行《赤道准则》。这些金融机构（equator principles financial institutions，EPFIs）遍布全球五大洲，占全球项目融资市场的90%以上。《赤道准则》的基本宗旨是当赤道准则金融机构发放融资贷款时，要对社会和环境的影响进行评估，降低社会和环境的风险，促进全面管理的实践。《赤道准则》规定在对项目发放贷款的时候，应该避免项目对生态和社区的负面影响，即使不能避免也应该减少到最低程度，或者对受影响者进行适当的补偿；对于不遵循社会责任和环境保护责任的企业将不提供贷款。值得一提的是，《赤道准则》属于自愿性的行为约束（voluntary code of conduct），接受《赤道准则》不需要签署什么协议（agreement），只是独自发表一份声明，声称自己的内部准则和贷款过程遵循《赤道准则》即可。①

《赤道准则》是一项企业贷款准则，其作用在于评价项目融资过程所涉及的社会和环境风险，现行版本是2006年7月成员银行共同修订之后形成的。《赤道准则》的目的是通过对融资中的环境和社会问题进行审慎性调查，督促项目发起人或借款人采取有效措施来消除或减缓所带来的不利影响。金融机构首先审查融资是否属于项目融资，然后按照高、中、低环境或社会风险的顺序将项目分为A类、B类或C类。获得中高风险的项目借款人必须进行评估并提交报告，在随后的过程中解决可能产生的社会和环境风险。可参照的国际金融公司社会和环境可持续性绩效标准有：社会和环境评估及管理系统、劳动和工作条件、污染防治和控制、社区健康和安全、土地征用和非自愿迁移、生物多样性的保护和可持续自然资源的管理、土著居民、文化遗产等方面。最后金融机构对贷款协议进行形式和实质上的审查，以确定环境和社会风险系数。②

四、跨国公司社会责任的发展前景

迄今为止，除了法律规定涉及的内容，跨国公司社会责任的大部分内容还只

---

① 参见杜彬、黎友焕：《金融机构的社会责任基准：赤道准则》，载《郑州航空工业管理学院学报》，2008年第2期。

② 参见孔隋：《跨国公司社会责任承担机制研究》，中国海洋大学2011年硕士学位论文。

是建立在企业自发行动基础上的"软约束",规范化的跨国公司社会责任框架及其审核系统尚未完全建立起来。庆幸的是,从20世纪70年代中期开始,许多跨国公司就已在其公司规划中逐步加入社会责任的内容,相关文献包括管理类教科书也多有探讨,同时国际社会也对此给予越来越多的关注。可以说,规范化的基础已经形成。而且,近来全球经济的自由化及其所带来的各国市场经济制度的趋同,明显有利于形成用以指导跨国公司行为的共同社会责任原则。

在这方面,企业层次的努力是实质性的,也是个性化很强的,但从总体上看,受到较多关注的个别企业社会责任方案有如下几种:①

(1) 卡特皮勒(Caterpillar)公司1974年推出《世界商务行为守则和经营准则》。该准则被称为跨国公司处理企业社会责任的典范。该公司强调,为谋求长期利益,公司应避免采用妨碍公平竞争或滥用经济实力的做法,包括法律并不禁止的做法。在此基础上,必须以对社会负责任的方式处理经济事务,并在东道国和社区期望的情况下主动参与经济活动以外的活动,帮助解决社会问题。

(2) 英荷壳牌石油公司(Royal Dutch/Shell Group of Companies)的《一般经营原则论》中明确指出,处理经济事务要本着一个有责任心的社会企业成员的身份,遵守所在国有关安全、环境标准和社会准则(social norms)的法律和规定,同时公司政策应符合国际上现存的自发的多国企业行为守则,即经济合作与发展组织的《国际投资和多国企业声明与决议》和国际劳工组织的《三方宣言》。

(3) 丰田(Toyota)汽车公司1992年颁布了《丰田指导原则》。其中提出,公司在以世界公民的身份实现增长和发展的原则下,坚持国际公认的企业道德标准;通过重视安全和环境问题,为各地人们的生活更美好服务;企业要成为每一国家相关社区有贡献的一员。

(4) 利维·斯特劳斯(Levi Strauss)在强调全球价值观的基础上构建了全球社会责任框架。该责任框架主张将企业理想与第三世界的现实协调一致,同时,特别要求其经营伙伴要在环境要求、道德标准、健康与安全、法律要求、雇用规定和社区改善等方面符合条件。

(5) 西巴-盖奇(Ciba-Geigy)化学公司在对发展中国家履行社会责任方面进行了有益的探索并提出在发展中国家经营的总原则:与发展中国家建立伙伴关系,提高其经济发展潜能;公司经营除以经济为标准外,还要考虑对东道国发展的影响;如果发展中国家对其经济实施保护,公司予以配合;公司建议其伙伴不攫取双重利益;在产品质量、安全和环保方面执行全球统一标准;公司设立内部

---

① 参见刘恩专:《论跨国公司的社会责任》,载《国际贸易问题》,1999年第3期。

风险基金，以解决其在发展中国家进行有利于当地社会活动中所面临的困难。

（6）尤尼莱弗（Unilever）公司则以在东道国做好公民为传统，将公司的成功与社区福利联系在一起，主动签署国际商会企业持续发展宪章。

第四节 跨国公司承担社会责任过程中存在的主要问题及对策

一、跨国公司承担社会责任过程中存在的问题

虽然跨国公司总体社会责任表现良好：社会责任意识高、作为行业先行者率先发布社会责任报告、带动供应链中社会责任的发展等，但是在一些具体议题上仍然存在不足。

（一）承担社会责任表面化

在承担社会责任的过程中，由于存在着买卖双方权利义务的不对等性，容易使所谓的"社会责任"表面化，甚至沦为跨国公司的公关手段。正如前面所说的，如今的跨国生产、经营更多的是形成了"买方主导型的商品链"形式，这使得作为买方的品牌公司（或零售商）成为自身社会责任行为准则的制定者、推行者和得利者，而卖方公司（供应商）在订单的压力下则成为履行跨国公司社会责任的被动的成本承担者。因此，一方面，卖方公司缺乏执行责任标准的主动性和利益诱导；另一方面，买方公司在外界压力（如消费者、环保组织、民间团体等）放松的情况下，可能会和卖方公司勾结，做一些执行社会责任标准的表面文章，而不采取具有实际意义的行动，从而使"社会责任"表面化，并成为搪塞消费者和国际社会的一种工具。

（二）缺乏有效的监督

目前，对跨国公司承担社会责任的监督机制主要体现在两个方面：一方面，发达国家的消费者和媒体通过对大型跨国公司的社会表现进行跟踪、了解来实现监督，并通过消费者运动对其形成自觉承担社会责任的压力。但由于消费者群体的参与动机具有多元化和不稳定的特征，参与方式又具有自发性和流动性，这显然削弱了对跨国公司的影响效力，从而导致监督的效果十分有限。另一方面，跨

国公司通常雇用商业公司或非政府组织作为"社会认证师"来承担社会责任准则认证的功能,以实现对其外部的监督。但由于认证过程排斥了劳工组织和相关非政府组织的直接参与(即便有些准则允许当地劳工团体和非政府组织参与监督,其发挥的作用也是非常有限的),"认证师"在认证过程中出于对自身利益的考虑又存在着违规操作或玩忽职守的可能,因此,这一外部监督机制的有效性值得怀疑,其监督绩效也大打折扣。

(三) 全球性跨国公司行为准则难以达成

在跨国公司社会责任的国际准则上,国际条约起到了基础性的作用,在社会责任的不同方面都有相关的国际条约作为后盾。但是这些国际条约中没有一个是专门规定公司社会责任的,显得过于零散,而且这些相关的国际条约需要政府签署才能适用于一国国内,其约束的是政府的行为,对于跨国公司不能直接起作用。直接针对跨国公司的国际法规范和非政府组织制定的标准又没有强制执行力,需要跨国公司主动援引适用。目前,全球性跨国公司社会责任的行为准则没有形成,其原因有:

(1) 发达国家与发展中国家对跨国公司行为标准的要求不同。发达国家一般具有较为完善的规制跨国公司的背景制度,因此主张赋予跨国公司更大的自由行动空间;发展中国家的背景制度相对缺乏,进而主张最大限度地限制跨国公司的活动范围。

(2) 发达国家与发展中国家对跨国公司行为规范及其责任领域的理解不同。发达国家一般倾向于强调跨国公司在人权、劳工标准和环境保护方面的作用,而发展中国家则希望跨国公司能在促进发展和消除贫困方面发挥更大的作用;发达国家强调对投资者的保护,而发展中国家则担忧跨国公司干预政治。

(3) 发达国家之间对于跨国公司社会责任的看法和处理方法也存在较大的差异。欧洲国家没有鼓励企业参与社会事务的传统,企业主要被认为是一个经济实体,因此欧洲跨国公司很少在其企业价值观中承诺社会责任。相反,大多数美国企业倾向于在企业文化中表达其关于社会责任的实践和追求,表明对社会责任的参与在美国的日常规范和价值观中根深蒂固。在处理跨国公司参与社会责任的方法上,北美强调企业决策和行动的自由及其相应的责任,而有一种忽视其限制的倾向;欧洲大陆的方法则强调经济活动条件的重要性,以一种道德上负责任的方式来塑造这种条件,而不是充分利用现有的自由空间。

(4) 发展中国家对全球性跨国公司行为规范存在矛盾心态。一方面,发展中国家要积极吸引跨国公司的对外投资,以促进本国经济和社会发展,希望尽可能大地发挥跨国公司的正面影响,尽可能小地缩减跨国公司的负面作用,因此要求规范跨国公司在本国的经营行为；另一方面，随着经济发展和产业竞争力增强，发展中国家自身成长起一批跨国公司，也进行对外投资，因此又担心国际社会对跨国公司规制过多会影响本国跨国公司的国际竞争力。

（5）目前跨国公司的生产经营标准绝大部分是基于发达国家的法律框架和社会期望发展起来的，发展中国家在决定标准的内容、实施和可能的影响方面不会发挥很大的作用。所以，作为主要的东道国而不是母国的发展中国家担心自己是企业社会责任的目标，而不是发起者，甚至导致文化侵略和意识形态强加。认识上的差异表明通过对话取得全球共识的重要性，当支持正式规则的社会共识并不存在时，努力强加正式规则便具有危险性，因此具有强约束力的综合性全球规范的构建与实施必须谨慎进行。

二、跨国公司承担企业社会责任的对策

（一）完善国内法律法规制度

对于适用中国国内法的跨国公司，完善我国的法律与制度是引导和监督跨国公司承担社会责任的主要途径。在实现国际法规范落实和转化的基础上，一方面，可以通过不同的法律法规之间的功能互补实现对跨国公司社会责任的全面约束，整合全部法制资源完善对跨国公司社会责任的监管，针对公司社会责任的内容在民商法、经济法、程序法和刑法等多种法律从原则到具体规范做出详细的规定，指导跨国公司承担社会责任的实践，规范对跨国公司违反相关法律法规的监督和惩罚。另一方面，国家通过行政手段制定社会责任的标准体系，鼓励跨国公司社会责任自律组织的建立和运行，通过税收、奖励等多项措施鼓励跨国公司自觉承担社会责任。

（二）树立良好的公众形象

跨国公司之所以成为众矢之的，其根本原因就在于它长期过分关注自身短期的经济利益，置人们的指责于不顾，其直接结果就是越来越引起发展中国家和发达国家广大消费者的强烈不满，甚至导致人们对其产品采取抵制态度。与其为短期的蝇头小利而激怒民众，进而直接导致产品销售市场的萎缩和长期竞争力的削弱，倒不如主动承担更多的社会责任，从而赢得更多消费者的青睐。因此，从长期来看，承担一定的社会责任不仅不会降低跨国公司的经济效益，而且还会给跨国公司带来更多的有形和无形收益。

(三) 强化供应链的社会责任管理

为了改变频频被指责的尴尬局面，跨国公司被迫调整传统的经营策略，企业社会责任渐渐进入它们的视野。社会责任将日益使跨国公司约束自己的行为，在劳工权益保护方面设定较严格的标准。目前，几乎所有的欧美跨国企业都对其全球供应商实施社会责任评估和审核，只有通过评估与审核，才能建立起合作伙伴关系。企业社会责任开始越来越多地出现在跨国公司订单的附加条件中。只要跨国公司能够同各供应商开展良好的合作，确定合理的成本分摊比例，就能积极推动企业社会责任相关规定的具体落实。这样，不仅有利于大大改善发展中国家企业职工的生产和生活状况，而且对跨国公司的长期发展也是大有裨益的。

(四) 跨国公司本身应注意约束自身的行为

跨国公司通过主动约束自我行为来承担起应尽的社会责任是解决这一问题的关键。具体来说，应从以下几方面着手：

(1) 改善公司治理结构，导入由职工代表、消费者代表和用户代表参与决策的制度，以强化社会各方对企业行为的监督与约束。

(2) 委托基金会（如福特基金会、亚洲基金会等）、非政府组织和顾问公司，开展工人发展能力的综合项目研究，通过提高工人的发展能力，来推行他们的劳工权益和保护工作，以应对来自消费者运动、国际社会、东道国和自身商业化伦理道德的压力。

(3) 应建立起符合自身行业特点的企业社会责任内部审核制度，或者就有关问题发表专门报告（包括环境和社会报告），或者建立系统性的独立监督和审查程序，这将有助于跨国公司遵从法律或规制，并依从于各种"柔性"社会控制方式，从而更好地实现自身的发展。

(五) 积极参与制定相关国际法规范

对于国际硬法来讲是需要国家加入相关国际立法和条约，对于国际软法来讲也同样需要企业自身主动认可，只有这样，国际法规范才能对东道国的跨国公司进行规制。作为发展中国家，我国应当：首先，对有关国际软法审慎考量，促使已经成熟的软法转化为硬法，对跨国公司侵犯劳工权益的行为进行规制。同时也应积极参与乃至引领国际规则的制定和修改，从被动地接受规则向主动地变更乃至创制规则转变。其次，以国际社会引领者的姿态，积极地参与制定国际条约。虽然全球性的公约是难以在短时间内达成的，但是在积极制定国际条约的过程中，可以体现出中国的法治愿望和法治文化，与代表世界先进文明的法治潮流保持一致，将我国的立场与观念融入国际法的制定之中，这对于推动在华跨国公司履行社会责任具有重要意义。①

---

① 参见孔隋：《跨国公司社会责任承担机制研究》，中国海洋大学2011年硕士学位论文。

英文参考文献

[1] Ackerman R W. The social challenge to business [M]. Boston: Harvard University Press, 1975.
[2] Ansoff. Corporate strategy [M]. New York: McGraw-Hill, 1965.
[3] Alex W. Quality's strategic failure: a review of the key literature [D]. Occasional Paper Series, 2003.
[4] Arrow K J. The organization of economic activity: Issue pertinent to the choice of market versus non-market allocations [M]. Washington DC: Government Printing Office, 1969.
[5] Aguirre J A, Ellen R. Introduction: The challenges of globalization for workers: Transnational and transborder issues [J]. Social Justice, 2004, 31 (3).
[6] Bender D, Greenwald Richard A. Sweatshop USA: The American sweatshop in historical and global perspective [M]. New York: Routledge, 2003.
[7] Burawoy M. The politics of production [M]. London: Verso, 1985.
[8] Bedau H A. Retravision and the theory of punishment [J]. Journal of Philosophy, 1978 (75).
[9] Borman W C, Motowidlo S J. Expanding the criterion domain to include elements of contextual performance [A] // Personnel selection in organizations. San Francisco: Jossey_Bass, 1993.
[10] Bowen H R. Social responsibilities of the businessman [M]. New York: Harper, 1953.
[11] Carroll A B, Belier C W. Landmarks in the evolution of the social audit [J]. Academy of Management Journal, 1975, 18 (3).
[12] Carroll A B. A three-dimensional conceptual model of corporate performance [J]. Academy of Management Review, 1979 (4).
[13] Carroll A B. Stakeholder thinking in three models of management morality: A perspective with strategic implications, in the corporation and its stakeholders: Classic and contemporary readings [M]. Toronto: University of Toronto Press, 1998.
[14] Carroll A B. The pyramid of corporate social responsibility: Toward the moral management of organizational stakeholders [J]. Business Horizons, 1991, 34 (4).
[15] Chamberlain N W. The limits of corporate responsibility [M]. New York: Free Press, 1983.
[16] Clarkson A. Stakeholder framework for analyzing and evaluating corporate social performance [J]. The Academy of Management Review, 1995 (1).
[17] Gugler P, Shi J. Corporate social responsibility for developing country multinational.

Corporations: Lost war in pertaining global competitiveness? [J]. Journal of Business Ethics, 2009 (1): 3 - 24.

[18] Coase R. The problem of social cost [J]. Journal of Law and Economics, 1960 (3).

[19] Chan A. A 'Race to the Bottom': Globalisation and China's labour standards [J]. China Perspectives, 2003 (46).

[20] Chan A G. China's free (Read Bonded) labour market, and the Chinese trade union [J]. Asian Pacific Business Review, 2000, 16 (3 - 4).

[21] Chan A, Hongzen W. The impact of the state on workers' conditions comparing Taiwanese factories in China and Vietnam [J]. Pacific Affairs, Winter 2004/2005, 77 (4).

[22] Clawson D. The next upsurge labor and the new social movement [M]. Ithaca: ILR Press, 2003.

[23] Cross G. An all-consuming century: Why commercialism won in modern America [M]. New York: Columbia University Press, 2000.

[24] Chuck C K, Solanon T. The MNC as an agent of change farhost-country instihztiong FDI and corruption [J]. Journal of International Business Shidies, 2006 (6): 767 - 785.

[25] Dicken P. Global shift: The internationalization of economis activity [M]. 2nd ed. York/London: Guilford Press, 1992.

[26] Davis K. The case for and against business assumption of social responsibilities [J]. Academy of Management Journal, 1973 (16).

[27] Wood D J. Corporate social performance revisited [J]. Academy of Management Journal, 1991, 16 (4).

[28] Economic and social council. Economic, social and cultural rights-norms on the responsibilities of transnational corporations and other business enterprises with regard to human rights [Z]. Commission on Human Rights, Sub-Commission on the Promotion and Protection of Human Rights, Fifty-fifth session, Agenda item 4, Adopted at its 22nd meeting, on 13 August 2003.

[29] Epstein Edwin M. The corporate social policy process: Beyond business ethics, corporate social responsibility and corporate social responsiveness [J]. California Management Review, 1987 (3).

[30] Badescu M. Promoting a European framework for corporate social Responsibility Green Paper [M]. Luxembourg: Office for Official Publications of the European Communities, July 2001.

[31] Taylor F W. The principles of scientific management [M]. New York: Harper-Row Publishing House, 1911.

[32] Hardin G. The tragedy of the commons [J]. Science, 1968, 162 (3859).

[33] Hegel G W F. The philosophy of right [M]. Oxford: Oxfoed University Press, 1952.

[34] Harvey D. The condition of postmodernity: An enquiry into the origins of cultural change [M]. Cambridge: Blackwell Publishers, 1990.

[35] Harvey D. Spaces of capital: Towards a critical geography [M]. New York: Routledge,

2001.

[36] Holt D. Why do brands cause trouble? A dialectical theory of consumer culture and branding [J]. Journal of Consumer Research, 2002, 29 (1).

[37] International Labor Office. Rule of the game: International labor standard [R]. 2009.

[38] International Labour Organization. Tripartite declaration of principles concerning multinational enterprises and social policy [M]. Hoboken: John Wiley, 2007.

[39] Macintosh John C C. The issues, effects and consequences of the Berle-Dodd debate, 1931—1932 [J]. Accounting, Organizations and Society, 1999, 24 (2).

[40] James M. "Changing View" in social responsibility and the business predicament [M]. Washington DC: The Brooking Institute, 1974: 27 - 28.

[41] Joshua C H, Peter T L. Good for the goose, bad for the gander: International labor standards and comparative development [J]. Journal of Labor Research, 2007, 28 (4).

[42] Joseph H J. Quality control handbook [M]. New York: McGraw-Hill, 1951.

[43] Joseph W M. Business and society [M]. New York: McGraw-Hill, 1963.

[44] John P K, James L H. Corporate culture and performance [M]. Don Mills: Maxwell Macmillan Inc, 1992.

[45] Goodpaster K E, Matthews Jr. J B. Can a corporation have a conscience? [J]. Harward Business Review, Jan/Feb, 1982, 60 (1).

[46] Davis K, Blomstrom R L. Business and society: Environment and responsibility [M]. 3rd ed. New York: McGraw-Hill, 1975.

[47] Kramer M R, Porter M E. Strategy and society: the link between competitive advantage corporate social responsibility [J]. Harvard Business Review, 2007, 84 (12).

[48] Khan F. Trade to South Africa: Report finds no benefit from export zones [J]. Global Information Network, 2002 (19).

[49] Lambert R, Webster E. "Southern Unionism and the New Labour Internationalism" [J]. Antipode, 2001, 33 (3).

[50] Lee C K. Gender and the South China miracle: Two worlds of factory women [M]. Berkeley: University of California Press, 1998.

[51] McGuire J W. Business and society [M]. New York: McGraw-Hill, 1963.

[52] Friedman M. The social responsibility of business is to increase its profits [J]. New York Times Magazine, September 13, 1970.

[53] McAdam T W. How to put corporate responsibility into practice [J]. Business and Society Review, 1973 (6).

[54] Porter M E. Competitive advantage of nations [M]. New York: Free Press, 1990: 95 - 117.

[55] Olson M. The logic of collective action: Public goods and the theory of groups [M]. Boston: Harvard University Press, 1965.

[56] Marshall A. Principles of economics [M]. London: Macmillan Publishing, 1922.

[57] Munoz Carolina. Bank, mobile capital, immobile labor: Inequality and opportunity in the tortilla industry [J]. Social Justice, 2004, 31 (3).

[58] Nadesan M H. Post-fordism, political economy, and critical organizational communications studies [J]. Management Communication Quarterly, 2001, 15 (2).

[59] Newgren K. Social forecasting: An overview of current business practice [M]. Boston: Little Brown, 1977.

[60] OECD. Principles of corporate governance [M]. Hoboken: John Wiley, 2007.

[61] OECD. Measuring Social Well-being: A progress report on the development of social indicators [M]. Paris: OECD, 1976.

[62] OECD. International investment and multinational enterprises [M]. Washington DC: OECD, 1976.

[63] OECD. Declaration on international investment and multinational enterprises. guidelines for multinational enterprises [J]. Department of State Bulletin, 1976 (83).

[64] Staiculescu O. Quality and social responsibility: A pathway to the future [J]. Procedia-Social and Behavioral Sciences, 2014 (109).

[65] Kilby P. Organization and productivity in backward economies [J]. Quarterly Journal of Economics, 1962, 76 (2).

[66] Preston L E, Post J E. Private management and public policy: The principle of public responsibility [M]. New Jersey: Prentice fall, 1975.

[67] Peter F Drucker. The practice of management [M]. New York: Harper & Row, Publisher Inc, 1954.

[68] Philip C. The art of getting your own sweet way [M]. New York: McGraw-Hill, 1968.

[69] Crosby P B. The Absolutes of Leadership [M]. Hoboken: John Wiley, 1998.

[70] Petheg R. Pollution, welfare and environmental policy in the theory of comparative advantage [J]. Journal of Environmental Economics and Management, 1975 (2).

[71] Pigou A C. Economics of welfare [M]. 4th ed. London: Macmillan Publishing, 1932.

[72] Pun N. Made in China: Women factory workers in a global workplace [M]. Durham: Duke University Press, Hong Kong University Press, 2005.

[73] Robert A, Raymond B. Corporate social responsiveness: The modern dilemma [M]. Reston, Virginia: Reston Publishing, 1976.

[74] Davies R B, Vadlamannati K C. A race to the bottom in labor standards? An empirical investigation [J]. Journal of Development Economics, 2013 (103).

[75] Sklair L. The transnational capitalist class [M]. Oxford: Blackwell, 2001.

[76] Schumpeter J A. The theory of economic development [M]. Cambridge, Mass: Harvard University Press. 1934.

[77] Smith R. Social responsibility: A term we can do without [J]. Business and Social Review, 1988 (31).

[78] Sttange S. States, firms and diplomacy [J]. International affirms, 1992 (1).
[79] Simon Z. Working with multilaterals [J]. Business for Social Responsibility, Aug, 2002 (6).
[80] Sethi S P. A conceptual framework for environmental analysis of social issues and evaluation of business response patterns [J]. Academy of Management Review, 1979, 4 (1): 63-74.
[81] Stephen P T. Management englewood cliffs [M]. NJ: Prentice-Hall, 1991.
[82] Warfick S L, Cochran P L. The evolution of the corporate social performance model [J]. Academy of Management Review, October, 1985 (1014).
[83] Dunfee T W, Donaldson T. Contractarian business ethics [J]. Business Ethics Quarterly, April 1995, 5 (2).
[84] Fox T, Ward H, Howard B. Public sector roles in strengthening corporate social responsibility: a baseline study [M] // The World Bank. Corporate responsibility for environment and development programme, International Institute for Environment and Development (IIED), 2002.
[85] UNCTAD. World investment report 2013: FDI from developing and transition economies [R]. United Nations, New York and Geneva, 2013.
[86] Venkataraman S. Associate editor's note [J]. Journal of Business Venturing, 1994, 9.
[87] Wartick S L, Cochra P L. The evolution of the corporate social performance model [J]. Academy of Management Review, 1985 (4).
[88] Frederick W C. From CSR1 to CSR2: The maturing of business-and-society thought [J]. Business & Society, August 1994, 33 (2).
[89] Vogel D. Toward CSR3: Why ethical analysis is indispensable and unavoidable in corporate affairs [J]. California Management Review, Winter 1986, 28 (2).
[90] Wilson I. What one company is doing about today's demands on business [D]. Los Angeles: Graduate School of Management, UCLA, 1975.
[91] Wood D J. Business and society [M]. Glenview: Harper Cllins, 1990.
[92] Zahid A. Keeping track of 'corporate social responsibility' as a business and management discipline [J]. University of Pakistan Journal of Cleaner Production, 2014 (74).

中文参考文献

[1] 宝胜. 哲学视野中的科学技术与社会 [M]. 沈阳: 东北大学出版社, 2011: 205.
[2] 白全礼, 王亚立. 企业社会责任: 一种新的企业观 [J]. 郑州航空工业管理学院学报, 2000 (3).
[3] 陈利霞, 刘守亮. 国际政治中的跨国公司与东道国政府关系论析 [J] 山东社会科学, 2009 (9).
[4] 曹梦飞. 跨国公司社会责任法律分析 [D]. 上海: 复旦大学硕士学位论文, 2008: 23.
[5] 曹宗平.《SA 8000 与中国社会责任建设》评析 [A] // 黎友焕. 对社会科学研究的回顾与展望 [C]. 北京: 社会科学出版社有限公司, 2006.
[6] 陈志昂, 陆伟. 企业社会责任三角模型 [J]. 经济与管理, 2003 (11).
[7] 陈迅, 韩亚琴. 企业社会责任分级模型及其应用 [J]. 中国工业经济, 2005 (9).
[8] 陈维政, 吴继红, 任佩瑜. 企业社会绩效评价的利益相关者模式 [J]. 中国工业经济, 2002 (7).
[9] 陈宏辉, 贾生华. 企业社会责任观的演进与发展: 基于综合性社会契约的理解 [J]. 中国工业经济, 2003 (12).
[10] 崔江水. 企业社会责任导论 [M]. 石家庄: 河北人民出版社, 2007: 41 - 64.
[11] 陈晖涛. 中小企业社会责任与社会和谐的相关性研究 [J]. 哈尔滨商业大学学报: 社会科学版, 2009 (1).
[12] 陈常森, 王荣军, 罗振兴. 当代美国经济 [M]. 北京: 社会科学文献出版社, 2011: 122.
[13] 陈雨生, 乔娟, 李德胜. 质量投资模型下的安全食品生产实体决策行为分析 [J]. 技术经济, 2008 (5).
[14] 陈长宏, 陈环, 张科. 论食品质量与食品安全性 [J]. 现代农业科技, 2010 (12).
[15] 陈健鹏, 李佐军. 新世纪以来中国环境污染治理回顾与未来形势展望 [J]. 环境与可持续发展, 2013 (2).
[16] 陈翩. 涉及跨国公司的五大法律问题 [J]. 国际法学, 2002 (1).
[17] 崔新健. 跨国公司社会责任的概念框架 [J]. 世界经济研究, 2007 (9).
[18] 常凯, 张德荣. 工会法通论 [M]. 北京: 中共中央党校出版社, 1993: 366.
[19] 崔亚伟, 梁启斌, 赵由才. 可持续发展——低碳之路 [M]. 北京: 冶金工业出版社, 2012: 222.
[20] 董思文. 宁夏公布消费者食品消费满意度 [N]. 中国食品安全报, 2012 - 03 - 01

(B03).

[21] 杜娟,罗曙辉.2013年社会责任大事记[J]. WTO经济导刊,2014(1).

[22] 董红兵.我国农产品冷链物流的现状、问题与对策[J].生态经济:学术版,2009(10).

[23] (英)大卫·威勒,(芬)玛丽亚·西兰琶.利益相关者公司——利益相关者价值最大化之蓝图[M].张丽华,译.北京:经济管理出版社,2002.

[24] 杜彬,黎友焕.金融机构的社会责任基准:赤道准则[J].郑州航空工业管理学院学报,2008(2).

[25] 邓瑾.企业公民的责任[N].经济观察报,2004-01-12(4).

[26] (美)丹尼尔·雷恩.管理思想的演变[M].孙耀君,等,译.北京:中国社会科学出版社,1986.

[27] (英)大卫·休谟.道德原理探究[M].王淑芹,译.北京:中国社会科学出版社,1999:4.

[28] 管林根.强化企业社会责任和构建和谐劳动关系[J].特区实践与理论,2006(2).

[29] 冯刚.经济发展与环境保护关系研究[J].北京林业大学学报:社会科学版,2008(4).

[30] 葛顺奇,李诚邦.社会责任:跨国公司必须跨越的一道门槛[J].国际经济合作,2003(9).

[31] 郭孟状,潘霞蓉.论企业的社会责任[J].浙江学刊,2003(3).

[32] 顾向东.浅谈企业质量安全风险管理[J].中国高新技术企业,2014(1).

[33] 洪大用.经济增长、环境保护与生态现代化——以环境社会学为视角[J].中国社会科学,2012(9).

[34] 高黎,籍涛.企业社会责任与和谐社会——低碳经济嵌入式研究[J].社会科学家,2010(10).

[35] 郭振纲.对忽视管理质量与企业社会责任缺失不可掉以轻心[J].中国质量,2006(5).

[36] 国家信息中心,国家汽车技术研究中心课题组.WTO与中国汽车工业[M].北京:北京理工大学出版社,2002.

[37] 国家质量监督检验检疫总局.2005年全年产品质量国家监督抽查情况通报[Z].国质检监〔2006〕29号.

[38] 管晓芸.基于可持续发展的企业社会责任研究[D].成都:四川师范大学硕士学位论文,2013.

[39] 国务院研究室课题组.中国农民工调研报告[R].北京:中国言实出版社,2006.

[40] 胡退.论创建和谐企业的目标与途径[J].民营经济,2005(5).

[41] 何易.试论跨国公司的责任理论——法律责任与社会责任比较研究[J].河南省政法管理干部学院学报,2001(6).

[42] 黄新.跨国公司社会责任问题思考[J].黑龙江对外经贸,2005(3).

[43] 何伟强, 王静. 社会转型期企业社会责任运行机制研究 [M]. 广州: 广东人民出版社, 2011: 2.

[44] (美) 哈罗德·孔茨. 管理学 [M]. 贵阳: 贵州人民出版社, 1982.

[45] 何国伟, 角淑媛. 寿命的可靠性综论 (一) [J]. 质量与可靠性, 2011 (1).

[46] 金润圭, 杨蓉, 陶冉. 跨国公司社会责任研究——基于 CSR 报告的比较分析 [J]. 世界经济研究, 2008 (9).

[47] (日) 金泽良雄. 当代经济法 [M]. 刘瑞复, 译. 辽宁: 辽宁人民出版社, 1988.

[48] 贾生华, 陈宏辉, 田传浩. 基于利益相关者理论的企业绩效评价 [J]. 科研管理, 2003 (4).

[49] 鞠芳辉, 谢子远, 宝贡敏. 企业社会责任的实现——基于消费者选择的分析 [J]. 中国工业经济, 2005 (9).

[50] (美) 乔治·斯蒂纳 (Georg A. Steiner), 约翰·斯蒂纳 (John F. Steiner). 企业、政府与社会 [M]. 张志强, 王春香, 译. 北京: 华夏出版社, 2002.

[51] (美) 康芒斯. 制度经济学 (上) [M]. 于树生, 译. 北京: 商务印书馆, 1962.

[52] 安德鲁斯 K P. 可以使优秀的公司有道德吗? [A] ∥哈佛管理文集. 孟光裕, 译. 北京: 中国社会科学出版社, 1995: 413-414.

[53] 刘继峰, 吕家毅. 企业社会责任内涵的扩展与协调 [J]. 法学评论, 2004 (5).

[54] 李伟阳. 基于企业本质的企业社会责任边界研究 [J]. 中国工业经济, 2010 (9).

[55] 蓝海林. 企业战略管理理论与技术 [M]. 广州: 华南理工大学出版社, 1993.

[56] 黎友焕, 等. 2004 广东企业社会责任建设蓝皮书 [C]. 广州: 广东经济出版社, 2004.

[57] 黎友焕. SA 8000 与中国企业社会责任建设 [M]. 北京: 中国经济出版社, 2004.

[58] 卢代富. 企业社会责任的经济学与法学分析 [M]. 北京: 法律出版社, 2002.

[59] 卢代富. 国外企业社会责任界说述评 [J]. 现代法学, 2001 (3).

[60] 李建民, 王丽霞. 企业的社会责任问题与中国经济的伦理化 [J]. 当代经济研究, 2005 (1).

[61] 林军. 企业社会责任的社会契约理论解释 [J]. 岭南学刊, 2004 (4).

[62] 梁桂全. 企业社会责任: 跨国公司全球化战略对我国企业的挑战 [J]. WTO 经济导刊, 2004 (12).

[63] 刘文彬. 企业社会责任的动态边界假说——基于效率内涵演进的分析及其拓展 [J]. 贵州财经学院学报, 2006 (4).

[64] 黎友焕, 叶祥松. 企业社会责任与竞争之辩 [N]. 中国冶金报, 2008-04-01 (A04).

[65] 刘文涛, 张锐. 企业社会责任: 企业的道德革命 [J]. 中国证券期货, 2007 (5).

[66] 梁喜书, 张洁. 构建和谐社会与企业社会 [J]. 石油大学学报: 社会科学版, 2005 (3).

[67] 厉以宁. 超越市场与超越政府——论道德力量在经济中的作用 [M]. 北京: 经济科学出版社, 1999.

[68] (美) 林恩·夏普·佩因. 领导、伦理与组织信誉案例 [M]. 韩经纶, 译. 大连: 东

北财经大学出版社，1999．

[69] 罗长海．企业文化学［M］．3版．北京：中国人民大学出版社，2006．

[70] 刘灿．现代企业理论基础教程［M］．成都：西南财经大学出版社，2004．

[71] 黎友焕．企业社会责任在中国：广东社会责任建设前沿报告［M］．广州：华南理工大学出版社，2007．

[72] 刘建花．我国企业社会责任的缺失与推进路径研究［J］．济南大学学报：社会科学版，2013（1）．

[73] 刘文霞．论我国食品企业文化建设中社会责任的渗透［J］．改革与战略，2013（3）．

[74] 李新颖．试析政府在企业社会责任建设中的作用［J］．人民论坛，2013（29）．

[75] 黎友焕．企业社会责任理论［M］．广州：华南理工大学出版社，2010：124－157．

[76] 刘爱玉．社会学视野下的企业社会责任：企业社会责任与劳动关系研究［M］．北京：北京大学出版社，2013：60－64．

[77] 李波平．"民工荒"成因研究综述［J］．天中学刊，2011（1）．

[78] 李长健．金融危机下农民工就业权益保护研究［J］．河南省政法管理干部学院学报，2010（2）：9－13．

[79] 路秀平，任会来．我国社会责任会计信息披露模式现实选择［J］．会计之友（上旬刊），2010（12）．

[80] 骆建艳．基于社会责任的企业环境业绩评价指标选择分析［J］．集团经济研究，2006（3）．

[81] 李宇．清洁生产、循环经济与低碳经济：政府行为博弈市场边界［J］．改革，2011（11）．

[82] 李爱玲．论跨国公司的社会责任［J］．南通职业大学学报，2004（1）．

[83] 刘恩专．论跨国公司的社会责任［J］．国际贸易问题，1999（3）．

[84] 刘松柏，张丽．权变理论视角下跨国公司社会责任问题研究［R］．Proceedings of the 4th International Conference on Engineering and Business Management，2013．

[85] 黎友焕．企业社会责任概论［M］．广州：华南理工大学出版社，2013．

[86] 黎友焕，叶祥松．谈企业社会责任理论在我国的发展［J］．商业时代，2007（7）．

[87] 黎友焕，赵景锋．基于社会责任的企业发展方式变革［J］．商业时代，2007（9）．

[88] 林燕玲．全球化下中国工人权利保护［M］．北京：光明日报出版社，2013：182．

[89] 刘鹏举．浅析如何深化企业全面质量管理［J］．经营管理者，2014（7）．

[90] 刘丹丹．我国主要工业行业出口贸易对环境污染影响的实证研究［D］．北京：北京林业大学硕士学位论文，2009．

[91] （美）罗伯特·吉尔平．全球资本主义的挑战［M］．杨宇光，杨炯，译．上海：上海人民出版社，2001：22．

[92] 莫乔锋．必须重视以企业伦理文化为新内涵的企业文化建设［J］．中国农垦，2004（12）．

[93] 马海波．英美社会责任会计信息披露特色比较研究［J］．财会学习，2010（10）．

[94] 牛松. 论西方企业社会责任的发展路径及经验 [J]. 安徽大学学报：哲学社会科学版, 2011 (3): 152-159.

[95] 彭四平. 企业社会责任的核心是构建和谐劳资关系 [J]. 北方经济. 2010 (13).

[96] （美）彼得·德鲁克, 等. 公司绩效测评 [M]. 北京：中国人民大学出版社, 哈佛商学院出版社, 1999.

[97] 齐兰. 垄断资本全球化对中国产业发展的影响 [J]. 中国社会科学, 2009 (3).

[98] 秦颖, 高厚礼. 西方企业社会责任理论的产生与发展 [J]. 江汉论坛, 2001 (7).

[99] 秦海虹. 实施 ISO 14000 环境管理体系的意义与措施 [J]. 经营管理者, 2014 (28).

[100] （美）斯蒂芬·P. 罗宾斯. 管理学 [M]. 北京：中国人民大学出版社, 2004: 11.

[101] 苏琦. 企业社会责任研究：以中国民营企业为例 [M]. 北京：中国书籍出版社, 2013: 7.

[102] 宋宏. 和谐社会：体系、关键和经济着力点——著名经济学家常修泽教授访谈录 [J]. 经济师, 2005 (9).

[103] （美）斯蒂芬·P. 罗宾斯. 管理学 [M]. 黄卫伟, 等, 译. 北京：中国人民大学出版, 1997: 78.

[104] 石宏伟, 栾文建, 周德军. "民工荒"背景下的农民工就业保障问题研究 [J]. 农业经济, 2011 (1).

[105] 沈洪涛. 公司社会责任和环境会计的目标与理论基础——国外研究综述 [J]. 会计研究. 2010 (3).

[106] 沈利生, 唐志. 对外贸易对我国污染排放的影响——以二氧化硫排放为例 [J]. 管理世界, 2008 (6).

[107] 宋雅杰. 跨国公司社会责任问题分析 [J]. 云南财贸学院学报, 2003 (1).

[108] 世界知识年鉴编辑部. 世界知识年鉴 2011—2012 [M]. 北京：世界知识出版社, 2012: 1063.

[109] 田丰. 广东企业社会责任与企业文化建设互动研究 [A] // 黎友焕, 等. 2004 广东企业社会责任建设蓝皮书 [C]. 广州：广东经济出版社, 2004.

[110] 田田, 李传峰. 论利益相关者理论在企业社会责任研究中的作用 [J]. 江淮论坛, 2005 (1).

[111] 唐更华, 许卓云. 波特战略性企业慈善行为理论与启示 [J]. 南方经济, 2004 (8).

[112] 谭深, 刘开明. 跨国公司的社会责任与中国社会 [M]. 北京：社会科学文献出版社, 2003.

[113] 王虹. 制度经济学视角下的企业社会责任标准 [J]. 经济论坛, 2005 (7).

[114] 吴芳芳. 国有中资企业在海外经营中的社会责任问题研究 [D]. 北京：北京大学博士学位论文, 2013.

[115] 温世俊. 当前我国企业伦理建设的实践和思考 [J]. 科学之友, 2011 (3).

[116] 王茂林. 构建和谐社会必须强化企业的社会责任 [J]. 求是, 2005 (23).

[117] 王茂祥. 企业社会责任管理及其与和谐社会建设的关系 [J]. 改革与战略, 2012

(12).

[118] 王全兴. 劳动法 [M]. 北京：法律出版社, 1997: 5.

[119] 王铂. 基于现阶段国际贸易发展背景的劳工标准问题探析 [J]. 生产力研究, 2012 (2).

[120] 吴迎春. 论企业社会责任和产品质量管理 [J]. 集团经济研究, 2006 (10).

[121] 吴淅雨, 卜华. GRI体系下上市公司社会责任信息披露研究综述 [J]. 财会通讯. 2010 (15).

[122] 王爱虎, 钟雨晨. 中国吸引跨国外包的经济环境和政策研究 [J]. 经济研究, 2006 (8).

[123] 吴琼, 朱腾伟. 论跨国公司社会责任的法律规制 [J]. 知识经济, 2010 (5).

[124] 王中丙. 企业差别竞争力 [M]. 北京：中国社会科学出版社, 2006: 57.

[125] 王金南, 逯元堂, 吴舜泽, 等. 国家"十二五"环保产业预测及政策分析 [J]. 中国环保产业, 2010 (6).

[126] 薛从彬, 青宇波. 企业社会责任与交易费用理论 [J]. 世界标准化与质量管理, 2005 (1).

[127] 希虹. 企业业绩评价应注重非财务评价指标的运用 [J]. 学术交流, 2005 (1).

[128] 许春燕. 理性应对社会责任国际贸易新规则刍议 [J]. 企业经济, 2007 (8).

[129] 徐金海. 政府监管与食品质量安全 [J]. 农业经济问题, 2011 (11).

[130] 徐静. 我国企业社会责任会计信息披露探析 [J]. 企业导报. 2012 (15).

[131] 徐涛, 张晨曦. 论跨国公司保护人权的社会责任 [J]. 政治与法律, 2005 (2).

[132] 徐艳霞. 跨国公司在华研发活动的特征、效应与对策选择 [J]. 经济问题, 2013 (7).

[133] 徐彬. 基于利益相关者理论的跨国公司企业社会责任问题研究 [D]. 天津：天津商业大学硕士学位论文, 2013.

[134] 辛吉吉, 曹斌. 在华跨国公司社会责任规范研究 [J]. 山东经济, 2008 (1).

[135] （美）西奥多·W. 舒尔茨. 改造传统农业 [M]. 北京：商务印书馆, 1990.

[136] 谢萌. 关于强化新时期中国工会维权职能的探索 [D]. 大连：东北财经大学硕士学位论文, 2011.

[137] 杨敏凯. 跨国公司与发展中国家的社会稳定——兼论对中国的影响 [J]. 理论观察, 2003 (1).

[138] 张兵. 企业社会责任渐成发展潮流：中国不宜推行 SA 8000? [N]. 公益时报, 2005 - 08 - 21.

[139] （英）亚当·斯密. 国民财富的性质和原因的研究（上）[M]. 郭大力, 王亚南, 译. 北京：商务印书馆, 1972.

[140] 尹柳营, 郑馨, 童生. SA 8000 对我国出口企业的影响与对策 [J]. 经济论坛, 2004 (23).

[141] 于培伟. 推动企业承担更多社会责任是构建和谐社会的迫切要求 [J]. 经济研究参考,

2005（58）．

［142］杨敬．2009年三季度经济述评之二：理性看待沿海地区出现"民工荒"［N］．中国信息报，2009-11-04（001）．

［143］喻勤娅．企业环境保护社会责任之我见［J］．生产力研究，2005（6）．

［144］叶安珊．中国企业环境保护及压力探源［J］．集团经济研究，2005（7）．

［145］杨占营．社会责任与企业宪章［J］．管理科学，2005（1）．

［146］余晓敏．经济全球化背景下的劳工运动：现象、问题与理论［J］．社会学研究，2006（3）．

［147］原国锋．企业要有社会责任心［N］．人民日报，2005-02-22（要闻）．

［148］朱火弟、蒲勇健．企业社会绩效评价的模式研究［J］．现代经济探讨，2004（4）．

［149］赵春艳．企业社会责任审计探析［D］．南昌：江西财经大学硕士学位论文，2012：41．

［150］张圣兵．企业承担社会责任的性质和原因［J］经济学家，2013（3）：49-50．

［151］中国社会科学院．2005年社会蓝皮书［M］．北京：社会科学文献出版社，2004．

［152］朱贵平．从企业社会责任视角看和谐社会的构建［J］．西南大学学报：社会科学版，2011（6）．

［153］詹姆斯·柯林斯，杰里·波拉斯．企业不败［M］．北京：新华出版社，1996．

［154］周勇．社会责任：现代企业文化构建的伦理基础［J］．企业经济，2003（11）．

［155］朱秦．企业伦理文化：现代企业发展的精神素质［J］．学术探索，2002（3）．

［156］赵德志．企业文化与企业伦理［J］．辽宁大学学报：哲学社会科学版，2004（7）．

［157］张莉萍．和谐社会时期的企业责任分析［J］．中国西部科技，2005（22）．

［158］郑馨，童生，尹柳营．SA 8000标准认证对我国出口制造业的影响与对策分析［J］．电子质量，2005（3）．

［159］朱莉莉．国际劳工标准在中国的适用及启示——基于中国"民工荒"的现状分析［J］．广西财经学院学报，2011（6）．

［160］张爱琴．浅谈目前我国食品质量安全检验监管存在的问题与研究对策［J］．科技信息，2010（1）．

［161］张明霞，李云鹏．企业社会责任会计信息披露问题研究［J］．经济研究导刊，2011（20）．

［162］张启桢．保护生态和环境是企业的社会责任［J］．商品储运与养护，2001（6）．

［163］曾绍伦，方儒林，任玉珑．基于清洁生产的燃煤电厂循环经济模式研究［J］．生态经济，2008（3）．

［164］张昌兵．当代跨国公司发展的新情况［J］．人民大学复印报刊资料，2000（3）．

［165］张磊．论外交保护中认定跨国公司国籍的法律标准［J］．政治与法律，2013（1）．

［166］周祖城．企业伦理学［M］．北京：清华大学出版社，2005．

［167］中国社会科学院财贸经济研究所．2005年城市竞争力蓝皮书：中国城市竞争力报告NO.3［M］．北京：社会科学文献出版社，2005．

[168] 赵少钦. 浅析跨国公司蓬勃发展的原因及其引发的危险 [J]. 行政事业资产与财务, 2014（5）.

[169] 赵连荣. 我国企业社会责任的演变与趋势 [J]. 企业改革与管理, 2005（2）.

[170] 张荣臣, 谢英芬. "八个必须坚持"学习读本 [M]. 北京：中共中央党校出版社, 2013：94.

[171] 张国徽. 环境污染治理设施运营研究 [M]. 沈阳：辽宁科学技术出版社, 2012：1.

[172] 周学森. 外商直接投资与发展中国家利益的国际政治经济学分析 [D]. 上海：复旦大学博士学位论文, 2012.

后　　记

　　笔者长期处于综合性研究工作岗位，研究范围较广，但热钱和社会责任始终是两个主要方向，成果也都有较好的积累。社会责任研究方面，既不断深化企业社会责任的理论研究，又开展了相关的实践工作。先后为多家企业撰写了《企业社会责任报告》和《企业社会责任发展战略规划》，而且我们团队所做的"企业社会责任报告"独树一帜，有很明显的特色，深受社会各界的好评。笔者2004年开始在广东省社会科学院和西北大学为研究生和本科生主讲社会责任课程，随后为广东财经大学和华南理工大学等高等院校的MBA班讲授企业社会责任课程。多年来为100多个单位举行了几百场有关社会责任的讲座，在几百次学术活动上就社会责任问题发言。同时，也为广东省委原书记张德江等领导以及中国社会科学院、原国家劳动部等单位提供了多份企业社会责任决策参考报告。先后主持了多项国家社会科学基金、广东省社会科学基金和广东省自然基金等纵向的社会责任项目研究工作。近年来，我团队的研究视野已经在研究社会责任领域的基础上，向与社会责任密切相关的"重大项目社会风险评估"、"社会信用体系建设"、"社会建设与社会管理创新"等领域覆盖，并取得了初步的研究效果，这也说明我们的社会责任研究工作生机勃勃，大有可为空间。

　　在笔者与相关人士的共同推动下，由本人任会长的广东省社会责任研究会已成为中国最大的社会责任民间组织。学会会员近600人，第二届理事会的理事来自80多所院校、80多个大中型企业、10多家媒体和20多个企业社会责任工作管理单位的220人，其中具有高级职称或博士学历的专家成员达180人。广东省委原常委黄浩同志任名誉会长，广东各部门近20位厅局级领导任顾问。主办的《企业社会责任》杂志（季刊，国际标准刊号：ISSN2073-6967）是中国（包括港、澳、台地区）第一份社会责任专业杂志，多年来坚持连续出版和传播学术前沿成果。在此基础上，广东省社会科学院成立了由本人兼任主任的社会责任评估与研究中心，整合各方的研究力量，构建更为广泛和有深厚实力的社会责任研究平台。

　　多年来，笔者先后发表了100多篇社会责任理论文章，出版了《SA 8000与中国企业社会责任建设》（中国经济出版社2004年9月版）、《国际劳工运动在中国：SA 8000 对广东外经贸的影响及对策研究》（社会科学出版社 2007 年 9 月版）、《企业社会责任在中国：广东企业社会责任建设前沿报告》（华南理工大学出版社 2007 年 9 月版）、《企业社会责任》（华南理工大学出版社 2010 年 6 月版）、《企业社会责任理论》（华南理工大学出版社 2010 年 6 月版）、《企业社会责任实证研究》（华南理工大学出版社 2010 年 6 月版）、《社会责任的变革：ISO 26000 与企业社会责任战略》（社会科学出版社 2011 年 5 月版）、《ISO 26000 研究前沿报告》（社会科学出版社 2011 年 8 月版）、《国际标准 ISO 26000 解读》（西北工业大学出版社 2011 年版）、《社会责任与社会管理创新》（广东人民出版社 2012 年 4 月版）、《ISO 26000 在中国》（中山大学出版社 2012 年 9 月版）和《企业社会责任概论》（华南理工大学出版社 2013 年 11 月版）等。从 2008 年开始，每年出版《黎友焕时事评论录》（社会科学出版社出版），2009 年开始，每年主编出版《中国企业社会责任建设蓝皮书》（人民出版社出版）。先后主编了《企业社会责任研究系列丛书》（华南理工大学出版社出版）、《中国企业社会责任研究专家文库》（华南理工大学出版社出版）、《ISO 26000 研究系列》（西北工业大学出版社和中山大学出版社等多家出版社出版）和《中国中青年社会责任专家优秀文库》（中山大学出版社出版）等大型系列丛书。

本书的出版，进一步完善了本人社会责任著作的体系。多年以来笔者力图出版一套完整的社会责任教材，为各类学生学习和研究社会责任提供素材。本书出版后，笔者认为这套完整的教材已经形成，也算完成了自己长期的一个心愿。本书出版的时候，笔者已经作为第 15 批博士服务团到宁夏回族自治区发展和改革委员会挂职，也算作对自己在新岗位工作的一份鞭策。

笔者研究成果先后获得国家社会科学基金项目评审"优秀奖"（国家哲学社会科学规划办公室，2004）、2004—2005 年度广东省哲学社会科学优秀成果奖二等奖（广东省政府，2006）、广东省 2007 年度重点图书出版奖（广东省新闻出版局，2007）、第二届国家"三个一百"原创出版工程奖（国家新闻出版总署，2008）、中国大学出版社图书奖首届优秀学术著作奖二等奖（中国大学出版社协会，2009）、2006—2007 年度广东省哲学社会科学优秀成果奖二等奖（广东省政府，2009）、广东省优秀出版奖（广东省出版协会，2009）、2008—2009 年度广东省哲学社会科学优秀成果奖三等奖（广东省政府，2011）等多项殊荣。

本书稿一直作为笔者指导学生的教材之一，在历年的教学中进行了不断的修订，书中内容也参考了多年以来许多专家、学者的研究成果。本书出版前，刘永子等研究生还就书稿进行了完善和校对，在此一并感谢。

作者
2014 年 12 月